冲突怎么办？

社区民主协商实战宝典

社邻家

郑思斯

[美] 罗斯玛莉·欧莱瑞

[美] 利莎·布鲁姆格瑞·阿姆斯勒

著

上海三联书店

序一
社区民主协商，要语术更要技术！

社区工作就是做人的工作，有一句话叫"一句话让人笑，一句话让人跳"，沟通是需要话术、需要技巧的。

比如，居民过来给你抱怨，他反映的问题为什么老是解决不了？社区工作者觉得这又不是我能定的，而且已经向上面反映过了。你如果直接回复居民："哎哟，这事又不归我们管，你跟我说什么用呢，你说再多也没有用。"这样一句话就会挑起居民的怒火，反而生出更多的事情。

如果你尝试用其他的话：

1. 看得出来你有些失望，反映的问题没有理想的结果；
2. 听得出来你有些着急，你希望事情早点有个回复；
3. 你也知道我们社区是没有权限的，你希望我们能为你再做些什么呢？

如果用后面的这三句话，起码就不会产生冲突。有些事，需要一句一句这样的话术来形成共识。

在社区治理过程中，大家都很重视民主决策，民主选举、民主管理、民主监督，这些环节大家都很重视。但对于民主协商，大家的重视程度不够，觉得这是个可有可无的东西，是一个可以跳过去的环节，但恰恰在今天，尤其是社区治理日益复杂、日益深度化的情况下，民主协商变得更加重要。

党的十九届四中全会提出的"完善党委领导、政府负责、民主协商、社会协同、公众参与、法治保障、科技支撑的社会治理体系"，完善的社会治理体系之中新增了"民主协商"，充分说明中国社会治理现代化的进程中制度日益完善科学，同时也说明民主协商变得越来越重要。

很多社区问题的产生，恰恰就是因为没有民主协商这个过程。有的就是领导直接决策了，这个先不管，更多就是走个过场，直接民主决策了，决策的时候是民主的，但因为民主决策之前没有协商，民主决策只是简单的少数服从多数，少数人的意见、不满没有得到释放，这些人还是会集结起来反对，这样的例子在我们身边比比皆是。有人把这归为中国人的公民素养低。

很多社区业委会问题的产生也是如此，我们开了业主大会了啊，投票了啊，少数服从多数了啊，但是经常就有少数的"反对派"行动起来，反对反对反对，最终导致物业管理等一系列问题解决不了，物业一换再换，业委会一换再换，社区陷入内耗的怪圈。

还有，有民主协商但是没有形成共识。如果没有形成共识，民主协商其实就是走形式了。没有形成共识还继续去推就有了问题。所以，很多社区问题的形成就是和民主协商没有到位，或者没有协商有关系。

习总书记2019年年底在上海提出"中国的民主是一种全过程的民主"。民主形式有民主选举、民主协商、民主决策、民主管理、民主监督，分成了不同阶段，这些内容组成了民主的全过程。同时，基层民主协商，我党的定位是"积极开展"。

基层民主协商协商什么，大到法律、小到基层的一些小事，都应有一个普遍的上上下下、反反复复的群众参与、形成共识的过程。在这样的基础之上形成的政策、规约、决策会变得更加科学。

同时，基层民主协商也是一个政策宣传倡导的过程。民主，从基层发起，有广泛的群众参与和共识基础，"全过程"也有这个涵义。

社区基层每天都要推进大量的事情，解决大量的社区问题，这些离不开民主协商。社区自治，大量的群众自己的事情要还权赋能归位，肯定涉及到民主协商。社区营造，涉及到空间，要做一个小花园，要解决停车难问题，要动用维修基金，这些都必须经过民主协商。

所以，民主协商变得极为重要。

当下，一种现象值得反思，很多人把民主协商等同于议事会。

议事会漫天飞,各种各样的议事会都有,"儿童友好社区"建设也鼓励设立"儿童议事会"。我都开议事会了,你就不能说我没有民主协商了。

有的社区一下子有好几个甚至十几个各种各样的议事会。只要有用,数量多点没有一点问题,但最重要的是议事质量。很多议事会成立特别容易,成立的时候轰轰烈烈,但是成立完了就结束了,虎头蛇尾。

还有,把民主协商议事当成了议事活动来开展,搞成了形式主义,搞成了一个个拍照的活动,而没有真正地把议事质量当回事,没有尊重议事员的参与,形不成决策,更谈不上落实。

一次参加座谈会,居民代表就说,不就是配合演演戏,他们拍拍照就可以了!

很多议事会没有形成共识,背后有这么四个方面原因:

第一,大而化之的议事。

议的都是很大的事情,不具体就没法决策,就谈不上什么共识。可能在大的方面大家形成共识了,但在小的方面没有形成共识。比如,议事会上,社区提交的议题是社区微更新的整体规划,居民觉得很好,肯定同意啊,并且也不专业,说不出啥,肯定支持啊,但是规划中的一件件小事,钱从何处来,居民出多少钱等等,恰恰是最重要的却不议了。

第二,藏着掖着的决策。

习惯了领导拍板、行政决策,习惯了一致通过,老怕居民反对。因此,觉得这个事情可能有居民反对,就藏着掖着回避掉。简单的事让大家决策,有些关键性的事就自己决策掉了,或者假托上头领导定的就决定掉了,导致不可能形成总体上的共识。

第三,包办主义的态度。

居委会觉得这事没必要议,居委定就可以了,这种包办态度的背后是行政思维惯性使然。有一句很典型的话就是"有一种冷是'你妈觉得你冷'"!你这里应该建一个小花园,那里应该放个狗大便箱,这就是包办主义的态度。

第四,经常变动的规则。

一是议事规则经常变,二是决策了的事经常翻,不尊重议事的严肃性。政策本应是比较稳定的,但如果经常变,就给了居民质疑、反对的由头。比如,楼道门是政府做的，后面没有项目了，没有钱了就不管了，一会儿这样一会儿那样的，居民就会困惑，形成共识就更难了。议事规则也是这样，议事规则经常换也是有问题的。

怎么样才能够更好地形成共识呢？我有三问：

第一个问题，基层民主协商需要第三方参与吗？

杭州有一个机构专门做"促参"，叫"十八驼"。这个机构有一个创始人叫郑思斯，就是本书的作者之一，她是中国式冲突解决模式、社区民主协商的探索者。

郑思斯就在推动"促参员"项目，作为第三方帮助社区更好的民主协商，更好地形成共识。

第二个问题，如果没有第三方，需要一个什么样的人去推进这个事？

当然机构内部的人更好，但他要有掌控协商议事过程的能力，能 hold 住全场。要对这个内部人的主持技巧、议事协商能力进行一定的培训。

第三问，形成共识需要技术吗？

我和很多人聊过，大家一致认为，形成共识本身就是一种技术，有一套方法论，有基本原则和理念。

比如，社区问题中，基于利益的问题越来越多，像加装电梯、流浪宠物问题等等，基于利益协作解决问题的方法和技术有八个步骤，这些都值得学习。

当然，开放空间会议、世界咖啡屋……等等，都是行之有效的技术，在不同的场景中可以择而行之。

本书既有国际前沿的理论，又有中国实践的经验，同时有众多的实操技术值得参考，是社区基层民主协商的工具指南和实战宝典，值得社区治理的各方共读、共试、共创！

社邻家　闫加伟

2020.8

序二

我们很高兴代表 IBM 政府事务研究中心向读者呈上由罗斯玛莉·欧莱瑞和利莎·布鲁姆格瑞·阿姆斯勒合作完成的公共管理者指南系列之《如何解决协作中的冲突?》一书。本书讲的是磋商交涉的能力,这对于所有参与到协作网络的管理者来讲都是至关重要的。

本书延续了 IBM 政府事务研究中心长久以来对于协作主题的重视。随着协作重要性的不断凸显,公共管理者们越来越多地是以协作式工作网络为工具来实现公共成果。IBM 政府事务研究中心之前已经出版的公共管理者指南系列中关于协作的著作有:罗伯特·阿格拉诺夫所著的《如何利用协作网络展开跨组织合作?》[①],讨论通过协作网络实现重要成果的关键性成功因素;布林顿·米尔沃特和基思·普鲁范合著的《如何选择和运用协作网络?》[②],讨论管理者在网络化情形之下所需要承担的角色和任务。

欧莱瑞和阿姆斯勒的这本书是对中心之前著作的进一步补充,它为协作网

[①] 罗伯特·阿格拉诺夫,2003.《公共管理者指南:如何利用协作网络展开跨组织合作?》,华盛顿 DC:IBM 政府事务研究中心。Robert Agranoff. 2003. Leveraging Networks: A Guide for Public Managers Working Across Organizations. Washington DC: IBM Center for the Business of Government. 英文电子版阅读链接:http://www. businessofgovernment. org/sites/default/files/LeveragingNetworks. pdf——译者注

[②] 布林顿·米尔沃特和基思·普鲁范,2006.《公共管理者指南:如何选择和运用协作网络?》,华盛顿 DC:IBM 政府事务研究中心。Brinton H. Milward and Keith G. Provan. 2006. A Manager's Guide to Choosing and Using Collaborative Networks. Washington DC: IBM Center for the Business of Government. 英文电子版阅读链接:http://www. businessofgovernment. org/sites/default/files/CollaborativeNetworks. pdf——译者注

络中的管理者们提供了非常重要和实用的管理工具：协作网络成员之间可能发生的冲突，应该如何管理和如何进行磋商。书中所介绍的作者称之为"利益式磋商"的做法已经在许多情况下被证实是行之有效的，比如工会交涉。这些磋商技术在持续保持协作网络的有效性方面正在发挥越来越重要的作用，因为从根本上讲，协作网络的高绩效是由人与人之间有效协作的顺畅程度，而不是等级式命令来决定的。

我们希望本书能成为政府公务员实用的工作指南，尤其当他们逐渐寻求以协作手段实现民众所关心的结果时。

阿尔伯特·莫拉莱斯（Albert Morales）

IBM 政府事务研究中心①，执行合伙人

理查德·瓦里克（Richard Warrick）

IBM 全球业务中心，战略发展助理合伙人

———————————

① IBM 政府事务研究中心通过提供研究经费和组织活动，促进有利各级政府提高工作有效性的新方法的研究和交流，以此推动提高公共部门绩效的知识的传播。IBM 政府事务中心关注公共部门的未来运作和管理。

目　录

（上）

公共管理者指南：如何解决协作中的冲突？

概要 …………………………………………………………………… 002

一、导论 …………………………………………………………… 007

协作中冲突的复杂性 ………………………………………… 008

协作式管理的悖论：协作可能产生冲突 ………………… 010

二、理解利益式磋商 ……………………………………………… 014

三、做协作网络中卓有成效的磋商者 ………………………… 020

如何准备磋商 ………………………………………………… 020

如何通过协作解决问题 ……………………………………… 025

四、管理冲突的沟通技术 ……………………………………… 031

提出解决问题的问题来厘清利益 ………………………… 032

模块发问 ……………………………………………………… 032

应用反射式倾听或积极倾听 ……………………………… 033

识别和回应棘手交涉 ·················· 034

培育协作网络中的长期关系 ·················· 036

五、通过设计治理结构来预防冲突 ·················· 037

六、与公众的联结和冲突 ·················· 042

动员公众参与时要考虑的问题 ·················· 042

协作网络中的公众参与模式 ·················· 045

七、结论 ·················· 050

参考资料 ·················· 052

术语对照表 ·················· 057

（下）
社区民主协商实战——来自中国实践者的十堂解读课

第一课　从一场传奇会议说起 ·················· 062

认识沃尔多 ·················· 062

明诺布鲁克会议 ·················· 064

我为什么翻译这本书 ·················· 068

附：我为什么把 FACILITATOR 翻译为促参者？ ·················· 070

第二课　从冲突到冲突解决 ·················· 075

一张照片 ·················· 075

无管理冲突螺旋图 ·················· 079

冲突解决满意三角形 ·················· 082

第三课　网络和协作网络治理 ⋯⋯⋯⋯⋯⋯⋯⋯ 086

　　网络是什么 ⋯⋯⋯⋯⋯⋯⋯⋯⋯⋯⋯⋯⋯⋯ 086

　　以华夏公益伙伴圈为例 ⋯⋯⋯⋯⋯⋯⋯⋯⋯ 088

　　协作网络的复杂性 ⋯⋯⋯⋯⋯⋯⋯⋯⋯⋯⋯ 092

　　协作治理的挑战 ⋯⋯⋯⋯⋯⋯⋯⋯⋯⋯⋯⋯ 095

第四课　利益式磋商 VS 立场式交涉 ⋯⋯⋯⋯⋯ 101

　　立场式交涉 ⋯⋯⋯⋯⋯⋯⋯⋯⋯⋯⋯⋯⋯⋯ 101

　　利益式磋商 ⋯⋯⋯⋯⋯⋯⋯⋯⋯⋯⋯⋯⋯⋯ 103

　　立场式做法和利益式做法的比较 ⋯⋯⋯⋯⋯ 107

　　附：挖掘"利益"的十六个常用问题 ⋯⋯⋯⋯ 111

第五课　从利益出发，协作解决问题 ⋯⋯⋯⋯⋯ 113

　　IBPS 准备清单 ⋯⋯⋯⋯⋯⋯⋯⋯⋯⋯⋯⋯⋯ 113

　　权力来源清单 ⋯⋯⋯⋯⋯⋯⋯⋯⋯⋯⋯⋯⋯ 123

　　协作式解决问题做法 ⋯⋯⋯⋯⋯⋯⋯⋯⋯⋯ 127

　　附：高效率讨论三角色 ⋯⋯⋯⋯⋯⋯⋯⋯⋯ 138

第六课　管理冲突的沟通技术 ⋯⋯⋯⋯⋯⋯⋯⋯ 143

　　说的技术 ⋯⋯⋯⋯⋯⋯⋯⋯⋯⋯⋯⋯⋯⋯⋯ 144

　　问的技术 ⋯⋯⋯⋯⋯⋯⋯⋯⋯⋯⋯⋯⋯⋯⋯ 147

　　听的技术 ⋯⋯⋯⋯⋯⋯⋯⋯⋯⋯⋯⋯⋯⋯⋯ 148

　　管理情绪 ⋯⋯⋯⋯⋯⋯⋯⋯⋯⋯⋯⋯⋯⋯⋯ 152

　　识破花招 ⋯⋯⋯⋯⋯⋯⋯⋯⋯⋯⋯⋯⋯⋯⋯ 153

　　附：如何与棘手的交涉对象打交道？ ⋯⋯⋯ 157

第七课　预防冲突的治理结构 ⋯⋯⋯⋯⋯⋯⋯⋯ 159

　　上医治未病 ⋯⋯⋯⋯⋯⋯⋯⋯⋯⋯⋯⋯⋯⋯ 159

共识治理模型 160

谁应该来协商？ 167

第八课　公众参与 170

公众参与的基本理论 170

公众参与的准备清单 175

对话协商的主要模式 179

确定优序的主要模式 185

第九课　仆人式领导 188

仆人式领导起源 188

仆人式领导特点 190

我的感悟与成长 194

第十课　看见 200

片面的看到 200

看到另一面 202

至简大道 205

附件一：余家漾社区协商解纷会案例 207

手把手教你协商解纷会如何开 207

附件二：北郊社区促参议事会案例 216

手把手教你促参议事会如何开 216

作者和译者介绍 227

后记 232

（上）

公共管理者指南： 如何解决协作中的冲突?

A Manager's Guide to Resolving Conflicts
in Collaborative Networks

罗斯玛莉·欧莱瑞

Rosemary O'Leary

利莎·布鲁姆格瑞·阿姆斯勒

Lisa Blomgren Amsler

郑思斯译

概　要

　　协作网络中的公共管理者们意识到,他们需要在多个组织间斡旋协调,解决在单个组织中也许很容易解决,但在多个组织中几乎不可能解决的难题,而且这些难题通常都与公众有关。IBM 政府事务研究中心 2006 年出版的由米尔沃特和普鲁范合著的关于协作网络的书中指出,协作网络的管理者们最重要的任务,就是尽力减少冲突的发生,以及一旦发生冲突,如何妥善予以解决。他们的结论是,尽管协作网络中的组织通常都会力求实现网络层面的目标,但是参与者之间的冲突是不可避免的。

　　由本书两位作者召集的美国协作式公共管理大会①上,公共行政领域的前沿学者和实践者们在经过两天半的探讨和辩论之后,在总结发言中指出:协作网络已成趋势,当今的管理者所需要具备的最重要技能就是磋商、交涉、协作式解决问题、冲突管理和冲突解决的能力。然而很多公共管理者发现,在当下这个共享权力的世界里,他们极其缺乏相应的知识和技能装备。本书的目的,就是帮助他们学习在协作网络中如何管理和解决冲突。

---

① 这个大会指的是 2008 年在锡拉丘兹大学明诺布鲁克会议中心召开的第三届明诺布鲁克大会。美国最重要的行政学家之一德怀特·沃尔多于 1968 年召集了 32 名年轻的行政学学者在其任教的锡拉丘兹大学明诺布鲁克会议中心举行研讨会,探讨公共行政的未来发展。大会之后兴起了新公共行政运动,诞生了新公共行政学派,对全世界公共行政的发展产生了极其深远的影响。明诺布鲁克大会二十年一届。第三届明诺布鲁克大会于 2008 年举行,本书两位作者担任了召集人。本书两位作者分都是沃尔多行政奖的获得者(2014 年和 2019 年),此奖被誉为公共行政学界的诺贝尔奖。——译者注

多种特性加剧网络纠纷的复杂性

协作网络超越组织和个人,有多个决策平台,涉及各个方面诸多议题,往往技术复杂程度高,权力和资源很可能不对等,而且冲突经常是公开的,有些时候是政治性的……所有这些特性都使得协作网络中的冲突管理极具挑战性,并且带来了公共管理的一个重要悖论:协作可能产生冲突。

协作中的无管理冲突螺旋

协作网络中的冲突,如果没有得到妥当管理,则结果是可以预见的:问题出现,单边看法形成,立场变得强硬,沟通中止,投入资源,冲突扩大到外部,理解歪曲,最终产生危机感。冲突螺旋并非不可避免,但是,如果不能在冲突的早期阶段就进行有效管理,结果很可能就是这样子了。协作网络中的冲突管理进行得越早,效果就越好。因此协作型的管理者不仅是冲突的管理者,还是冲突的解决者。冲突解决就是卓有成效地集体解决问题。

基于原则的协作式解决问题方法或利益式磋商

利益式磋商(Interest-based Negotiation),采用的是协作式解决问题(collaborative problem-solving)的方法,并通过发挥创造力想方设法来满足交涉各方的许多共同需要(collective needs)。这是一种交涉策略,考虑的是所有磋商各方的利益或者需要都能尽可能多地得到满足。这是一个解决问题的过程,旨在达成一个综合性的解决问题方案,而不是只局限于收益分配的输或者赢。这绝不是一个妥协的过程。利益式交涉(Interest-based Bargaining)的根本出发点,就是通过利益的满足来解决问题。

利益式磋商在进行准备工作的时候,首先必须:

- 明确磋商的主题和范围;

- 明确己方的最佳替代方案(BATNA)[①];

- 明确必要和恰当的参与者;

---

① BATNA,是"Best Alternative to a Negotiated Agreement"的首字母缩写,意为一项谈判协议的最佳可替代方案,简称"最佳替代方案"。该词最早出现于冲突研究大师罗杰·费舍尔(Roger Fisher)和威廉·乌瑞(William Ury)1981年出版的"Getting to Yes:Negotiating Agreement Without Giving In"一书中。该书的大陆中文版译为:《达成一致:永不放弃谈判》。——译者注

- 明确其他参与各方的最佳替代方案;

- 明确己方的利益,同时也判断或推测其他参与各方的利益。立场是他们说他们想要什么,利益是他们真正需要什么;

- 明确参与者能否代表组织进行交涉,若否,谁是能够代表组织的人;

- 明确磋商的基本规则和礼节事宜。

基于利益协作解决问题的基本步骤:

- 定义问题,同时界定它是一个两难选择还是有待共同解决的挑战;

- 围绕各自利益相互教育:开诚布公,倾听和提问;

- 想方设法"做大馅饼":先贡献,再索取;

- 激发更多候选方案;如果卡住的话,退一步,回顾究竟各自的利益是什么;

- 评估候选方案(它们满足需要的程度如何?);

- 根据最能满足需要的程度,挑选/修改候选方案;

- 利用客观标准摆脱僵局;

- 制定包含监督的协议实施计划。

有许多沟通技术非常关键,而且同时又相对容易掌握,它们可以有助于提高在冲突中达成共赢互利成果的能力。这些技术包括:提解决问题的问题来厘清利益;用反射式倾听(reflective listening)或积极倾听(active listening)来缓和紧张局面和管理冲突螺旋;通过各种不同手段来应对棘手交涉策略,包括使用"我式陈述"(I-statements)而非"你式陈述"(You-statements)等。"我式陈述"指的是运用第一人称(我、我们或我们的)的方式来向对方陈述你方的利益和关心的事情。比如,"我需要的是我能够向董事会的人交待 X"、"我担心纳税人对于这件事情会怎么看",又如,"我关心的是在我们的预算范围之内,如何最有效地完成这件工作"。

对于协作网络环境中的磋商和协作解决问题来说,长期的良好交涉关系,不等于就要认同对方、有共同价值观、彼此间没有分歧,甚至完全信任。相反,它是建立一种态度,无条件地建设性地以理性来回应情绪;理解他们,即使他们误解了你;与他们商量,即使他们似乎并没有在听;不试图欺骗,是可靠值得信任的;

不咄咄逼人，也不屈从于强迫；重视对方和他们所关注的（Fisher and Brown，1988）。

协作网络的治理结构和冲突

协作网络选择如何进行管理、如何领导成员、如何达成共识、如何创造对话交流和审议过程，所有这些都非常重要而且难度极大。仅设计协作网络的治理规则一项，就可能是一个非常复杂的程序。对于协作网络的治理结构，以下内容是需要达成一致的：

- 明确协作网络成员中谁的同意是必须的
- 明确协作网络的范围和权限
- 确定协作网络合法性的事宜
- 商定基本规则
- 商定意见交流的管理过程
- 讨论管理和职责分配
- 商定结束议题的决策规则
- 明确处理僵局的机制
- 明确终止协作网络的决策过程

与公众的联结和冲突

协作网络中的公共部门对于公众尤其负有独特责任。因为，一旦公众感到协作网络缺乏透明度或可信度，冲突就会产生；而且，协作网络所要处理的事情，通常就是公众关心的事情。协作网络中的管理者们必须与其他参与者协作，确定什么时候和怎么样让公众参与到决策过程中来。本书所讨论的基于利益协作式解决问题的工具和方法，结合了协作治理的多种过程形式，对从事协作网络工作的公共管理者们定会颇有裨益。参与式民主、审议与对话、协商民主以及更广泛意义上的协作式治理（collaborative governance）正在应运而生成为一场运动，以回应代议制民主被认为的应对公共政策冲突的不足。这场运动要求在治理中更多的公民审议、对话和共同决策，并且将它们直接应用到协作网络的工作中来。

总之，协作网络的复杂特性必然导致冲突的产生，若无有效管理，冲突必定呈螺旋式上升。利益式磋商为管理者们提供了他们所需要的技术。协商治理结构则可以让冲突防患于未然。管理者们应该做好规划，让公众参与到政策问题可能导致的冲突的解决过程中来。

一、导　论

　　协作网络中的公共管理者们认识到，他们需要在多个组织间斡旋协调，解决在单个组织中也许很容易解决，但在多个组织中几乎不可能解决的难题。在由 IBM 政府事务研究中心出版的《公共管理者指南：如何选择和运用协作网络？》一书中，米尔沃特和普鲁范就曾指出，协作网络的管理者们最重要的任务之一就是：要将冲突的发生尽量降到最低；一旦真发生了，就要尽可能妥善地予以解决……尽管协作网络中的组织通常都会力求实现网络层面的目标，但是参与者之间的冲突是不可避免的。协作网络，究其本质，是由众多成员组成，机构目标不同，服务和运作方式各异，文化多元。

　　由本书两位作者召集的美国协作式公共管理大会上，公共行政领域的前沿学者和实践者们在经过两天半的探讨和辩论之后，在总结发言中指出：协作网络已成趋势，今天的管理者所需要具备的最重要技能就是磋商、交涉、协作式解决问题、冲突管理和冲突解决的能力。然而很多公共管理者发现，在当下这个共享权力的世界里，他们极其缺乏相应的知识和技能装备。本书的目的就是帮助他们学习在协作网络中如何管理和解决冲突。

网络是什么？

　　1. 网络是涉及多个组织或其部门的一种互相依赖结构，在这种结构里面，一个单元并不单纯只是更广的层级制设置中其他单元的正式下属。

协作网络呈现出某些结构上的稳定性，但是延伸更广，超越已经正式建立起来的结合和政策规定的联系……一个制度化紧密结合起来的网络，其联结的纽带可能是权力结合、交换关系或者基于共同利益结成联盟等，所有这些都包含在同一个多单元的结构之中。（O'Toole，1997，45）

2. 网络是"包含多个节点———组织和机构———进行多种结合的结构"。公共管理协作网络因此包含了与公共政策制定和行政治理结构有关的各个机构，通过它们来计划、设计、生产和提供（部分或全部）公共福利和服务。这种网络的结构可以是正式的，也可以是非正式的；它们通常都跨部门、跨政府，根据某个具体政策或在某个政策领域发挥作用。也就是说，来自联邦、州、地方各级政府组织和机构的官员要与来营利组织和非营利组织的代表们在这些交流和生产结构里共同发挥作用。（McGuire，2003，4）

3. ……公共组织的协作网络……包含了正式和非正式的结构，它们是由政府和非政府组织的代表组成，相互依赖地进行工作，交换信息，和/或共同制定和实施政策，这些政策往往需要代表们的组织去付诸行动。（Agranoff，2004，63）

资料来源：Milward and Provan，2006

◎ 协作中冲突的复杂性

在协作网络中，管理和解决冲突绝不是容易的事情。协作网络，从定义上来讲，是由多元化组织和个体组成的复杂聚合体。各种特性加剧了协作网络中纠纷的复杂程度。

协作网络成员众多。协作网络的纠纷通常牵扯很多个体和组织。每个成员都有自己必须得到满足的利益。一旦利益不能得到满足，他们就有可能离开。

协作网络的成员使命既有相同又有不同。一定是有着某些目标上的共性激励，驱使其愿意成为协作网络中的一员。但是每个组织又有其必须遵从的独特使命,有时候会与协作网络的使命形成冲突。

协作网络中的组织有其不同的组织文化。文化对于组织犹如性格之于个体。每一个个体都各有特点,组织文化亦然。协作网络中组织文化的多样性,可能会给网络自身带来冲突管理上的挑战。

协作网络中的组织有各自不同的管理办法。它们在层级制程度上会有不同,在管理控制程度上也会有不同。这些不同和其他差异一起,可能影响到网络可以做什么、不可以做什么,以及完成任务的速度。

协作网络的成员有不同的利益方集团和不同的资助方。因为协作网络的成员要满足他们各自不同的选民或支持者,因此对于什么是合适的方向和活动会产生各自不同的看法。这些看法里,有些偏好可以叠加,有些则不能。

协作网络成员的权力程度不同。协作网络中并不是全体成员一律平等的。尽管网络规则可能赋予每位成员平等的投票权,但是有些成员明显要比其他成员强势。比如,在突发事件管理的协作网络中,联邦机构通常是法律上的受益方,这让它们有领先州和地方机构的行动优先权。

往往包含多个议题。一般情况下,形成协作网络的目的,就是为了处理单个组织难以解决的复杂难题。但是复杂难题往往伴随着诸多议题和子议题,给冲突管理带来多重挑战。

有多个决策平台。公共决策可以通过协作网络来完成。与此同时,同样的公共问题也可以经由立法机关辩论决定、法院裁决,或职业公务人员的行政程序等。是否由协作网络决定,以及如何决定都是可能引发冲突的来源。

协作网络既是组织间的,也是个体间的。管理学上所研究的网络,是典型的组织间的蜘蛛网状结构。但是在协作网络中,组织一般是由该组织的某个或某几个代理人所代表的。正如网络中组织之间可能产生冲突,个体之间同样也可能产生碰撞。

有多种治理结构可以适用于协作网络。协作网络选择如何进行管理、如何领导成员、如何达成共识、如何创造对话和审议过程等等,所有这些都非常重要而且难度极大。仅设计网络治理规则一项,就可能是个非常复杂的程序。

协作网络可能遭遇与公众的冲突。协作式的公共管理网络正在通过各种手段吸引越来越多公众的参与。因为它通常涉及的都是公众所关心的事情的处理，由此可能产生冲突。

◎ 协作式管理的悖论：协作可能产生冲突

协作网络的管理是协作式的管理。由于在协作网络中进行协作的组织具有多元化的特点，因此协作很可能带来冲突。事实上有位以协作式管理风格著称的大学校长，锡拉丘兹大学的南希·坎特尔校长，就曾经说过这样一句话："我的假设是每一个协作都会带来冲突，冲突必须得到管理。"

> **什么是协作式管理？**
> 协作式管理是一个概念，描述的是在多组织结构中进行斡旋协调，来解决单个组织不能够解决或不容易解决的难题的过程。协作式的公共管理一般包含参与式治理：即在政府的政策决定过程中让公众积极参与进来。
>
> 资料来源：O'Leary, Gerard and Bingham, 2006

康奈利（Connelly）、张（Zhang）和法尔曼（Faerman）曾经指出，作为一名协作型的管理者，可能面临着诸多矛盾。他们既要管理自己的机构，又要兼顾协作网络，面临的是迥然异于传统管理的艰巨挑战，这些挑战需要管理者拥有很多不同的技能。以下内容引用自康奈利、张和法尔曼，作为一名协作型的管理者在协作网络中所要面对的各种矛盾：

● **协作型管理者的工作必须既自主独立又互为依赖。**他们经常作为机构或者项目的具体负责人独立地开展工作，制定规则、发号施令。但是作为协作网络的成员，通常他们只是众多管理者中的一员，有许多盘根错节的利益关系必须得到满足。

● **协作型管理者和他们所在的协作网络既有共同目标又有不同目标。**通常情况下，每位网络成员都有自己机构或项目的具体目标。与此同时，他们又有作为协作网络一员面对网络的共同目标。

● **协作型管理者必须在人数更少而团队差异更大,而且在越来越多元化的情况下展开工作。**当各组织联合起来形成协作网络以后,他们就成为了一个整体,因此人数就少多了。但是在这个整体里面的组织间通常存在着巨大的文化差异、使命差异和运作方式差异,因此更加多元化了。

● **协作型管理者既是参与式的又是权威式的。**当作为协作网络的成员来决策整体行动方向的时候,他们的行为通常是参与式的。但是当作为一个具体机构或者项目的负责人时,人们是期待着他们来发号施令控制局面的。康奈利、张和法尔曼特别强调,这里的关键词是"权威式的"(authoritative),而不是"独裁式的"(authoritarian),独裁是意味着一种更为专制的作风。图一显示的是协作型管理者如何处理冲突方面对于自信和合作这对要素的相应选择。

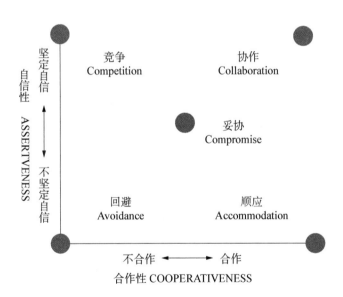

图一　协作型管理者的冲突管理选择
Conflict Management Choices for a Collaborative Manager
(资料来源:Thomas, 1976)

● **协作型管理者既要看到树木,也要看到森林。**一个项目或者机构的管理者,需要掌握的是细节和日常需要处理的事情。而与此同时,作为协作网络中的一员,他还需要横向地和整体地来考虑问题。

● **协作型管理者需要平衡倡导与探询。**每一个管理者都有责任从自己机构的角度来做事情，宣传和支持自己的机构。但是，由于相互交织的利益连接，管理者又必须持存疑的态度来调查和收集必要的决策信息，从整体网络利益最优化的角度来做事情。

什么是协作型管理者要做的？康奈利、张和法尔曼强调，协作网络中的这些矛盾应该被接受、包容和超越，而不是解决。这些矛盾对于无论在协作网络之内还是之外开展的工作来说，都是根本性的挑战。协作可能产生冲突。管理者需要清醒地认识到，由于各种张力的存在，冲突不可避免一定会发生，必须在冲突的形成过程中就有意识地且前瞻性地施以管理。

下面这张图是卡蓬特和肯尼迪（Carpenter and Kennedy，2001）提出来的无管理冲突螺旋图（the Spiral of Unmanaged Conflict），同样可直接适用于协作网络中的冲突。

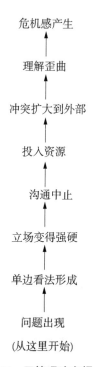

图二　无管理冲突螺旋

资料来源：卡蓬特和肯尼迪 Carpenter and Kennedy，1988

卡蓬特和肯尼迪认为，如果网络中的冲突没有得到妥善管理，结果是可想而知的：问题出现，单边看法形成，立场变得强硬，沟通中止，投入资源（如聘请律师），冲突扩大到外部，理解歪曲，最终产生危机感。这种冲突螺旋并不是不可避免的，但是如果没有在早期阶段就进行冲突管理的话，结果一定就是这样。协作网络中，冲突管理进行得越早，效果就越好。因此协作型管理者需要既是冲突的管理者，又是冲突的解决者。

解决冲突就是卓有成效地集体解决问题。有关冲突解决和磋商谈判的书籍中，有很多指导原则可以帮助管理协作网络中的冲突。下一部分将会介绍一种基于利益的协作式解决问题方法，或者叫利益式磋商，适用于协作网络中的冲突预防、管理和解决。"做协作网络中卓有成效的磋商者"这部分将介绍如何准备磋商，以及作为协作网络中的一员，如何有效地利用优势进行交涉和磋商。接下来的部分是介绍管理冲突时的沟通技术。"通过设计治理结构来预防冲突"将讨论如何协作设计网络的治理结构，以此作为预测和预防冲突的办法。最后一部分介绍与公众的联结和冲突。

二、 理解利益式磋商

> "不管你喜欢与否，你就是一个磋商者。"
>
> ——费希尔、乌瑞和帕顿，《达成一致》

"原则性磋商"（Principled Negotiation）是一个专业术语，它包含了哈佛谈判项目①所倡导的做法（Fisher and Ury，1992；Fisher and Brown，1988；Ury，1991；Ury，Brett，and Goldberg，1989），也包含了协作式的或者说双赢模式的交涉，即就共同所面对的问题交流意见，互让互惠寻找解决问题出路的这样一个过程。有时候它也被叫作利益式磋商，通常情况下它与基于立场式的充满对抗、竞争和敌意的交涉方法形成鲜明的对比（Lax and Sebenius，1986）。"原则性磋商"是从玛丽·帕克·福利特（Mary Parker Follett）②的综合性交涉（Integrative Bargaining）发展而来的一个分支，玛丽是二十世纪初研究公共和私人组织及冲突的重要学者。

---

① 哈佛谈判项目（Harvard Negotiation Project，HNP），是 1979 年在哈佛大学法学院成立，旨在寻求理论推动实践，以解决真实世界的矛盾冲突。哈佛谈判项目的最卓越贡献就是"原则性磋商"的理论和发展。哈佛谈判项目出版了一系列研究成果，其中最广为人知的便是 1981 年首版的《达成一致》（Getting to Yes：Negotiating Agreement Without Giving In），书的三位作者罗杰·费希尔（Roger Fisher）、比尔·乌瑞（Bill Ury）、布鲁士·帕顿（Bruce Patton）都是该项目的核心人员，也是冲突领域很有影响力的先驱者。——译者注

② 玛丽·帕克·福利特，Mary Parker Follett，1868.9.3 - 1933.12.18，美国社会工作者、管理专家、哲学家和组织理论及组织行为领域的先驱者。她最重要的贡献是将人的心理和人的关系引入工业管理，尤其人在冲突、冲突解决和领导力中的角色，由此发表了一系列对后来研究者产生深远影响的著作。她被誉为"现代管理之母"。——译者注

磋商各方往往容易陷入到一系列围绕主观立场的交涉，而忽略了纠纷之下他们各自真正的需要和利益是什么。他们封锁信息，因为他们视信息为交涉中力量的来源。典型的手机交易就是很经典的立场性交涉案例。卖方先报一个多少含有水分的虚价，买方还的价格肯定要低一些，低多少取决于他事先所做功课的质量。然后双方轮流从各自立场一点一点地讨价还价。这种谈判是假设饼的大小已经固定好了，只是在交涉卖方该赚多少钱。一方让步了，另一方就赚到了。每一方的"B方案"就是放弃交易。买方可以去问别人买，卖方也可以去卖给别人。可是这种谈判交涉形式放在协作网络中，几乎寸步难行。

为了更好地理解基于利益的协作式做法在协作网络中是如何管理冲突、解决问题，并且区别于更具竞争性的基于立场的做法，就让我们一起来想象这样一个场景吧：

两位厨师正在准备美食①。有一个厨师在做可丽饼，他需要一个橙子；另一个厨师在做烧鸭沙司，他也需要一个橙子。不幸的是，厨房里只剩下一个橙子，找不到其他的了。每位厨师所摆明的立场或预设的解决方案都是"我需要这个橙子！"双方争吵不休，而后开始争抢。这时候橙子掉到了地上，有位勤杂工捡起了这个橙子。他左右为难，他想解决这个窘境，于是就把橙子一切为二，双方各得一半，暂时平息了两边。可是没过多久，二位厨师都意识到了半个橙子不够。最后，第一个厨师没有足够的橙子皮来做可丽饼，第二个厨师没有足够的橙子肉来做烧鸭沙司。

哪儿不对劲了呢？切开橙子各给一半难道不是一种公平的妥协吗？毕竟，谁也不能指望全占了，不是吗？

只要厨师们坚持从立场出发来解决问题的话，绝对就是这样的。立场是人们在表述想要什么的过程中所体现出来的预设解决办法。

立场性的表述如：

● "我需要这个橙子！"

---

① 该案例选用自奈尔·卡兹（Neil Kate）所著的《利益式磋商：美国财政官员协会培训教材》（"Interest-Based Negotiation: A Primer for the Government Finance Officers Association", 2007）使用征得作者的同意。——原注

- "我要加薪。"
- "你必须改变你的工作方法。"

或者在协作网络中：

- "我现在就需要那些资源！"
- "我的分析师告诉我，很显然，这个网络必须做 XXX，才能够生存和发展。"

从上面这个例子你不难看出，即便两位厨师得到的是一个公平公正的解决办法，但是双方的需要却都没有得到满足，对此情况双方都很不满意，他们都没有能够实现最终想要的结果。

现在让我们重新来回顾一下这个场景，尝试用一种不同的方法来解决冲突。

情况和前面一样，两位厨师开始争吵，然后抢夺橙子。这一次，这位勤杂工捡起了橙子，但并没一切两半，而是问这两位厨师，"我看得出你俩都很想要这只橙子，也相信你们都有很急迫的正当需要。请帮我搞明白，你俩要这个橙子做什么用呢？"

这样一个请求，使得两位厨师从与橙子相关的立场转向了之所以形成上述立场内在的利益。利益是他们说他们想要什么背后的主要原因。利益是所陈述立场后面的动机，是对于这样一个问题的回答——"如果有的话，对你会怎样？"

厨师甲就会说，"如果我有这个橙子的话，我就可以用橙子皮来做美味的可丽饼了"；厨师乙就会说"如果我有这个橙子的话，我就能用橙子肉打酱来做美味的烤鸭沙司了"。于是这位勤杂工就削好橙子，橙子皮给了厨师甲，橙子肉给了厨师乙。

两位厨师都超越了单纯围绕立场的交涉，而转向了表达得到橙子对于他们的利益。利益这一基本的需要或者渴望，如能得到满足的话，是可以让他们每个人都放弃最初时候的"要么完全得到，要么一点没有"的立场的。基于利益式的协作解决问题的做法，优势就在于，它不断地向利益相关者揭示什么是最重要的，并且允许人们去发挥创造性，接受有助于克服之前棘手分歧的解决办法。

哈佛谈判项目最大的贡献，可能就是教会我们如何来讨论谈判中最重要信息的一种语言。这种语言是关乎利益的。而对抗性的谈判者，他们所说的语言是关乎立场的,就像"好吧,我们的立场就是这样子的"。原则性的磋商者,会通过问问题来了解对方的利益是什么,弄清楚他们真正的需要是安全感、经济福祉、组织、社区或者行业的归属感,或者对于努力和贡献的认同?还是对于事情或者决策的自主性或控制权?原则性的磋商者,在厘清利益的时候,在某个具体的磋商结果上可能会替对方来考虑后果,比如,短期考虑还是长期考虑,经济上的冲击,牵涉到的法律,心理上的效应,成为先例的影响,政治支持或者会受到影响的更大集团的利益等等。(Fisher,Ury and Patton,1991,47)

哈佛谈判项目的原则性磋商

- 区分人与事(针对纠纷的实体,而不要陷入人际间的矛盾)。

- 专注利益而非立场(考虑人的基本需要:安全感、经济福祉、社团归属感、认同感、对自己情况的自主性或者控制权)。

- 创造共赢选择(想办法做大馅饼,进行系统性的头脑风暴来激发各种创意)。

- 运用客观标准(陷入僵局时,根据专业、法律、道德和伦理等方面的标准来进行原则性辩论)。

资料来源:Fisher, Ury, and Patton, 1991

可能会让读者们感到意外的是,基于利益式的磋商手段结合协作式的解决问题方法,早已经在国内和国际上的很多重大事件中发挥作用了,比如以色列和埃及签署戴维营协议,南非结束种族隔离制度,以及许多起罢工和抵制事件的预防等等。比尔·克林顿总统就深受这种解决问题做法的影响,因此他曾签署了一项行政令,要求所有联邦政府各部门的劳动管理伙伴关系委员会都必须以基于利益的协作式方法作为解决纠纷的首要工具。今天我们可以很放心地说,它已经是全世界运用最广泛的协作式解决问题工具了。

我们再扼要重复一遍,协作网络中有两种基本的解决冲突的做法。第一种是基于立场式的谈判,它要求网络成员预先确定解决方案,并坚持立场;第二种是基于利益式的磋商,它允许采用协作式的解决问题方法和创新的做法,千方百计地满足磋商各方的很多共同需要。

这两种做法的主要区别详见下表。

表一　两种交涉做法的比较

基于立场式谈判	基于利益协作式磋商
视对方为谈判的对手	视对方为磋商的伙伴
视谈判为你死我活的斗争	视磋商为需要共同克服的挑战
强调获得价值	强调创造价值
达成预定方案就是胜利	以实现各方利益满足为目标
体现在过程中，坚信必须兜售立场，甚至强加立场	体现在过程中，坚信人是善意的和富有创造力的，一定可以找出满足共同利益的办法
依靠推销术、操纵术，甚至谎言	要求诚实表达对于你来讲重要的是什么
可能强迫在关系与实体目标之间做出选择	允许各方同时关注关系与实体
迫于对方压力而勉强屈服	当出现好的选择时自愿改变立场
结果往往一方赢一方输，两方皆输，或者妥协	很有可能产生协作式的双赢结果

资料来源：Katz, 2007

如果协作网络中，成员采用立场式交涉的做法来处理纠纷、解决冲突的话，结果往往令人沮丧。经常是一方或者几方心满意足地离开了，但却留下了另外几方在失望或愤怒中蓄意寻求实施报复。或者，就像那两个争抢橙子的厨师，有了一个妥协的方案，但是双方都不满意。而基于利益的协作式的解决问题做法，则提供了一种可能性，产出创造性的解决问题方案来满足有关各方在过程、实体和关系（或心理）三个方面的需要。这通常被称为"满意三角形"（Satisfaction Triangle），意思是一个让各方都满意的结果，必须兼顾过程（Process）、实体（Substance）和关系（Relationship）或心理（Psychology）三者的平衡（见图三）。如果只关注三角形的一条边，比如实体的话，现实中往往也确实就是如此，一般来说是无法达成持久协议的，因为利益还没有得到满足。

在协作式公共管理的日常工作中，冲突管理技能非常必要。无任何确凿证据能够表明，竞争式的谈判风格比原则性的或基于利益式的磋商更加有效哪怕一点点。而且，一项关于合作演进的研究指出，团队或人群中的合作型磋商者会通过孤立竞争型的交涉者而获得优势（Axelrod，1985）。这提醒我们，竞争式的交涉在协作网络中可能更难获得成功。因为任何协作网络中的任何一次交涉，都会有很多参与者，任何一方都很难凭借竞争式的或者强硬的交涉策略来有效达到目的。其他各方可以通过结成联盟来进行抵制而使其无法奏效，或者识破其策略，公之与众让它行不通。

最为有效的做法就是开诚布公地谈论各方的利益，真正花功夫去想办法满足这些利益，基于原则而不是权力或者意志，发挥创造力，最终实现富有创意的一揽子协议。这就意味着，对于协作式公共管理来说，原则性磋商或利益式磋商，已经成为其不可或缺的重要技能了。

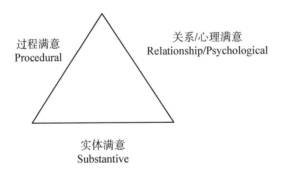

图三　满意三角形（The Satisfaction Triangle）
资料来源：科罗拉多大学争端解决中心

三、 做协作网络中卓有成效的磋商者

组织出于各种原因而加入协作网络，很突出的共同点就是，他们都无法单独实现目标或解决某个具体的政策问题。决定加入协作网络，就意味着承认有必要进行磋商和接受以协作的方式来解决问题。这部分内容将教给管理者们如何准备磋商和有效进行磋商的基本工具。

◎ 如何准备磋商

对于基于利益地协作解决问题来说，越重视准备工作，取得圆满成果的机率就会越大。网络中的协作涉及多方的交涉谈判，更像是公共政策的冲突解决。后者有一个非常有用的概念，叫做冲突评估（Conflict Assessment）。在公共政策的冲突解决中，绝大多数情况下都会有一个中立的第三方，调解人（mediator）或者促参者（facilitator），介入到过程中积极发挥作用，帮助厘清潜在的利益方是谁，事情的分歧是什么，以及在交涉过程中有没有得到充分考虑等问题。同样地，协作网络中的管理者们也需要评估他们想要磋商什么，和谁磋商和如何磋商。协作网络的磋商评估应包含"协作网络磋商评估"清单上所列的各条内容。

协作网络磋商评估

1. 明确磋商的主题和范围；

---

2. 明确己方的最佳替代方案(BATNA);

3. 明确必要和恰当的参与者;

4. 明确其他参与各方的最佳替代方案(BATNA);

5. 明确己方的利益,同时也判断或推测其他参与各方的利益;

6. 明确参与者能否代表组织进行交涉,若否,谁是能够代表组织的人;

7. 明确磋商的基本规则和礼节事宜,这也是网络管理的第一步。

从上述清单中我们应该很清楚可以看到,网络中的管理者们需要先行做好各自的评估工作来为磋商进行准备,除此之外,这也是网络初期集体过程的一个行动蓝图。

1. 明确磋商的主题和范围

需要进行磋商交涉的问题可以分成几种类型。以解决争端为目的的磋商,需要处理的往往是可能付诸诉讼的现在已经存在的诉求、案件或者难题。双方关系可能可以持续,也可能无法持续,交涉的焦点是过去已经发生的事情。制定规划的磋商则是假设能继续保持关系,并可长期进行协作。例如,区域划分和选址的问题(Susskind,1990)、长期合同关系和制定规则协商等。非赢即输的零和谈判一般来说都是单纯的财务问题,一方得到了,则必然另一方损失了(也就是通常称为的"固定馅饼")。

但是在大多数零和谈判(zero-sum negotiation)中,运用创造性的解决问题办法做大馅饼是有可能的(Susskind and Cruikshank,1987,178-184)。尽管看起来协作网络的任务可能只是单纯的预算比例分配,但是在磋商的过程中,它往往会涉及到其他很多事情。这可以被视为协作网络的一个优势,因为参与各方对于这些事情的利益考虑和优先级是不一样的,这就可以带来创造价值的机会。

2. 明确己方的最佳替代方案(BATNA)

在你坐下来进行磋商交涉之前,必须掌握一些关键信息。首先最重要的,你方谈判协议的最佳替代方案是什么？（Fisher，Ury，and Patton，1991，97 - 106）如果你的组织单独行动的话，结果会怎样？这是一个最基本的问题，因为它决定了你是否确实需要参与网络。如果交涉失败的话，会发生什么？如果你并不是非常清楚自己想要从中得到什么的话，就算有不错的方案摆在你的面前，你可能都意识不到。在明确己方和对方最佳替代方案的时候，你必须考虑到三个决定性的变量：权力、时间和信息（Cohen，1991，50）。以下磋商交涉者的权力来源（Sources of Power as a Negotiator），列出的是磋商交涉者可能具有或可以培育的一些权力来源。

磋商交涉者的力量来源

竞争（或说对于服务/专门技术的要求）

合法性（比如，政府部门的盖章批准）

承担风险（风险损失的意愿程度）

委身（让其他相关人士或他方投入你方利益的能力）

专业知识（对争议标的物）

知己知彼（每一方的真正需要）

投入（时间、金钱和精力）

给予奖励或惩罚的能力（当未来与同样各方打交道的时候）

认同（让别人能够认同你）

品德（被视为公正）

先例

执着

说服力

态度

---

3. 明确必要和恰当的参与者

随着参与者数量的增加，磋商会变得越来越复杂。确定必要参与者的办法之一，就是看他们是否有能力阻碍协议的实施。协作网络中的管理者们需要在两个不同的阶段考虑哪些参与者是必要和恰当的。第一个是在协作网络形成的阶段;第二个是在出现了具体问题需要进行磋商的阶段。协作网络中,并不是所有成员都需要参加每一个问题的磋商。有些议题交由小组讨论可能更加合适。

4. 明确其他参与各方的最佳替代方案(BATNA)

协作网络之所以能够形成,往往是因为,用谈判术语来说就是参与各方的BATNA都很弱,没有办法单独行动来实现自己的目标。但尽管如此,尽可能准确地判断参与各方的BATNA,仍然非常重要。你所在的机构或组织是网络中很有分量的角色吗?其他组织都是主要靠你们机构的小型服务供应商吗?如果该供应商想要与机构保持长期关系的话,那么它的BATNA一定不如磋商更为可取。

再举个环境冲突解决的例子。如果协作网络的合作伙伴包括了经济实力强大的主要受管制行业,那么可以推断,他们的BATNA就很可能包括比如通过旷日持久的诉讼程序来故意拖延环境或安全新技术的实施,这远比磋商可取得多。为了判断你所打交道各方的最佳替代方案BATNA,就需要收集大量的信息,包括妥协的成本,诉讼的成本,以及每一方的资源情况等。同时,还要判断你是否能够削弱它们的BATNA(比如,通过惩罚性措施或者其他手段),但是一定要想清楚这样做的好处和成本。有的时候,BATNA实在是太不可取了,以至于除了磋商以外别无选择。一般情况下,参与者只有在磋商谈判比单独行动更为有利的时候,才应该加入协作网络。

5. 明确己方的利益,同时也判断或推测其他参与各方的利益

网络成员所能做的磋商准备中最重要的一条,就是厘清到底他们自己和他们机构的利益和需要是什么,同时也研究和思考对方的利益和需要是什么。我们需要什么?为什么需要它?对方需要什么?为什么需要它?可能还包括了要确定眼前的有关问题或者谈判桌前各方信息的来源。电话、访谈、审查报告和报刊文章等通常都很有帮助。整理与各方以前的交流记录,如果有的话,也很重要。

关键的一条就是,要着眼于人的基本需要,并将之放大到组织的层面。这些基本的需要包括：安全感、经济福祉、归属感、认同感和自主性。例如，组织会避免做任何可能动摇他们的权力或者存在理由的事情。对于那些在组织中工作的人来说，这是人的天性，他们必须确保自己能够继续存在，并且排除对于他们安全感有威胁、可能削弱他们在组织中作用、从而影响他们就业来源的任何事情。

同样地，人们需要照顾自己和自己所爱的人。这关系到经济福祉的需要，而人的这一需要是与组织的预算紧密联系在一起的。人是一种社会动物，对于他们来说，归属于某个社会团体非常重要，而团体常常是根据他们所工作的组织来定义的。在协作网络中，成员们可能产生不仅对于他们原来的组织、还有对于网络本身的新的归属感。人和人所属的组织，他们的贡献和作用，合法性、权威性和重要性都是希望得到认可的。最后，自主性是指对于自己命运的控制力。在公共部门和非营利部门工作的人一般都有很高的公共服务动力。他们希望自己能够控制要做什么来服务公众和选民。如果协作网络需要成员作为一个整体，个人和组织要放弃对于某些决定或行动的控制的话，就会威胁到自主性方面的利益。以上不过简单枚举一二事例，为的是要说明在协作网络中，冲突之下往往存在着很多利益的纠葛。

6. 明确参与者能否代表组织进行交涉，若否，谁是能够代表组织的人

在公共部门或非营利部门中，要确定这一条远比在私有部门困难得多。通常情况下，公共部门的管理者要通过任何协议，都必须获得机构首脑的批准。有的时候是通过投票，比如像在理事会或者委员会这样的成员很多的公共部门里。对方是私营部门的法人实体，那么你是可以和高层执行官打交道的，是吗？这是一个行业协会，那么每一个协议都是必须要得到成员同意的，是吗？又或者，这是一个对其成员不具备约束力的非营利组织吗？究竟谁是合适坐到谈判桌前来的人选呢？为了避免这些麻烦，在坐下来进行磋商交涉之前，你必须要明确你的自主权限，同时也要明确其他参与者的权限。你肯定不希望费尽周折终于达成协议了之后才发现，这个协议还得要看其他人同不同意，而你本来是可以直接去和他们打交道的。有一种典型的交涉策略就是，先派律师或者代理人去谈判，得到了对自己最为有利的方案以后，才说明这个方案还必须征求委托人的同意。难缠的交涉者这种时候往往就会趁机要价抬高条件。

7. 明确磋商的基本原则和规定,这也是网络管理的第一步

通常情况下,组成协作网络的目的,就是为了在一段时期里进行一系列会议,用这种方式来开展工作。在这种情况下,他们的工作就相当于正式的磋商。因此提前讨论基本规则,或者在第一个阶段一开始就把基本规则确定下来,是一种明智的做法。有时候在多方公共政策辩论中,促参者会把基本规则也列为需要磋商的内容之一(Cormick,1989)。劳资关系提供的则是另一种有效模式。在公共部门劳资关系中,有首席发言人、谈判委员会和各自相应的支持者(地方工会和公共机构),很可能还有州和全国分会。基本规则有助于保护受到谈判结果影响的有关各方的利益。劳资交涉者采用的四项重要的基本规则,亦可适用于协作网络:

- 未经全体同意,不得单独发布新闻(根据政府阳光法)。
- 历次会议时间、日期和地点须征得与会各方同意。
- 提交具体讨论的议题需有一个共同的最后期限。
- 在整套协议达成和获准之前,暂行协议具有约束力。

明智的交涉者会赞同将基本规则形成文字。在一开始的时候就讨论磋商过程的基本规则,可以为以后具体议题的磋商交涉确定下一个公正而坚定的调子。你还可以借助这些前期举措来培育信任和融洽关系。

◎ 如何通过协作解决问题

以下"基于利益协作解决问题"清单中,列出的是基于利益卓有成效地协作解决问题的基本步骤。

基于利益协作解决问题

1. 定义问题,并界定它是一个两难选择还是有待共同解决的挑战。

2. 围绕利益相互教育:开诚布公,倾听和提问。

3. 想方设法"做大馅饼":先贡献,再索取。

4. 激发更多候选方案；如果卡住的话，退一步，回顾究竟各自的利益是什么。

5. 评估候选方案（它们满足需要的程度如何？）。

6. 根据最能满足需要的程度，挑选/修改候选方案。

7. 利用客观标准摆脱僵局。

8. 制定包含监督的协议实施计划。

1. 定义问题

将难题界定为一个满足各方所有需要的共同任务。在立场性交涉中，各方通常视对方为对手，竞争固定数量的商品、服务、资源或成果，彼此视对方为"麻烦"。在基于利益协作式解决问题的过程中，各方视对方为合作伙伴，分歧或冲突只是一种两难的选择，或者有待共同解决的挑战。为了鼓励成员戴上协作解决问题的"帽子"，通常很奏效的一个办法，就是用"怎么样"的问法来对问题进行措词，并加上表示行为的动词，和契合各方利益的预期成果。例如："怎么样在全县范围内提供精神健康的服务？"

2. 围绕利益相互教育：开诚布公、倾听和提问

这里的诱惑在于急着提出解决的办法。记住，事实上，那些最初提出来的解决办法，往往是基于对各方真实需要的不完全了解，带着预设的立场。更有帮助的做法是，把这些可能的解决办法都先放一放，专注去了解各方的利益——提出来的这些想法，背后的"驱动力"（motivators）是什么。围绕利益的讨论，可以让磋商者更加全面地理解利益相关方各自的关注和需要是什么，不至于一下子就跳到了围绕解决办法的争论。在进行磋商准备工作的时候，你应该就已经收集了大量的信息了，这些信息很有可能都是客观的信息，但是并没有告诉你对方的想法和感受是什么。

3. 想方设法"做大馅饼"：先贡献，再索取

最棘手的谈判就是单一议题的谈判（single-issue negotiation）。这种情况下人们往往会有一种错觉，认为总共就是这些钱，"你每拿走一元，我就得损失一元"。这就是基本的分配谈判（distributive bargain）。但是，大多数磋商都可能是"非捆绑式的"（unbundled）。具体来说就是，它们可以被拆分成为很多的小问题。一旦完成了这一步，参与者们就可以来做大馅饼创造价值了。这是因为，一般来说，大家对于同一件事情重要性程度的认识是不一样的，没有双方会完全一致，因此在他们的优先级偏好上就会出现一系列差异。

差异就是创造价值的强大源泉。网络成员可能有不同的时间倾向或者约束。这就让他们有可能去完成一些之前无法办到，但是随着时间的推移可能可以实现的目标。比如，在劳资谈判中，员工可能想要至少 8％ 的加薪，但是管理层没有这笔预算。他们就可以采用拆分的做法，逐步在几个预算年度里进行加薪，先增加一部分，比方说 5％，剩下的部分，推迟到预算年度六个月之后。各方的风险容忍度可能不同；他们对于某些事情发生概率的估计可能会有出入；其他的价值来源还包括共同利益和经济规模，共同利益包括有长期目标、未来交易、公平性和共同首选立场（Lax and Sebenius，1986）。

4. 激发更多候选方案来满足各方的利益

这一步普遍的做法就是借助"无攻击的头脑风暴会议"（non-attack brainstorming session）。它的关键是开放、非线型的意识流思考（stream-of-consciousness thinking），越有想象力越好。需要牢记的是，在这样的协作过程中，明显有悖他人基本利益的方案通常都会被淘汰掉。

创造力的源泉之一就是保持开放的头脑。在协作解决问题的过程中，参与者慢慢开始意识到在每件事情中的可能性有什么，协议的可能要素是什么，不会去做预判到底每块拼图最后应该落在哪个位置上。几乎任何固定馅饼式的交涉，都可以被视作不同要素间的交易。这需要一种强大的运用信息的能力，要抽出利益来做大馅饼，最后做到多要素共受益的结果，这就是头脑风暴的关键所在。哈佛谈判项目将它称为"创造选择实现共赢"（Fisher，Ury，and Patton，1991，56），科恩则将它称为"双赢技术"（Win-Win technique）（Kohen，1991）。很多公共部门的管理者早就已经接受过一些进行整体质量和战略管理规划方面的头脑风暴技术训练。促参者们也早已开始运用类似的技术来配合市政当局的工作，比如制定社区规划的时候作为一种展望未来的方法。

在协作网络场景里，本质上这就是一群人面对着大白纸、黑板或投影仪，一起来解决一个共同的问题。不管他们在或不在各自的谈判队伍里，所有人都必须朝着同一个方向努力，去解决共同面对的难题。他们通常会安排一位促参者或者记录员把他们的想法都记录下来。促参者会把记录着所有想法的大白纸贴在房间里每个人都能看到的地方。然后参与者们一条条地列举所有他们所能想到的、可以满足他们已经申明的利益，并且能够解决问题的点子。当促参者或记录员记录想法的时候，参与者不可以讨论或点评优劣，因为这容易妨碍别人的思路，影响激发创意的过程。参与者不要把具体某个想法归在任何个人的头上。参与者要尽可能多地提出想法，不需要自我审查，而是只需要多多益善地提出所有可能满足各方需要和利益的建议。

任何提议都不应该被视作是让步或者同意，它只是一个有待讨论的想法。进行这样的过程，好处就是，当大家在讨论各种各样不同想法的同时，必然会更多地了解到各方的利益和关心，这样反过来又促进了能够创造出更加满足那些利益或关心的想法。

5. 评估候选方案

经过"无攻击的头脑风暴会议"之后，接下来，参与者就可以把想法变成具体的候选方案来进行评估了。费希尔、乌瑞和帕顿认为，可以通过利用不同的角度、或对不同优势的约定来将想法转化为可供选择的方案。约定可以是长期的也可以是临时的，可以是实体的或过程的、综合的或片面的、无条件的或有条件的。头脑风暴的魅力就在于这个过程让你看到了更多局部的可能性，尽管整体还仍然是个未知数。

现在，我们要来评估这些方案了，来确定它们满足各方需要的程度如何。这里的关键是要打消那种当意见不和或者起冲突的时候很容易萌生的"要么全得要么全无"（all or nothing）的想法。在这个阶段，参与各方都面临着退回到自己最初的预设方案去的诱惑。这样的举动可能会被其他参与方视为操纵，还可能妨碍产出创造性的解决方案。为避免此类情况发生，也为了保护所有可行的选项，这种时候就应该及时确立标准，通过标准来进行评估。可能的标准包括：

- 它能否满足各方的大部分甚至所有基本利益？

- 可行吗？你能够完成得了吗？

- 可接受吗？你能够获得重要支持者的批准和落实吗？

- 可承担吗？你能够有机会获得实施所需要的资源吗？

评估通常采用网格图的形式，竖轴上列的是候选的方案，横轴上是评估标准。各参与方一起根据标准来回顾所有的选项，并标注出符合标准的那些方案。

6. 根据最能满足需要的程度挑选/修改候选方案

过程进行到这个阶段时，通常都会出现几个大家都认为还比较理想的候选方案了（或者不同方案里的若干个部分）。那么这些方案现在就可以被列入到接下去的整体规划中了，或者被置于优先考虑。有的时候有些会被标为首要选择，或者应急选项。

实现共赢或者互利的结果是可能的，也是人们想要的。转化的关键在于要整合所有的选项或者要素来满足每一个人的利益和需要。有的时候大家不情愿、或者不能够有足够直接的沟通来谈论各自的利益，无法成功完成满足各方利益的一揽子方案。这种情况下，调解者的帮助可能是无比重要的。调解就是在一些辅助之下进行的谈判交涉。各方可以和调解者沟通哪些要素可以满足他们的需要，然后可以由调解者根据与各方的保密沟通，整合出一个调解人一揽子方案来解决分歧。调解人必须说明这个是调解人的一揽子方案，而不是某一方的提议。这样的话，调解人就可以将各方从责任中解脱出来，让他们在同意方案的时候不会感到在他们的支持者面前丢面子。

7. 利用客观标准摆脱僵局

一直要等到各个环节都得到了妥善安排、并付诸某种形式的书面备忘录以后，协商的工作才算告一段落。一旦在某个具体环节上陷入僵局的话，就需要利用客观标准来进行解决。原则性磋商的目的，并不是要通过权力、强迫或意志来解决僵局。相反，你可以寻求法律的帮助、先例、传统、市场价值、专业标准、效益、成本、科学数据，甚至法院或仲裁庭等各种做法。我们还可以借助平等待遇、程序公正、利益互惠和道德标准等概念。要就事论事地评述是非曲直，但不要进行人身攻击和威胁。即便所有这些都失败了的话，你也还有一招，你可以部署乌瑞称之为的"你的 BATNA"——你方的最佳替代方案。威胁行使权力与警告对方你有 BATNA 是不一样的，BATNA 能为你的交涉提供一个更加可取的选择。你这样做并不是在进行威胁，你只是在传达关乎你方利益和需要的信息——如果他们不同意，如果他们不谈了，他们会遇到什么。这是事实，这不是强迫。

8. 制定包含监督的协议实施计划

至此，团队需要制定行动计划了。行动计划要尽可能地具体和详细。谁、将要做什么、什么时候、怎么做、和谁一起做？必须完成哪些重要事情，来证明我们是在往前推进？如何评估结果？

对于协作网络的成员来说，他们如何进行交涉，最终是和他们在协议上完成了什么同等重要的。网络成员需要知道，其他成员都是在以他们感觉到善意的、有益和公正的方式在与他们进行交涉。基于利益的协作式解决问题的做法，无论对于协议的实体、大家的关系、还是进行磋商的过程，都创造了提高满意度程度的可能性。

四、 管理冲突的沟通技术

　　每个人都经历过传统的"沟通的烦恼"。为了可以有效交涉你得要决定个性的冲突是不是会影响讨论。劳工调解者的工作常常是从走廊上开始的,听着某一方的支持者添油加醋地讲着另一方的八卦,比如谁还不错、谁不负责任,谁一直和人事经理不和,谁才是幕后出点子拿主意的那个,等等。在哈佛谈判项目的做法中,这个阶段被称为"区分人与事"(separate people from the problem)。

　　在协作网络环境里,你跟参与者有可能之前就已经有联系了,也可能还没有。如果发生问题,你需要养成一种超然的态度,审视所讨论事情的本质,你需要将它与你对于某个具体参与者的本能反感区分开来。乌瑞将这种超然的状态称之为"到阳台上去"(going to the balcony),让自己仿佛从一个很远的距离来俯视交涉(Ury, 1991)。而且,任何你所感受到的情绪,很可能对方也会感受到的。所以,费希尔、乌瑞和帕顿建议我们,要正视任何与人有关的问题,不要回避,要把问题放到桌面上来谈。为了帮助厘清这些与人有关的问题(people problems),他们建议,你要试着去理解对方,他们是怎么想的? 可能有什么样的感受? 不要贸然地下结论,要正视对方的情绪,要允许人家发泄,但千万不要急于反击。要通过直接交流的方式继续去与这些人建立联系,积极地倾听,用"我式陈述"来表达自己,不要对他们或他们的立场抱成见。有人将这称为谈判的禅道(the Zen of negotiating)。

　　运用一些相对容易掌握、但同时又能起到决定性作用的沟通技能,不仅有助于提高协作网络成员之间的沟通质量,而且更能促进冲突的解决和各方的有效产出。这些沟通技术包括：提解决问题的问题来厘清利益；模块发问；运用反射式倾听或积极倾听的方法来缓解紧张关系，避免冲突升级；用建设性的做法来应对棘手的交涉策略。除了这些以外，以建设性的态度进行沟通的技能，对于培育长期交涉关系来说至关重要。

◎ 提出解决问题的问题来厘清利益

开放性的问题（the open-ended question），是磋商者可以使用的非常有力量的解决问题工具，它有助于引出能够厘清对方利益的回应。这样的问题能够让参与者们畅所欲言地表达看法。开放性的问题通常是用谁、什么、哪里、什么时候、怎么样和为什么来开头的。认真地倾听，不打断回答，表达关注的适当的身体语言，如身体前倾或者目光的接触，都能够激发他人更加全面更加完整地回应；而像看手机、晃脚、玩笔等则是容易令人分心的小动作，很显然，它们只会起到相反的作用。

你必须避免诱导性的问题，特别那种暗含谴责的提问，类似"你要什么时候才会停止虐待你的伴侣"之类，因为这样做毫无帮助。诱导性的问题常常是以这样的句子开头的，"难道不是……？"、"你在指望我相信……？"或"在 X 时间，你难道没有做 Y 事情吗？"每一个这样的提问，都带着咄咄逼人的威胁，因此很容易引发矛盾。

另一种容易引发敌意回应的句式，是"你式陈述"。例如，"你没有（做 X，Y，Z）"，"你并没有给我信息"、"你没有回复我的邮件"。总而言之，任何可能激发对抗或者敌意的做法，都会让你离讨论分歧之下的核心内容——人们的利益是什么越来越远。

◎ 模块发问

有的协作式解决问题专家将提出一系列无威胁的、开放的、澄清事实性问题的过程，称为模块发问。模块发问其实就是换了各种方式来问"为什么"，直截了当地问"为什么"可能会显得太唐突了,或者有一种威胁感,甚至有可能激起对方的防御性。

举例来说,当 X 代表了某人所声明的立场或需要的时候,你可以发起一些这样的问题:

- "有 X 的话,能带给你们什么?"
- "有了 X,会给你们带来什么不一样?"
- "获得 X,对你会有怎么样的帮助或好处呢?"
- "如果 X 成功实现了的话,你们的明天会和今天如何不一样?"

◎ 应用反射式倾听或积极倾听

反射式倾听和积极倾听都是相互教育过程的一部分。应用反射式倾听或积极倾听,能够让对方知道他们被听到了和被听懂了。这个过程的基本要素就是,积极地倾听你所得到的回复。你的问题已经问了,信息也已经有了,要让对方知道你听到了、并且听懂了他们的回答了。比如,你可以通过复述他话语里表达出来的所关心的点来进行回应。你可以运用一些句型,来重复或扼要总结在他们的表述中的重要的部分,例如,"请让我确认一下,我理解的是不是正确,……"、"我想确认一下我明白你的担心,你担心的是 X……"、"你看看我的理解对不对,你优先考虑的是 X……"或"我想我听到的是 X……"。

反射式倾听区别于积极倾听的另一个技术要点,就是反射他们传递给你的情绪性的部分。例如,除了在下面每句话的前面都加上类似"我想确认我理解"这样的表达以外,接着你要说"所以,没有得到直接的信息,让你感到很沮丧"、"所以,你觉得这中间缺乏信任(尊重、控制或其他)",或者"因此,你觉得你的贡献没有得到肯定"。这和问题的实体不同,它反射的只是情绪的部分,但是情绪常常直接关乎说话者的潜在利益。

除了需要获得关于对方利益的信息以外,你还需要沟通己方的信息。这可以通过表达你们组织对于特定某些成果的"关注"和"利益"来做到,陈述一定要具体,要用详实的例子来说明为什么你认为那样才是公平的、恰当的或者组织所必要的，或者合乎公共利益、健康或共同福祉的。你必须在让对方知道你已经知道、并且承认对方的利益诉求之后，再来表述对于这个问题你是怎么看的，不要急于给出答案。你所陈诉的利益可能是单独的、但是并不矛盾；也可能是有冲突的；还可能是可以共享的。明确利益在哪里是重复的、或可以兼容的以后，你就可以开始朝着磋商交涉的下一个阶段推进了，那就是明确组成协议的各部分内容。当说话者确信他或她已被理解了以后，便会更乐意去信任带着坚定利益主张的倾听者。

提醒：很多人都会低估反射式倾听的重要性。你可能会想，"我当然在听！"、"我有耳朵，又不是什么要紧事情！"。反射式倾听者需要很专心地倾听说话者所表达的内容和情绪，并且还要站在说话者的角度来考虑和体察对他来说什么是最重要的。然后，倾听者要用自己的语言向说话者复述他所听到和理解的说话者所表达的要点。这种扼要的反射能够确保双方理解无误，帮助他们取得融洽，进而投入到高质量的积极思考，在创造性地解决分歧的过程中，这是必不可少的。

◎ 识别和回应棘手交涉

当你在运用基于利益式的交涉方法时，最好就不要再用其他的做法。重要的是要能够识破出典型的棘手交涉策略。如果你已经看出来了，你就可以公开地向对方提出质疑。乌瑞指出，策略一旦被公开识破了的时候，它的有效性就没有了（Ury，1991）。典型的讨价还价策略（Ury，1991；Meltsner and Schrag，1973）包括：

● 石墙策略（Stonewalling），用不合作来阻挠议程的进行

● 提出一个首先的、坚决的、公平的和最终的不可谈判的要求（"要么按我这样，要么各走各的"），拒绝参与到协作解决问题过程中来（关于此策略在政治和外交政策中的运用，见 Jacobs，1989）

● 好警察/坏警察套路，团队中一位唱红脸，显得通情达理，另一位唱白脸，发火威胁，无理取闹

- 为交涉设置前提条件，也就是说，指定一个要求作为交涉的前提条件

- 进行人身、道德或种族攻击

- 操控数据

- 利用公开声明或媒体报道把自己封闭起来

- 提出极端要求

- 议程一开始的时候就提出主要要求

- 交涉过程中要求不断升级，甚至出尔反尔

- 表现得不理性

- 声称无权妥协

- 达成协议以后，又让你的选民支持者拒绝它然后提高要求

如果你发现自己面对的正是这上面的某一条策略的时候，关键的一点是不要急于反击。所有这些策略只有在你成全它们的时候才会有效。乌瑞指出，面对一个这样的交涉者的时候，你往往忍不住想要反击，或者放弃，甚至想中止谈判。正确的回应，他的建议是，与核心人员开会讨论一下，或者暂停交涉，检查你方的 BATNA，识别策略，要求对方重申他们的立场，然后通过提出开放式的问题来引导他们回到基于原则的实体讨论。

另外，你可以通过反复重申你方利益的方式来向对方做原则性交涉的行为示范。对抗性最小但又最具建设性的做法，就是通过采用"我式陈述"，不是"你式陈述"。"我式陈述"是指用第一人称的方式，我、我们或我们的，来向对方表达你的利益和关注。比如，"我需要能够向董事会交待 X 事情"，"我担心纳税人对这件事会怎么看"，或者"我关心的是在我们的预算范围之内，如何最有效地完成这件工作"。

大部分时候，你必须无视对方对你的人身攻击。你可以有意地误解对方，将那个"首先的、坚决的、公平的和最终的不可谈判的要求"看作是对方在磋商交涉中想要实现的目标或愿望，而不是"不可谈判的"（Ury，1991）。通过持续不断地建设性地推动谈判，你是可能做到让他们束手就范的。作为最后一招杀手锏，你还可以部署你方 BATNA——你方的最佳替代方案，来证明他们的解决方案是不切实际的。

以其人之道还治其人之身的做法，只会加剧对抗，甚至造成谈话破裂。但是，这并不是说你就应该采取绥靖政策。如果有些地方利益并不矛盾，或者能够兼容、是你可以接受的，那你就尽量在可以同意的地方说同意吧。但是不要因此而希望他们会有所回报。交涉的过程要始终坚持基于原则的做法。就算其他所有努力都告失败了，你还可以提议第三方如调解人的介入，以期能够摆脱僵局。

◎ 培育协作网络中的长期关系

费希尔和布朗指出，长期的良好交涉关系，不等于就要认同对方，有共同价值观、彼此间没有分歧，甚至完全信任(Fisher and Brown，1988)。相反，它是建立一种态度，无条件地、建设性地，以理性来回应情绪；理解他们，即使他们误解了你；与他们商量，即使他们似乎并没有在听；不试图欺骗，是可靠值得信任的；不咄咄逼人，也不屈从于强迫；重视对方和他们所关注的。对于网络环境中的磋商和协作解决问题来说，这样做是非常有帮助的。

五、 通过设计治理结构来预防冲突

　　基于利益的协作式解决问题方法,除了可以应用在前面已经讨论过的地方以外,还可以调整以后应用于设计协作网络的治理结构,应用于决定如何管理协作网络,并作为管理和解决冲突的首选做法,嵌入到协作网络的全过程各步骤中去。从逻辑上讲,设计协作网络的治理结构是议程表上第一位的工作。这一章所提出的是一个基于磋商谈判理论的建立协作网络治理结构共识的循序渐进模型。

构建协作网络治理结构共识的循序渐进模型

- 明确网络成员中谁的同意是必须的
- 明确网络的范围和权限
- 讨论网络开展工作的合法性问题
- 协商未来进行讨论时的基本规则
- 协商网络内的意见交流管理过程
- 讨论行政管理和职责分配
- 协商结束议题的决策规则
- 明确处理僵局的机制
- 明确终止网络的决策过程

---

1. 明确网络成员中谁的同意是必须的

在一些情况下,赋权法例或有些其他形式的授权决定了协作网络的组成。

也有的时候是某个关键人物或者强势成员的召集形成了网络。或者，网络是经过一个自我认同的过程自动形成的。协作网络的一个治理要点就是要确保关键人员的参与。

摩尔(Moore，1996，144)的建议是，参与者应该包括以下这些人员：

- 有权力或威信作出决定的人
- 如果没有参与的话，是有能力逆转甚至破坏磋商结果的人
- 知道和明白争议问题的人
- 具有磋商谈判技能的人
- 能够控制情绪的人
- 能够为其他各方接受的人
- 已经投入磋商或者很有信心愿意全心投入的人
- 有后援团和选民支持的人

目的就是要确保在协作网络中那些有能力具体落实协议的人都参与进来了，并且对于协作网络的治理形式都是赞成的。

2. 明确网络的范围和权限

协作网络需要明确工作范围和管辖范围。这些包含了协作网络的权力、事情、问题、任务和目标。这些通常都会体现在使命陈述之中。反过来这也决定了在治理的过程中需要涵盖的内容是什么。

3. 讨论网络开展工作的合法性问题

协作网络可以由多种渠道获得开展工作的合法性或正当性。合法性可以来自于司法的授权；可以是由于权威方的召集而获得；可以是因其基于成员制度，很好地代表了相关选民的利益而获得；工作成效和工作质量可以建立合法性；公开透明可以建立合法性；通过公众参与来强调对公众负责，同样能够增强它的合法性。在建立治理结构时，讨论协作网络正当开展工作的合法性问题，可以帮助并明确所需要的额外力量或者权力。

4. 协商未来进行讨论时的基本规则

协作网络可以参考各种与磋商交涉有关的惯例做法。通过应用基于利益的协作解决问题办法，可以讨论对于交流质量的期望，可以讨论如何确定议程和达

成暂行协议的程序创建。协作网络还可以讨论要如何与公众和媒体分享信息，也可以讨论任务的时间框架。还有一个问题就是，是否允许在网络外单独召集小型的核心骨干的碰头会，而不破坏信任关系或产生嫌疑。在谈判交涉中，这类的私下交流有时候被称为核心碰头会（caucus meeting）。这些都是很典型的基本规则，都可以应用于多方的磋商交涉。

5. 协商网络内的意见交流管理过程

协作网络有别于传统的委员会，有许许多多富有创意的不同做法，让网络成员之间的沟通更加有成效，它不像在传统的委员会里，给定一个议题，然后按照线性的方式每个人轮流发言，甚至可能最后就只是个别人在那里滔滔不绝，会议给人的联想往往就是单调和沉闷。协作网络有头脑风暴和共展愿景的过程，这些过程能够让不同的参与者同时并且主动地分享信息和观点。这会包含一些高技术的应用，比如电脑投影室，有时叫协作工作室（collaboratoriums）；也可以是低技术的，比如故事板，每一个参与者都要写下来尽可能多的想法，每一个想法都要单独写在一张纸上，然后把所有这些想法都贴到墙上，和其他类似或者相关的想法并列在一起，由参与者们来共同创建主题。这里的关键是通过非线性的开放的过程来激发观点的产出和信息的交流，这样的做法可以节省时间，并且可以调动所有参与者的注意力。协作网络可以通过在线的论坛讨论形式作为会议的补充，还可以利用来自网络以外的输入，包括专家的意见，不过这可能需要先就如何确定和运用他们的帮助形成共识。治理结构里还应该包括对于公众声音的考虑。

6. 讨论行政管理和职责分配

任何一个协作网络都有行政管理的需要。网络必须就会议通告、时间表、行政费用分摊、支持性人员、场地、电脑资源以及其他一应日常运行的需要进行交涉。另外，对于协作网络的工作以及各具体行动的落实来说，明确职责分配也是非常必要的。从某种程度上说，一开始就进行这方面的讨论，是确定协作网络治理结构不可或缺的部分。

7. 协商结束议题的决策规则

成员多的公共部门通常采用罗伯特议事规则，这是专门为国会议员编制的一套虽然古老但却被普遍接受的操作手册。罗伯特规则是非常典型地与传统的集体决策联系在一起的，比如多数或超多数表决，不管是通过举手、点名或是秘密投票。但是罗伯特规则有其局限性，协作网络并不是必须采用罗伯特规则来进行议事交流的。在《打破罗伯特规则》①一书中，萨斯坎德(Susskind)和克鲁克香克(Cruikshank)提出了另一种替代过程，参与者可以通过这个过程来建立共识或达成几乎无异议的一致同意。

这个过程所涉及的讨论模式与传统议会的过程截然不同。他们认为有五个步骤：召集成员、角色和责任分配、协助团队解决问题、达成协议和履行承诺。协作网络可以参考萨斯坎德帮助美国陆军工团开发的进行大规模建设项目合作的一套程序。这套程序的启动首先就是把所有主要参与人员集中起来进行利益式磋商的培训。在集训期间，合作伙伴们要商议出一份在项目过程中出现问题和产生冲突时该如何处理的协议。协议中不仅需要明确冲突情况下的主要联系人，而且还要明确解决争端的机制。

8. 如果选择了某种一致同意或共识决策的形式，就需要明确一个机制来解决讨论中的僵持和僵局

除了前面已经讨论过的基于利益协作式解决问题方法以外，有各种不同的过程可以帮助协作网络解决冲突，摆脱僵局。包括求助于中立的第三方，由他们提供促参服务、调解服务或无绑定的建议意见等。促参者可以帮助把小组的讨论结构化，有的时候是把小组拆分成更小的单元，或者运用如头脑风暴过程之类的创新性做法来激发新鲜的想法。调解者是更为主动的第三方，调解者运用解决问题的过程来帮助双方达成一致。但是，无论是促参者还是调解者，他们都不具有为当事方做决策的权力。他们只是帮助当事方交涉出一个自愿的、各方都能够接受的解决问题方案。

在陷入僵局的情况下，有时候各方会向有经验的第三方征求意见。网络成员可能需要求助于外部专家的建议意见来帮助打破僵持的局面，这可以作为最

---

① 《打破罗伯特规则》．[美]劳伦斯·E. 萨斯坎德，[美]杰弗里·L. 克鲁克香克. 李伟明、冯颖玉译. 社会科学文献出版社（2008 年第一版）. (*Breaking Robert's Rules*. Susskind, L., and J. Cruikshank. 2006. Oxford. UK：Oxford University Press.）——译者注

后的手段。协作网络可以通过事实查证（fact-finding）来作出决定，确定哪些是网络决策过程必须的证据或事实依据。事实查证者（fact-finder）会进行听证，并使调查的结果仅限于事实，而不是决定的实体性结果。如果网络成员想要就某个重要决定听取他人给出的意见，例如有些限定性资源的分配问题，他们可以寻求仲裁意见。在这种情况下，第三方提出一个决定，但是这个决定不是强制性的，它仅仅是作为网络成员们进行进一步磋商讨论的一个基础。如果他们仍然无法达成一致，则可能就要付诸强制性仲裁（binding arbitration）。不过这种情况在公共部门的决策中是比较罕见的，因为有时候这样做会被批评为授予私营部门准立法性（quasi-legislative）的政策制定权，是一种不恰当授权。但是，这种做法是被广泛接受的，应用于本质上具有准司法性质的限制性争议的处理，比如确定一方是否违背了合同等。

9. 明确什么时候任务已经完成、终止网络的决策过程或标志性事件

每一个有成功团队工作经验的人都知道，对于投入其中或者参与多方交涉的参与者们来说，要接受既成事实、就此撒手并不是件容易的事情。团队会倾向于希望在其授权的任务结束以后，或者原计划完成之后，协作网络仍能继续存在。明智的做法就是在一开始讨论治理结构的时候就把这个问题提出来。如果可能的话，可以明确地以某个事件的发生或者具体目标的实现作为逻辑上的结束时间点。不然的话，就有可能会引发关于加入和退出协作网络的规则以及程序的讨论。

这些都是协作网络的参与者们在一开始确定如何进行自我管理的时候就必须考虑到的一些内容。讨论这些问题，为成员们提供了一个建立信任、增进默契的机会，并且养成一种应对棘手问题时更具建设性的沟通方法。

六、 与公众的联结和冲突

◎ 动员公众参与时要考虑的问题

在协作网络中,当管理者和行政人员想要制定或者落实公共政策的时候,冲突就有可能会产生。协作网络所要面对的是跨越行政管辖和部门边界的政策难题。解决方案需要如国家、地区、地方政府机关、非营利组织和私营部门等多个利益方之间的协作。尤其是参与协作网络的公共部门,他们对公众负有独特的责任。网络治理在两个方面很容易受人诟病:缺乏透明度和可信度。与传统官僚制形式下独立运作的机构不一样的是,协作网络并没有一个清晰的指挥链,它的责任是分散的。协作网络的会议并不总是都向公众开放。然而协作式的公共治理网络却往往承担着治理的根本任务:制定、落实和执行公共政策,因此协作式的公共管理网络越来越需要通过各种手段来与公众建立联接。

在确定协作网络采用哪种形式与公众建立联结之前,成员们必须讨论一些关键的问题(见"动员公众之前必须要问的问题")。一旦就网络自身目标和公众参与策略形成共识以后,就可以检查各种不同办法来结构化参与的过程了。

动员公众之前必须要问的问题

- 有没有不去做这件事情的充分理由?
- 你能找到时间和资源吗?

- 你如何确保政治领导力的存在？
- 你怎么来处理相关事情的"历史"？
- 你用什么策略把说和做结合起来？
- 目标如何引导过程？
- 如何挑选参与者？
- 在参与中如何做到更加多元？
- 如何解决真正的分歧？
- 沟通计划是什么？
- 如何让社区成员知道哪些建议被采纳、哪些没有和为什么？
- 如何从经历中学习？

资料来源：Amsler，2007

在协作式治理中，有很多工具和方法对于在协作网络中做事的管理者们很有帮助。参与式民主、审议与对话、协商民主，以及更广泛意义上的协作式治理，正在应运而生成为一场运动，以回应代议制民主被认为的应对公共政策冲突上的不足。这场运动要求在治理中更多的公民审议（citizen deliberation）、对话（dialogue）和共同决策（shared decision making），并且将它们直接应用到协作网络的工作中来（Forester，1999；Gastil and Levine，2005；Roberts，2003）。以协作网络形式展开工作的管理者们必须与其他参与者进行合作，确定什么时候和怎么样让公众参与到决策中来。这部分内容就是要讨论规划公众参与时需要注意的问题，并简要介绍过程的安排。协作网络可以通过这些过程的安排，将公众的声音更好地结合到参与式的治理过程中来。

参与式治理有很多种演进形式，其核心概念就是对话与审议（Torres，2003）。对话迥异于传统往往充满争辩的对抗性的治理过程。对话的参与者是在礼貌和相互尊重的氛围之下，在中立的空间或论坛上理性地进行观点的交流，以求更好地达到相互理解甚至部分共识。在争辩中，参与者的听是为了寻找话中软肋，好进行有效反击。在审议和对话中，参与者的听是为了更好地理解对方的观点，澄清疑虑并探究更深的了解。审议是对于信息、观点和各种想法的全面考虑。很多模式都利用了新技术手段来进行人的沟通，并包含了电子民主（e-democracy）和电子政府（e-government）的要素。调解、促参和争端解决过程也被广泛地应用于大规模的公共参与过程中。①

政策制定中的冲突解决过程，存在着三个不同维度上的变化：参与者、参与者的权威性及其影响政策的能力、沟通和决策的过程（Fung，2006）。利用这三个维度，冯创造了以图示形式来表现不同过程的"民主立方体"（Democracy Cube）模型。他认为，参与者的来源应包括分散的公共范围、公开的自我选择、开放的定向招募、随机挑选、外行的利益相关者、专业的利益相关者、推选的民众代表和专家管理人员等。他提出，合法性的来源包括个人利益、沟通的影响力、建议和咨询、联合治理和直接授权。最后他还指出了六种沟通和决策过程模式：参与者像观众一样地听着、表达偏好、开发偏好、聚集和交涉、审议和磋商、部署技术和专业知识。

有学者描述了公众参与的不同水平。阿恩斯坦的参与阶梯（Arnstein's Ladder of Participation）呈现了从阶梯最下端的对公众的操纵和治疗，经过中间的告知、征询和安抚，再到伙伴关系、授予权力，一直到阶梯最上端的公民控制的不同水平的参与情况。国际公共参与协会②提出了一张参与图谱（Spectrum of Participation），在图谱中，组织的选择包括了知会、征询、参与、协作和赋权公众。每一种公众参与形式，都有其对于公众的某种默契，程度可以从确保公众知情，一直到落实公众的决定。

有评论者指出，这些过程的质量取决于三个要素的满足程度：包容性、审议

---

① 有关对话和审议的更加详细的定义、基本模式和技术，可以登录（美）"全国对话与审议联盟"网站，网址：www.thatway.org。那个网址里罗列有以下模式和技术：21世纪市镇会议（21st Century Town Meeting）；欣赏式探询（Appreciative Inquiry）；玻姆自由对话（Bohmian Dialogue）；公民选择（Citizen Choicework）；公民评议团（Citizen Juries）；慈悲倾听（Compassionate Listening）；共识大会（Consensus Conferences）；咖啡馆对话（Conversation Cafe）；审议式投票（Deliberative Polling）；动力促进和智慧委员会（Dynamic Facilitation and the Wisdom Council）；未来探索（Future Search）；团体间对话（Intergroup Dialogue）；国家事务论坛（National Issues Forums）；非暴力沟通；网络角色游戏（Online D&D）；开放空间技术；公共对话计划（Public Conversations Project）；学习圈（Study Circles）；持续对话（Sustained Dialogue）；智慧圈（Wisdom Circles）和世界咖啡馆。——原注
② 国际公共参与协会网址：http://www.iap2.org/displayassociationlinks.cfm.

程度和影响力(Carson and Hartz-Karp，2005)。包容性指的是让相关社区/社群中具有普遍代表性的群体参与进来的质量。审议程度与对话的质量、信息交换以及参与者和决策者之间谈话的文明程度有关。影响力则与审议对于政策和决策所能产生的影响有关。

◎ 协作网络中的公众参与模式

协作网络让公众参与进来，帮助发现政策的问题，共同寻找解决的办法，在各种办法中确定优先，从各种方案中挑选最优。以下是一些具体的做法实例。

促参政策对话的模式

当围绕某个现行政策所产生的争议，在不同选民群体和组织的领导人中已呈现两极分化的时候，公共对话项目(www.publicconversations.org)的做法是，有促参地面对面的对话和沟通，目的是为了促进更好地相互理解，减少成见、防御心或两极化。这个过程聚焦的重点是社区/社群领导人，需要反复地进行不公开的有促参的小组讨论，持续数月甚至更久。其目的不是为了达成一致，而是加强沟通。协作网络不仅可以在其成员中应用这个过程，而且还可以在其成员各自的支持者中通过这样的过程来促进讨论。

协作网络可以采用公民评议团(Citizen Jury)、公众规划组(Planning Cell)①或者共识大会(Consensus Conference)等形式来进行政策的制定，它们的作用就像法院的民事或刑事陪审团在探究事实真相上的作用一样显著。在丹麦，公民评议团参与处理复杂的科技政策问题，例如转基因植物(Carson and Hartz-Karp，2005)。学习圈(Study Circles，Scully and McCoy，2005；www.studycircles.org)则是向公众提供参与主题对话的资料，例如公民权利、刑事审判、多元化问题、教育问题、学生成功、增长和扩张、移民问题以及其他各种话题。

① 公众规划组是由彼得·迪奈尔(Peter C. Dienel)在德国发展起来的一种参与模式，随机选取大约二十五个人在某段时间里(比如说一周)作为公共顾问。规则组配备有过程专家，负责提供数据和协调全体会议。参与者们对问题进行了解、研究和讨论可能的解决办法，根据有利和不利的影响对方案进行评估。专家、利益相关方和兴趣团体都有机会向规划组成员陈述想法和提供信息。最终结果将起草为一份"市民报告"并递交决策者。——译者注

他们帮助组织城市中不同领域具有代表性的人群进行社区范围的对话。学习圈小组聘用促参者。他们在整个社区进行长达数月的活动。这些小组在平行工作了一段时间以后，聚集起来从有利于整个社区的角度来分享他们对于公共问题解决的看法。这些做法的突出之处在于，民众有权力对于政策问题进行广泛的质询，而不是仅仅只在既定的选项中进行简单的选择。

"美国民众说"（America Speaks）是一个非营利组织，它采用的是一种叫做21世纪市镇会议（（21st Century Town Meeting）的模式（Lukensmeyer and Brigham，2005），运用了高科技的手段来进行大规模会议，尤其适用于需要在多个组织或机构间进行协作的政策问题讨论。"美国民众说"曾召集了"倾听城市"（Listening to the City）的活动，从纽约市各选区按照人口比例挑选出了4800名代表，用了整整一天时间围绕纽约的世界贸易中心遗址重建问题进行对话和审议。这样一个协作网络包括了纽约市政府、港口管理局、州和联邦政府有关部门，以及所有关注审议结果的非营利组织。

代表们被安排八到十人一桌，每桌都配有一个专业的调解员或促参员，所有人都有机会发表他们对于遗址重建计划的看法。他们交换意见，讨论优先顺序，一起丰富知识，所有这些都会被投影到大厅四周巨大的屏幕上面，使每个人都能够看到和知道其他各桌的讨论情况。接着大家利用手上的按键式投票设备来表达对于偏好的选择优序，投票器会记录他们的偏好及其人口统计信息。这天快要结束的时候，美国民众说的"主题小组"，一个由员工和市民代表组成的小组，会对所有数据进行分析，并形成"人们到底想要什么"的文字报告。这份报告会在这天结束的时候提交给决策者，并与所有参会人员共享。这种模式很适用于大规模的市民会议（Lukensmeyer and Brigham，2005）。

"美国民众说"以同样的方式帮助芝加哥的协作网络运用市镇会议技术来进行地区土地使用规划的讨论，其他还有俄亥俄州哈密尔顿县辛辛那提的成功案例。哈密尔顿的区域规划，从规划框架、区域划分到地区发展，需要在规划涉及的五十九家不同公共机构之间进行协调，在市民们的参与和努力之下，最终实现了一致同意。

另一种可能模式是凯特林基金会的国家事务论坛（Kettering Foundation

National Issues Forums，www. kettering. org），特别适合在社区层面的网络协作。这种形式的大规模会议是把参会者分成多个小组，然后就既定的一些政策选择开展结构性的讨论。凯特林基金会为每个议题提供情况手册，提供无党派的中立信息，目的是让公众能够更好地了解每一个不同政策路径可能产生的成本与收益、影响以及结果。通过相互讨论，公众可以得到更为全面的信息，据此来明确他们的偏好。情况手册提供有限数量的具体政策选项以供公众比较和对比。这种模式最常用于地方政府或市政当局出台管理条例和地方政策，解决都市里的问题，比如民族矛盾或种族冲突等，这些问题都超越了各机关部门原本的管辖内容和职责范畴。

在所有这些过程中，参与者们都是就既定的政策问题自下而上地进行审议。他们可以按照他们自己的优先顺序进行开放式的讨论。这些过程都不是为了达成共识或者统一意见而设计的。相反，上述两种过程的目的都是为帮助公众厘清他们自己的政策偏好，同时更好地理解别人的偏好。从理论上讲，这能使极端的观点在一定程度上有所克制。

优先级选择模式

进行优先级选择的过程，其目的，要么像审议式投票案例中那样为了知会决策者公众的偏好；要么就像政策对话或者政策共识过程那样作为寻求共识的过程，目的是为了达成一个最终的政策方案。对话和审议的领军倡导者丹尼尔·扬克洛维奇（Daniel Yankelovich，1991；1999）是一名颇具影响力的民意调查者，在政治舞台服务了很多年。他观察到投票的结果是不稳定的，公众的反应会根据新披露的信息而改变（1991）；他主张把审议和对话作为加强民主的手段，帮助公众"做出公共判断"（come to public judgment）。他的组织叫做"观点学习"（Viewpoint Learning，www. viewpointlearning. com），他们采用的是一种叫做"选优对话"（ChoiceWork Dialogue）的模式。在这种模式里，公众会经历三个阶段：意识觉醒、正视问题和制定对策或解决方案。这个过程的关键之处就是在于要区分对话和争辩。对话是体现尊重地交换信息和看法，人们彼此倾听，求同存异构建共识。争辩是为了争输赢，人们听的目的是为了寻找软肋，伺机反击。

阿克曼和费什金（Ackerman and Fishkin，2004）发展了审议式投票 ®

(Deliberative Polling)，使之成为一种能够更加真实反映公众偏好的过程。在这个过程中，参与者可以接触到政策专家，并且有机会与他人商议（Fishkin and Farrar，2005；http://cdd. stanford. esdu/polls/docs/summary）。组织者会在审议开始之前先进行一轮调查，对参与者的观点做出评估。然后参与者有机会检查无党派的相关政策信息，向中立的专家团成员询问任何他们认为有关的问题。他们就实体政策难题自行展开审议。在过程的尾声阶段，组织者再做一次观点调查，评估参与者的偏好。审议式投票的最主要特点是其对于公众的随机抽样。这就意味着这个过程所产生的结果是可以为决策者提供具有统计学意义的代表性公众对话以后的偏好数据。过去十年的实证研究已经表明，审议前后公众的偏好会有改变；这就说明，在缺乏完整信息的情况下对公众进行的即时观点调查，所获得的偏好数据是不可靠的。

在达成一致的过程中，通常会有一位中立的调解人或促参者，与一群公众或利益相关者一起，针对某一个具体的计划、许可或政策建议，围绕各个基本要素来建构共识（Moore，2003）。在调解中，中立的第三方和有限数量的争议当事方通常都是以寻求解决方案作为他们的目标（Carpenter and Kennedy，1988；Moore，2003；Susskind and Cruikshank，1987）。"促参"（facilitation）一词指的是，由中立的第三方来帮助组织和指导更多的一群利益方来进行讨论的过程（Schwarz，2002）。通常情况下，在召集利益方群体之前，该中立者就要参与冲突评估的过程，以评估达成共识的可能性。运用利益式磋商技术的调解，在环境治理中特别普遍。（O'Leary and Bingham，2003）。

在调解的过程中，中立者可以通过分组会议、个别利益方的骨干碰头会或者不开放的保密会议等方式来帮助利益方以及协作网络的成员（Moore，2003）。调解者还可以运用积极倾听技术来帮助各方，比如扼要重复关键信息；建构和重构问题和建议；帮助他们厘清各自的 BATNA——最佳的可替代方案；有的时候可能还需要验证假如不能达成协议的话会怎样。促参者同样也可以运用这些技术，但是不可以把他们的任务定义为帮助各方达成一致。相反，他们的任务只是要促进有组织的讨论，不过这样的讨论，往往产出的就是共识的结果。

有一种与公众联结寻求共识的模式就是政策共识过程（Policy Consensus

Process）。以美国政策共识中心主办的"公众解决"（Public Solutions）为例（见www.policyconsensus.org/publicsolutions/ps_2.html），在"公众解决"模式中，首先由一位民选官员、公共管理者、州政府或者地方政府的负责人协助把各利益相关团体召集到一个中立的论坛。然后在中立的促参者的帮助下，一起就解决某个政策难题来寻找共识。在这种协作治理形式中，发起方明确议题，然后进行冲突评估，以确定协作是否可行以及利益相关方都有谁。接着，由一位领导人来召集各方；各方集体来建构问题，确定讨论框架和协商条件。最后参与者们签署书面协议以确保责任到位。这一"公众解决"模式的重要原则在于：透明、公正、包容、成效/效率、响应性、问责、论坛中立、决策基于共识。

协作网络可以采用很多种做法有效地与公众进行连接。没有哪一种是唯一正确的，每一种做法都必须视网络的特性、具体的问题以及决策的环境而量身定制。让公众参与进来显然已经成为公共协作网络越来越重要的责任了。

七、结　论

对于公共管理者们来讲，这是一个挑战的时代。很多公共管理者既是某个单位的具体负责人，同时又要通过协作网络与其他单位以及公众共事。公共管理者必须同时既是独立自主的又是相互依赖的，既是命令式的又是参与式的。这些张力，加上与不同机构和多元化公众共事所带来的挑战，必然导致公共管理的终极悖论：协作可能产生冲突。协作网络中的冲突不是不可避免的，但是如果没有善加管理的话，发生冲突一定是必然的。

本书中我们向大家介绍的是一种基于利益的协作式解决问题方法，它适合应用于协作网络中的冲突管理和解决。这套方法是建立在发挥集体创造力的基础上，大家一起来想办法满足网络成员们的很多共同需要，这与老式的做法——网络成员们咬住预先确定的方案坚持不松口的交涉方法形成鲜明的对比。

我们在这里所讨论的，是如何成为协作网络中有效解决群体问题的人。成员们应该在准备工作上多下功夫，对于协作网络的会议持开放的态度，以协作的姿态与其他网络成员一起头脑风暴。这就意味着要提前厘清他们自己个人和组织的利益与需要，并且在磋商开始之前，还要调查和考虑对方的利益和需要。这还意味着要专注在所有参与各方的过程、实体和关系（或心理）需要的满足来创新解决方案。

基于利益的协作式解决问题方法可以量身打造应用于协作网络的治理结构设计。它还可以被应用于决定如何管理网络。另外，它也可以嵌入到协作网络的各个过程和程序当中，作为处理冲突的首选做法。同时，它还可以调整以后应用到参与式民主中各种不同形式的公众参与,因为协作网络常常需要履行治理的基本使命。

协作网络中的公共组织对公众尤其负有独特责任。网络治理在两个方面易受诟病:缺乏透明度和可信度。我们希望这里所介绍的磋商交涉和冲突解决领域的经验能够对于协作网络管理有所贡献。我们也希望通过协作网络让公众参与到对话和审议中来,激发出有创造性的新办法,共同解决我们最紧迫的公共难题。

参考资料

Ackerman, B. , and J. Fishkin. 2004. Deliberation Day. New Haven, CT: Yale University Press.

Amsler, T. 2007. Planning Public Involvement: Key Questions for Local Officials. Sacramento, CA: Institute for Local Government.

Arnstein, S. 1969. A Ladder of Citizen Participation. Journal of the American Institute of Planners 34(4): 216 - 224.

Axwelrod, R. 1985. The Evolution of Cooperation. New York: Basic Books.

Bingham, L. B. , T. Nabatchi, and R. O'Leary. 2005. The New Governance: Practices and Processes for Stakeholder and Citizen Participation in the Work of Government. Public Administration Review 65(5): 547 - 558.

Bunker, B. B. 2006. Managing Conflict Through Large Group Methods. In The Handbook of Conflict Resolution: Theory and Practice, ed. M. Deutsch and P. Coleman. San Francisco: Jossey-Bass.

Carlson, C. 1999. convening. In The Consensus-Building Handbook: A Comprehensive Guide to Reaching Agreement, ed. L. Susskind, S. Mckearnan, and J. Thomas-Larmer. Thousand Oaks, CA: Sage Publications.

Carpenter, S. 1999. Choosing Appropriate Consensus Building Techniques and Strategies. In The Consensus-Building Handbook: A Comprehensive Guide to Reaching Agreement, ed. L. Susskind, S. Mckearnan, and J. Thomas-Larmer. Thousand Oaks, CA: Sage Publications.

Carpenter, S. L. , and W. J. D. Kennedy. 1988. Managing Public Disputes: A Practical Guide to Handling Conflict and Reaching Agreements. San Francisco: Jossey-Bass.

Carpenter, S. L. , and W. J. D. Kennedy. 2001. Managing Public Disputes, 2nd ed. San Francisco: Jossey-Bass.

Carson, L. , and J. Hartz-Karp. 2005. Adapting and Combining Deliberative Designs. In The Deliberative Democracy Handbook: Strategies for Effective Civic Engagement in the 21st Century, ed. J. Gastil and P. Levine, 120. San Francisco: Jossey-Bass.

Chaiken, S. L. , D. H. Gruenfeld, and C. M. Judd. 2000. Persuasion in Negotiations and

Conflict Situations. In The Handbook of Conflict Resolution: Theory and Practice, ed. M. Deutsch and P. Coleman. San Francisco: Jossey-Bass.

Cohen, H. 1991. You can Neogtiate Anything: How to Get What You Want. New York: Citadel Press.

Coleman, P. T. 2000. Power and Conflict. In The Handbook of Conflict Resolution: Theory and Practice, ed. M. Deutsch and P. Coleman. San Francisco: Jossey-Bass.

Coleman, P. T. and M. Deutsch. 2000. Some Guidelines for Developing a Creative Approach to Conflict. In The Handbook of Conflict Resolution: Theory and Practice, ed. M. Deutsch and P. Coleman. San Francisco: Jossey-Bass.

Connelly, D. R., Zhang, and S. Faerman. Forthcoming. The Paradoxical Nature of Collaboration. In Big Ideas in Collaborative Public Management, ed. R. O'Leary and L. B. Bingham. Washington DC: Georgetown University Press.

Cormick, G. W. 1989. Strategic Issues in Structuring Multi-Party Public Policy Negotiations. Negotiation Journal 5(2): 125 – 132.

Deutsch, M., and P. T. Coleman, eds. 2000. The Handbook of Conflict Resolution: Theory and Practice. San Francisco: Jossey-Bass.

Dukes, E. F., M. A. Piscolish, and J. B. Stephens. 2000. Reaching for Higher Ground in Conflict Resolution. San Francisco: Jossey-Bass.

Edwards, H. T. 1986. Alternative Dispute Resolution: Panacea or Anathema? Harvard Law Review 99(3): 668 – 684.

Esser, J. P. 1989. Evaluations of Dispute Processing: We Do Not Know What We Think and We Do Not Think What We Know. Denver University Law Review 66(3): 499 – 562. (This article contains a comprehensive review of the evaluation literature through its date of publication.)

Fisher, R. and Brown, S. 1988. Getting Together: Building Relationships as We Negotiate. New York: Penguin Books.

Fishin, James, and Cynthia Farrar. 2005. Deliberative Polling: From Experiment to Community Resource. In The Deliberative Democracy Handbook: Strategies for Effective Civic Engagement in the 21st Century, ed. J. Gastil and P. Levine, pp. 68 – 79. San Francisco: Jossey-Bass.

Fiss, O. M. 1984. Against Settlement. Yale Law Journal 93(6): 1073 – 1090.

Forester, John. 1999. The Deliberative Practitioner: Encouraging Participatory Planning Processes. Cambridge, MA: MIT Press.

Fung, Archon. 2006. Varieties of Participation in Complex Governance. Public Administration Review 66(s1): 66 – 75.

Galanter, M. 1988. The Quality of Settlements. Journal of Dispute Resolution, 55 – 84.

Gastil, John and Peter Levine, editors. The Deliberative Democracy Handbook: Strategies for Effective Civic Engagement in the 21st Century. San Francisco: Jossey-Bass.

Gray, B., R. Lewicki, and M. Elliot. 2003. Making Sense of Intractable Environmental Conflicts: Concepts and Cases. Washington, DC: Island Press.

Gruber, H. E. 2000. Creativity and Conflict Resolution. In The Handbook of Conflict

Resolution: Theory and Practice, ed. M. Deutsch and P. Coleman. San Francisco: Jossey-Bass.

Harter, P. 1987. Points on a Continuum: Dispute Resolution Procedures and the Administrative Process. Administrative Law Journal 1: 141 - 211.

Katz, N. 2007. Interest Based Negotiation: A Primer for the Government Finance Officers Association. Syracuse, NY: Unpublished.

Krauss, R. M. and E. Morsella. 2000. Communication and Conflict. In The Handbook of Conflict Resolution: Theory and Practice, ed. M. Deutsch and P. Coleman. San Francisco: Jossey-Bass.

Laws, D. 1999. Representation of Stakeholding Interests. In The Consensus-Building Handbook: A Comprehensive Guide to Reaching Agreement, ed. L. Susskind, S. McKearnan, and J. Thoman-Larmer. Thousand Oaks, CA: Sage Publications.

Lax, D. , and J. K. Sebenius. 1986. The Manager as Negotiator. New York: The Free Press.

Lewicki, R. J. , and C. Wiethoff. 2000. Trust, Trust Development, and Trust Repair. In The Handbook of Conflict Resolution: Theory and Practice, ed. M. Deutsch and P. Coleman. San Francisco: Jossey-Bass.

Lewicki, R. J. , B. Barry, D. M. Saunders, and J. W. Minton. 2003. Negotiation (4th ed.). Boston: Irwin.

Lukensmeyer, C. , and S. Brigham. 2005. Taking Democracy to Scale: Large Scale Interventions—For Citizens. Journal of Applied Behavioral Science 41(1): 47 - 60.

MacCoun, R. J. 1991. Unintended Consequences of Court Arbitration: A Cautionary Tale from New Jersey. The Justice System Journal 14(2): 229 - 243.

Manring, N. J. 1994. ADR and Administrative Responsiveness: Challenges for Public Administrators. Public Administration Review 54(2): 197 - 202。

McEwen, C. , and R. Maiman. 1984. Mediation in Small Claims Court: Achieving Compliance Through Consent. Law and Society Review 18: 11 - 50.

Meltsner, M. , and P. Schrag. 1973. Negotiating Tactics for Legal Services Lawyers. Clearinghouse Review 7: 259. Reprinted in part in Goldberg, S. , F. E. A. Sander, and N. Rogers. Dispute Resolution: Negotiation, Mediation, and Other Processes, 2nd ed. Boston: Little Brown & Co.

Milward H. B. , and K. G. Provan. 2006. A Manager's Guide to Choosing and Using Collaborative Networks. Washington, DC: IBM Center for The Business of Government.

Moffitt, M. L. , and R. C. Bordone, eds. 2005. The Handbook of Dispute Resolution. San Francisco: Jossey-Bass.

Moore, C. W. 1996. The Mediation Process (2nd ed.)San Francisco: Jossey-Bass.

Moore, C. W. 2003. The Mediation Process: Practical Strategies for Resolving Conflict (3rd ed). San Francisco: Jossey-Bass.

Napoli, L. , R. Nesbit, L. B. Bingham. 2006. Assessing Deliberation: Agenda-Setting, Impacts, and Outcomes. Paper presented at the conference of the National Coalition for Dialogue and Deliberation, San Francisco (August 3 - 6). Manuscript available on request from authors.

O'Leary, R. , and L. B. Bingham, eds. 2003. The Promise and Performance of Environmental Conflict Resolution. Washington, DC: Resources for the Future.

O'Leary, R. , C. Gerard, and L. B. Bingham, 2006. Introduction to the Symposium on Collaborative Public Management. Public Administration Review 66(s1): 6 - 9.

Policy Consensus Initiative. 2001. States Mediating Change: Improving Governance Through Collaboration. Santa Fe, NM and Bismarck, ND: Policy Consensus Initiative.

Roberts, N. 2003. Public Deliberation in an Age of Direct Citizen Participation. American Review of Public Administration 33(1): 1 - 39.

Salamon, L. , ed. 2002. The Tools of Government: A Guide to the New Governance. New York: Oxford University Press.

Schkade, D. , C. R. Sunstein, and R. Hastie. 2006. What Happened on Deliberation Day? Working Paper 06 - 19. AEI-Brookings Joint Center, www. aei-brookings. org

Schwarz, R. 2002. The Skilled Facilitator: A Comprehensive Resource for Consultants, Facilitators, Managers, Trainers, and Coaches. San Francisco: Jossey-Bass.

Scully, P. L. , and M. L. McCoy. 2005. Study Circles: Local Deliberation as the Cornerstone of Deliberative Democracy. In the Deliberative Democracy Handbook: Strategies for Effective Civic Engagement in the 21st Century, ed. J. Gastil and P. Levine. San Francisco: Jossey-Bass.

Stephenson, Jr. , M. A. , and G. M. Pops. Public Administrators and Conflict Resolution: Democratic Theory, Administrative Capacity, and the Case of Negotiated Rele-Making. In Alternative Dispute Resolution in the Public Sector, ed. M. K. Mills. Chicago: Nelson-Hall Publishers, 1991.

Strauss, D. A. 1999. Designing a Consensus Building Process Using a Graphic Road Map. In The Consensus-Building Handbook: A Comprehensive Guide to Reaching Agreement, ed. L. Susskind, S. McKearnan, and J. Thoman-Larmer. Thousand Oaks, CA: Sage Publications.

Sunstein, Cass R. 2000. Deliberative Trouble? Why Groups Go to Extremes. Yale Law Journal 110(1): 71 - 119.

Susskind, L. E. 1990. A Negotiation Credo for Controversial Siting Disputes. Negotiation Journal 6(4),309 - 314.

Susskind, L. , and J. Cruikshank. 2006. Breaking Robert's Rules. Oxford, UK: Oxford University Press.

Susskind,L. , and J. Cruikshank. 1987. Breaking the Impasse: Consensual Approaches to Resolving Public Disputes. New York: Basic Books.

Susskind, L. E. , E. F. Babbitt, and P. N. Segal. 1993. When ADR Becomes the Law: A Review of Federal Practice. Negotiation Journal (1) 59 - 75.

Susskind. L. , S. McKearnan, and J. Thomas-Larmer. 1999. The Consensus-Building Handbook: A Comprehensive Guide to Reaching Agreement, ed. L. Susskind, S. McKearnan, and J. Thoman-Larmer. Thousand Oaks, CA: Sage Publications.

Thomas, K. 1978. Conflict and Conflict Management. In Handbook of Industrial and Organizational Psychology, ed. M. D. Dunnette, p900. New York: John Wiley & Sons, Inc.

Torres, L. H. 2003. Deliberative Democracy: A Survey of the Field, A Report Prepared for the William and Flora Hewlett Foundation. Washington, DC: AmericaSpeaks.

Ury, W. , J. Brett, and S. Goldberg. 1989. Getting Disputes Resolved: Designing Systems to Cut the Costs of Conflict. San Francisco: Jossey-Bass.

Wall, Jr. , J. A. , and A. Lynn. 1993. Mediation: A Current Review. Journal of Conflict Resolution 37(1),160 - 194.

Williams, G. R. 1983. Legal Negotiation and Settlement. St. Paul, MN. : West Publishing Company.

Williamson, A. 2004. Mapping Public Deliberation. Cambridge,MA: John F. Kennedy School of Government.

Yankelovich, D. 1991. Coming to Public Judgement: Making Democracy Work in a Complex World. Syracuse, NY: Syracuse University Press.

Zartman, W. , and J. Z. Rubin (eds). 2000. Power and Negotiation. Ann Arbor, MI: University of Michigan Press.

术语对照表

Advocacy and Inquiry：倡导与探询

America Speaks：美国民众说

Appreciative Inquiry：赞赏式探询

Army Corps of Engineers：美国陆军工团

BATNA：best alternative to negotiation agreement，谈判协议的最佳可替代方
  案，简称最佳替代方案

Bohmian Dialogue：玻姆自由对话

Caucus meeting：核心碰头会

Chunking：模块发问

Choice Work Dialogue：选优对话

Citizen Choicework：公民选择

Citizen Jury：公民评议团

Citizen participation：公民参与

Collaborative governance：协作式治理

Collaborative management：协作式管理

Collaborative Governance Initiative：协作治理倡导中心

Collaborative manager：协作型管理者

Collaboratoriums：协作工作室

Compassionate Listening：慈悲倾听

Conflict Assessment：冲突评估

Consensus Conference：共识大会

Conversation Café：咖啡馆对话

21ˢᵗ Century Town Meeting：二十一世纪市镇会议

Deliberation and Dialogue：审议和对话

Deliberative democracy：协商民主

Deliberative Polling ®：审议式投票®

Democracy cube：民主立方体模型

Distributive bargain：分配谈判

Facilitator：促参者

Future Search：未来探索

Going to the Balcony："到阳台上去"，冲突解决中的一种技术

Integrative Bargaining：综合性交涉

Interest-Based Bargaining：基于利益式交涉

Interest-Based Negotiation：利益式磋商

Intergroup Dialogue：团体间对话

International Association for Public Participation：国际公共参与协会

Kettering Foundation：凯特林基金会

Labor-Management Partnership Council：劳动管理伙伴关系委员会

Ladder of Participation：参与阶梯理论，提出者阿恩斯坦（Arnstein）

National Issues forum：（美国）国家事务论坛

National Policy Consensus Center：（美国）国家政策共识中心

Network Negotiation Assessment：协作网络磋商评估

Non-attack brainstorming session：无攻击的头脑风暴会议

Nonviolent Communication：非暴力沟通

Online D&D：网络角色游戏

Open Space Technology：开放空间技术

Paraphrasing：解述法

Participatory democracy：参与式民主

Participatory governance：参与式治理

Planning Cell：公众规划组

Position-Based Negotiation：基于立场式谈判

Principled Negotiation：原则性磋商

Public Conversations Project：（美国）公共对话项目

Public Participation：公众参与

Public Solutions：公众解决模式

Reflective Listening：反射式倾听

Representative democracy：代议制民主

Single-issue negotiation：单一议题谈判

Spectrum of Participation：参与图谱

Spiral of Unmanaged Conflict：无管理冲突螺旋

Splits：分割法

Stonewalling：石墙策略，谈判策略的一种，用不合作来阻挠

Stream-of-Consciousness Thinking：意识流思考

Study Circles：学习圈

Sustained Dialogue：持续对话

the Zen of negotiating：谈判的禅道

Viewpoint Learning：观点学习

Wisdom Circles：智慧圈

Wisdom Council：智囊团

World Café：世界咖啡馆对话

（下）

社区民主协商实战

——来自中国实践者的十堂解读课

第一课　从一场传奇会议说起

在接下来的这段时间里,我想通过十堂课和大家一起学习《如何解决协作中的冲突?》这本书。

这本书特别重要,因为这本书的两位作者是协作与冲突解决领域里特别有分量的两个重要人物。在中国,我们很多时候是照着他们的研究和实践成果在做事情,但是不知道背后这些做出重要理论贡献的人物。在我们一起学习这本书之前,大家需要来了解一些大背景,尤其对于从事社区治理、社会管理、公共行政等相关的研究和实务工作者来说,更是应该知道。

◎ 认识沃尔多

有一个被称为公共行政学界诺贝尔奖的奖项叫"沃尔多奖"。这本书的两位作者都是沃尔多奖的得主,她们分别在 2014 年和 2018 年获得该奖项。那么沃尔多是谁呢? 为什么沃尔多的这个奖会被誉为公共行政学界的诺贝尔奖呢? 这就要回到沃尔多对于公共行政学的伟大建树。沃尔多对公共行政学做了很了不起的贡献。

我们中国人有句老话叫"一朝皇帝一朝臣"。大概的意思是,今天我当官的时候,我就全部选我的人,改天我下去了就换一轮。全世界都这样,美国也这样。一个政客上来了之后,出来了一批全是他的裙带关系者。这样的结果就会对政府产生很大影响,因为今天你上台,明天他上台,政策就会不稳定。但是很多时候,政策的执行必须要有持续的稳定性,不管政客是什么样的立场和主张。比如不管谁上台,对社会理想是怎样的主张,社会保障系统都是要持续运转。所以不能总是因为政治的原因而不断影响行政。所以有个叫古德诺的人就提出来了政治和行政要分开。无论选举上台的是民主党还是共和党的官员,行政官的队伍,就是官僚或者公务员,都是稳定的,价值中立的。不管政治官是什么样的政治主张,行政官只管把主张给做出来。行政就成为了价值中立的技术活。比如有两千万救助金,由政治官决定发给谁、发多少,行政官只管照做执行就好了。

可是,社会公平的问题怎么办呢? 行政能完全独立地做到价值中立吗? 公共行政中,能不能以及怎么样通过行政的过程,来更好地反映民众的真实需要,实现公平正义的结果呢? 对于这样一些问题的深刻反思和积极探索,掀开了上个世纪六十年代末从美国开始启蒙的新公共行政运动。

沃尔多可以称之为是这场运动的核心发动者和最重要推动者。沃尔多七十多年前写的《行政国家》一书,至今都是公共行政领域的扛鼎之作。我在读博的时候还很遗憾,这么重要的书,怎么没有翻译成中文。很高兴有一位 Maxwell 的访问学者颜昌武老师翻译了这本书,2017 年由中央编译出版社出版了。

德怀特·沃尔多

德怀特·沃尔多(Dwight Waldo,1913—2000.10.27),现代公共行政学最重要的学者之一。沃尔多出生于内布拉斯加州的一个农场小镇上,曾在当地一所师范学校任教。后来到耶鲁大学攻读博士,1948 年他的博士论文修改出版后,成为了公共行政学领域最重要的经典之一——《行政国家》。沃尔多在书中对于当时主流公共行政学者认为的"公共行政是一门价值中立、超党派的、致力于使政府更有效率和效能的社会科学"的观点提出挑战,认为"'效率'本身只是一个价值,它可能会违反其他价值,如在治理过程中的民主参与。"

沃尔多与西蒙(Herbert Simon)围绕公共行政的本质进行了长达半个世纪的争论,这便是著名的"沃尔多与西蒙之争",它影响了随后半个多世纪

公共行政学的研究走向。1967年沃尔多前往雪城大学马克斯维尔学院任教，在他的发起下，数十位年轻的公共行政学者于1968年组织了明诺布鲁克会议，兴起了"新公共行政运动"，对后来许多公共行政学者产生了深远的影响。美国公共行政学会专门设立"沃尔多奖"，成为公共行政学领域的最高学术奖项。

◎ 明诺布鲁克会议

图四　明诺布鲁克会议中心

如果我们查"沃尔多"词条的时候，基本上都会看到他和一个会、一个学派紧紧联系在一起。这个会就叫"明诺布鲁克会议"，这个学派叫"新公共行政学派"。

沃尔多晚年任教的雪城大学在距离雪城几十公里外美丽的蓝山湖边有一个会议中心，叫明诺布鲁克会议中心。1968年，沃尔多在这个会议中心召集了一场会议，这场会议便成为了著名的明诺布鲁克会议，这次会议标志着这个新公共行政学派的诞生，或者说新公共行政运动的开启。

为什么明诺布鲁克会议这么有名？它在公共行政学界几乎就是一个传奇一样的神秘存在，有评论说它就像"公共行政学的蝉——每20年出现一次，然后再隐藏到土壤中蛰伏，直到下一次的出现……每一代的公共行政学者们都是如此，他们都有自己的明诺布鲁克。"

参加这场会议的人数其实并不多，只有三十三位当时非常年轻、对社会充满理想和热情的年轻人。有意思的是，会议特别邀请三十五岁以下的青年学者和实践者，倾听他们对于时代的思考和声音。这些人对于后来公共行政领域的影响是巨大的。传奇的是，明诺布鲁克会议 1968 年第一届，1988 年第二届，2008 年第三届，每隔二十年召开一次，一直在持续着。

当时的美国社会是处在怎样的背景下呢？第一届明诺布鲁克会议召开时的六十年代，美国正陷于冷战和越战漩涡之中，经历肯尼迪总统遇刺、马丁·路德·金遇刺等一系列事件，社会动荡，矛盾尖锐。沃尔多召集这些非常有想法的年轻学者和实务工作者，一起来探讨当下社会的问题，思考我们想要怎样的明天，今天怎么为明天的社会做准备。年轻的学者们放下束缚思想的桎梏，热烈探讨公共行政应当如何回应社会进步的需要。

当政治民主和行政效率出现矛盾的时候，一般都认为讲民主就很低效，讲效率就不能那么讲民主，这是当时的一种观点，也是主流的观点。慢慢地，在行政中就会谈价值中立，而不太去关注公平公正等价值观，价值观让位于行政的效率优先。

我曾看到一个视频，谈的是我们的公共医疗体制改革为什么会是现在这样子。它认为今天的公共卫生医疗制度出现了问题，原因之一就是早期趋利的医疗改革，政府把公共行政事业当生意来做，做法的背后是企业家精神在推动。因为在上世纪六七十年代，美国就是把政府当生意来经营的，考虑效率、性价比问题，甚至在美国社会中会出现每家每户需要交钱去享受公共服务，有的人交得起钱，有的人交不起钱，有的人交的钱多，有的人交的少。发生火灾之后，消防队员就去给交了公共服务费的人家灭火，没交费的人就享受不到这个服务，所以出现了一系列被诟病的事情。就像昨天的中国，也会出现穷人生不起病，来看病就得先交钱，交不起钱就只好在医院外面挨着等死，这都是背后的所谓企业家精神来推动政府，把公共事务当生意来做。

有一批年轻学者就觉得这有问题，行政固然要效率，但是在要效率的同时还是要兼顾社会的公平、正义和民主。怎样把民主、公平、正义和政府行政的效率结合起来，这是一个挑战。问题是需要公共行政去解决的。这些人认为，行政中无法完全价值中立，要把价值观在行政中实现出来，要把民主、效率、公平、正义在做法上体现出来，这是核心思想。有了思想上的共识以后，这批年轻的研究者和实务者就开始了在各自领域的积极探索，产生了很多重要的理论建树和实践方法论。

新公共行政学派，无论是从学术角度，实务角度，还是理论结合实践的角度，所要探究的是政治的民主和公平正义的价值如何在行政过程中体现出来，怎样在做法上做出来。包括我后面会提到的其他作者以及整个促参相关的理论，都是围绕着怎样**在行政过程中把民主有效率地做出来，在效率中又体现了公平正义的原则**。实际上，我们现在社会治理领域的很多提法和做法，都是来自新公共行政学派的思想理论和方法论，只是我们对于这个词条很陌生，而且不够重视，不知道做法的来源，也不知道背后的东西。

图五　雪城大学，Syracuse University

雪城大学的英文是 Syracuse University，准确的翻译应该是锡拉丘兹大学，这是一个印第安人的地名。但因为这地方一年可能有半年都下雪，所以中国留学生干脆就叫它雪城大学了。照片中左边的这栋建筑就是沃尔多以及本书作者多年任教的雪城大学的 Maxwell 公民与公共事务学院，美国最早设立公共事务管理、专业排名第一的公共事务学院，我很荣幸能在此就读。

2008 年明诺布鲁克会议的召集人就是这本书的作者之一欧莱瑞教授，她还于 2018 年在 Maxwell 召集举行了对于明诺布鲁克会议的十年回顾会议。欧莱瑞教授是 Maxwell 的首席教授，堪萨斯大学和雪城大学的功勋教授，著作和获奖无数，其中就包括了 2014 年沃尔多行政学奖。2019 年，国际公共管理研究会专门建立了一个以她名字命名的"罗斯玛莉·欧莱瑞奖"，奖励在公共治理研究领域里的优秀女性学者。另一位作者利莎是印第安纳大学的教授，她与欧莱瑞教授是多年来学术研究上的老搭档，两人合作发表和出版了很多在协作治理、公共参与和冲突解决方面的极具分量的文章和著作。同时，阿姆斯勒教授在矛盾调解、纠纷解决机制、冲突预防系统的实务领域也有着非常丰富的经验和卓越的贡献，多次获得美国律师协会纠纷解决委员会、国际冲突解决协会等机构的多项奖励。她也是 2019 年沃尔多行政学奖的获得者。

两位作者的这本书对于协商治理、协作解决冲突的研究和实践具有奠基石的意义。这本书是一个研究报告，不是一本学术专著，它给予我们的是一个对于实务工作者来说很具有指导意义的完整操作框架。IBM 政府事务研究中心出版了这本书，作为公共管理者指南丛书中协商治理系列中的一本。本书的阅读对象就是在其各自工作实践中，迫切需要提高处理矛盾、解决纠纷和管理冲突能力的公共管理者们。这本书很务实地告诉大家应该怎样正确处理的思考框架和行动步骤，以及为什么这么做会奏效背后的原理和知识。书中理论讲解占 30%，实务指导占 70%，典型体现了新公共行政运动的一个鲜明特点——Scholarship in Action，学术紧贴实践，这也是雪城大学非常强调的，在实践中做学术。

这本书是有理论框架和理论支撑的，但它们并不是枯燥地讲理论，而是用理论来解释工具的设计原理和应用。所有工具和应用层面的东西，假如没有理论支撑的话，就只能停留在经验这个层面。经验是很难规模性地复制的，只有是有理论知识支持的，才是容易进行复制的，而且是经得起检验的，才可以成为知识库的一部分。

◎ 我为什么翻译这本书

我们来看一下 IBM 政府事务研究中心的推荐序，大概就会了解从他们的角度怎样来提炼这本书的内容。我非常简单地介绍一下 IBM 政府事务研究中心。这个中心每年都会拿出一大笔经费，向全世界学者征集当下和未来世界面临的最迫切公共难题和解决办法，并资助研究和出版研究报告。IBM 政务中心认为协作是非常重要的主题，随着协作重要性的不断凸显，公共管理者们越来越多地是以协作方式的工作网络为工具来实现公共的成果。

协作式的工作网络非常容易理解，就好比你现在不全是只在办公室里和你的上级、下级打交道，而是很多时候还要和社会组织、社区干部和社工们打交道，这就是你工作的一个协作网络。你需要打交道的工作联系，不局限于在自己单位里面的单一的层级结构，而是除了纵向的层级关系，还有横向的关系网络，甚至多重的横向关系网络。在这种情况下，协作的重要性就是不言而喻的。

这本书是公共管理者指南系列中"网络、协作和合作"（Networks, Collaboration, and Partnerships Series）专题中的一本，于 2007 年发表。IBM 政务中心关于协作的其他著作，还有罗伯特·阿格拉诺夫的《如何利用协作网络开展跨组织合作》，讨论的是通过协作网络来实现重要成果的关键性成功因素；布林顿·米尔沃特和基思·普鲁范合著的《如何选择和运用协作网络》一书，讨论的是管理者在网络化的情形之下所需要承担的角色和任务。作者指出，协作网络管理者最重要的任务就是努力减少冲突的发生，以及一旦发生冲突如何予以妥善解决。他们的结论是，虽然网络中的组织通常都会力求实现网络层面的目标，但是网络参与者之间的冲突是不可避免的。我也翻译了《如何选择和运用协作网络》这本书，它的理论性比这本书更强一些，对协作理论的底层逻辑有很棒的推演，在它的基础之上，是这本关于协作网络中的冲突解决。这本书是对于前两本著作的进一步补充，为协作网络中的管理者提供了非常重要和实用的管理工具。

对于协作网络成员之间可能发生的冲突，应该如何来管理和如何进行磋商，作者提出了"利益式磋商"的做法,它已经在许多情况下被证实是行之有效的。这些磋商技术在持续保持协作网络的有效性方面正在发挥越来越重要的作用。从根本上讲,协作网络的高绩效是由人与人之间有效协作的顺畅程度,而不是等级式命令来决定的。

心气顺了,事就顺了,这对于人与人之间的有效协作十分重要。人是有情绪的,你要尊重人的情绪,回到人的需要的满足。做法后面的工具,围绕的都是要怎么样去增强人与人之间有效协作的顺畅程度,通俗地讲,就是情绪上感到舒服了,做事情的效率就高了。

这本书,在导论部分就首先介绍了协作中的冲突的复杂性,以及为什么协作式的管理中存在一个悖论,即协作可能产生冲突;接着介绍了如何来理解基于利益式的磋商;然后告诉我们应该如何在协作网络中做一名卓有成效的磋商者,包括如何准备磋商和如何通过协作来解决问题。接下来的部分,讲的是管理冲突的沟通技术,分五个部分来介绍:如何通过提出解决问题的问题来厘清利益;如何进行模块发问;如何应用反射式倾听或积极倾听;如何识别和回应棘手的交涉;以及如何培育协作网络中的长期关系。接着的部分是谈如何通过设计治理结构来预防冲突。最后一部分谈的是关于与公众联接和与公众的冲突,特别指出在规划公众参与之前必须思考的一些重要问题,以及介绍了协作网络中的一些主要的公众参与模式。

作者在概要部分就指出,协作网络中的公共管理者们意识到了他们需要在多个组织间进行斡旋协调,来解决在单个组织中也许很容易解决、但在多个组织中几乎不可能解决的问题,而且这些问题通常都与公众有关。在 2007 年由这本书的两位作者召集的美国协作式公共管理的大会上,公共行政领域的前沿学者和实践者们经过两天半的辩论和商议后在总结发言中指出:**协作网络已成趋势,今天的管理者需要具备的最重要技能就是磋商、交涉、协作式解决问题、冲突管理和冲突解决能力。然而很多公共管理者发现,在当下这个共享权力的世界里,他们极其缺乏相应的知识和技能装备。所以这本书的两位作者写作本书的目的,就是为了帮助大家学习在协作网络中如何管理和解决冲突。**

我为什么会想到翻译这本书呢? 2009 年我在 Maxwell 读书,记得那年冬天，上海市政府组织了一个二十多名干部的短斯培训班前往 Maxwell 学习，我只要没课就会去旁听，其中有一堂课就是欧莱瑞教授讲协作治理与冲突解决，当时她的这本书刚刚印出来没多久，所以她上课的时候就说，你们很幸运，我刚刚拿到了我的书，然后就去办公室拿了一叠书，发给了上海来的这些官员。欧莱瑞的那堂课和接下去的课讲的都是那本书上的东西。我感到他们对这方面知识很感兴趣。第一，他们觉得这个知识很新颖，以前完全不了解；第二，他们觉得对工作会很有帮助，很有启发。对于他们来讲这是一个全新的知识体系。恰巧那年的圣诞节我没有回国，正好有时间，我就把这本书翻译出来了。

翻译这本书难在哪里呢？知识很新，所以没有现成相应的可供参考。一些关键的词语，如"facilitator（促参者）"，中文词典里没有相对应的中文，但它在这本书里是一个非常重要的概念，发挥的是一个技术型的第三方的角色。在翻译的时候不能随便找一个词可以去替代，像这种细节就蛮纠结。其他，比如"reflective listening"（反射式倾听）、"chunking"（模块提问），这些词语都得创造出来，这是最花功夫的地方。

这里特别提一下"磋商"这个词，原文中用的是 negotiation，通常的翻译是"谈判"。一看到"谈判"这个词，头脑中容易想到的是锱铢必较的商务谈判、零和谈判的场景，因为在我们的语境中 negotiation 就是谈判，谈判就是针锋相对、斤斤计较的。但是，在协作的场景里面，negotiation 要表示的本意并不是这样的，所以用"谈判"一词不太恰当，最后我把它翻译为"磋商"，基于利益式的磋商。大家可以想象太极，你中有我（的利），我中有你（的利），进进退退，相互成全，它一定不是切蛋糕似的，你多一点的话，我就少一点了的那种二元对立的零和做法。这是我用了"磋商"而不是"谈判"的原因。

◎ 附：我为什么把 FACILITATOR 翻译为促参者？

三年前，我开了"促参者"的微信公众号。有人问我，促参者的英文是什么？也有人问我，它和协作者有什么区别？还有人问我，它是不是就是参与式发展？

促参者的英文：FACILITATOR。它还有其他两类中文翻译：协作者，主要在社会发展领域这么用；建导师、引导师、催动师，主要在企业界这么用。

既然已经有了约定俗成的用法，我为什么还要造出"促参者"这个词呢？这个问题是我想认真回答的，因为我确实认真思考过很久。

促参理念及其应用技术，有一整套建立在核心价值和原则基础之上的促进组织成效的工具方法，兴起于六七十年代的北美企业界，其对组织和人际关系中人的尊重以及"由内而外"式的激发，推动了组织管理实践的一系列变革发展。随着它在企业领域应用上的成功，渐渐超越了单个组织边界，应用泛化到了跨组织多元主体的公共事务领域。

改革开放中国打开国门以后，随着中国申请加入世界贸易组织和北京申办联合国世界妇女大会，越来越多国际 NGO 开始来中国开展项目。国际 NGO 的早期项目主要集中在农村生计、可持续发展的方向。比如，很多人不知道贵州毕节的威宁县，除了有个石门坎，还有一个草海国家级自然保护区，那里是黑颈鹤等二百多种珍稀鸟类的冬季迁徙地，是世界十大著名观鸟基地之一。那时的威宁确实特别穷，所以国际鹤类基金会到威宁草海农村做社区生计发展项目，带来了国际流行的参与式发展理念和工作方法。西南地区一大批现在非常资深的可持续发展领域的前辈，当年就是从草海项目成长起来的。中国最早的一批职业 NGO 人的公益生涯，很多都是从农村生计项目开始的。

我挺好奇是谁第一个把"facilitator"翻译成"协作者"的呢？这个翻译很好。我估计十有八九可能来自于联合国生计发展或者国际 NGO 项目手册之类的文本翻译。其蕴含理念一定有赋权农户，让农户来自主参与，决定他们自己的事情，以达到社区可持续发展的目的。

参与式发展的理念和做法就是这样在中国撒了种，生了根。最早接受了参与式理念熏陶的是一批参加过参与式发展培训的高校农林牧专业的老师、英语翻译、贫困研究者、三农问题研究者和农村发展工作者等。接着他们又传播给了广大在基层一线从事扶贫、生计发展等的项目人员、基层干部和农户骨干们，就这样在中国有了第一批参与式发展的实践者们。他们在参与式发展的工作所采用的工作方法，叫参与式方法；他们在参与式方法中所担任的角色，被称为"协作者"。

由于"协作者"这个角色是伴随着参与式发展的工作方法而来到中国的，又是在最贫困的基层农村社区开始推广的，因此，当农村工作的重心在脱贫而不是参与的时候，参与式发展很容易就成为了扶贫的点缀。于是，协作者的角色，尤其当携带着资源强势进入被帮扶群体的时候，慢慢地开始掺杂进了大家对于传统第三方角色的种种解读，而使它更多地变成了一种称呼，被赋予了各自不同的理解。

当学术与实践分离，理论无法支持到基层的时候，早期担任协作者角色的很多发展工作者们都说不清楚做法的所以然来，便只能是些经验性的传帮带。依样画葫芦，画出来各种葫芦，或多或少会有走样。于是，难免就有了一些人对于"协作者"的偏见。"协作者？噢，我知道"，然后，"他没有用……"。可是，你真的知道吗？你真的会用吗？

2000 年前后国内成长起来了一批 NGO，他们不断向国际 NGO 和港台NGO 学习先进的发展理念和工作方法并且进行本土化尝试。社区参与行动、北京协作者中心、袁天鹏团队、广州善导等都从技术应用的角度以各自不同的方式在推动促进参与的理念和实践，成为领先的佼佼者。但二十多年来，"协作者"这个词基本上没有出 NGO 的圈子。

2009 年我开始着迷冲突解决。正好那年圣诞节没能回国，在翻译Rosemary O'leary 的《协作中的冲突解决》。翻译过程中我才发现，所有英—中词典里没有"facilitator"，"facilitation"的对应词，对于"facilitate"的解释是"使……更方便，更容易"。想象一下，一段一段管道，只是因为管径不同，便无法连接，导致内容无法流通。所以需要通过转接头的帮助，把它们连通起来，内容就能够流动了。实现连通的转接头，就是 facilitator；做连通的这件事情，就是facilitation。连通后流动的内容，可能是事情、利益、共识、情绪、能量……这里的连通，英文是"facilitate"，在各种语境中，就有了建立连接、协调疏通、促进发展、催化成果等的意思。

但是，精准的中文怎么表达呢？如果"facilitator"翻译成"协作者"的话，那么"collaborator（合作者，协作者，协力者）"这个词又怎么翻译呢？尤其当内容中强调的意思是"合作"与"协作"不一样的时候，对应的词怎么表达呢？我很困惑,向当时在 Maxwell 访问的国家行政学院、中央党校等的老师请教过这个问题后,我使用了"协作者"这个译法。

因为探讨"facilitate"这个词,我留意到了在企业管理领域已经有了一批很棒的关于 facilitation 技术应用方面的译著。胡继旋将"facilitation"翻译成"建导",主编出版了一套建导管理丛书:《成于众志》《建导型方法》《聚焦式会话艺术》和《共识建导法手册》(复旦大学出版社 2005 年出版)。他成立管理咨询公司,第一次将建导的中文概念引入国内,并开发了一套针对企业管理者的相应领导力培训课程①。任伟翻译出版了《引导:团队群策群力的实践指南(第三版)》(2011 年,电子工业出版社出版)。刘滨等将"facilitator 教父"罗杰·施瓦兹的三本经典著作陆续翻译成了中文,每本书都其厚无比,但是极具实战指导意义,是很多专业促参者放在车后厢里遇到问题随时要来翻一翻的重要专业工具书。我觉得他们为推广 facilitation 在中国的应用做了默默无闻、很基础性的重要工作,很值得尊敬。

组织敏捷转型、青色组织俨然已成企业管理界的一股清流,引导技术在其中扮演的是一个非常重要的角色。越来越多企业界人员,尤其从事咨询、培训、组织发展等的人士开始关注和重视引导技术在促进任务达成、实现组织效力方面的神奇威力,围绕"扎堆学习"微信公众号,应运而生了这个叫"扎堆学习(引导技术)"的学习型社群,根扎在上海,开花全中国,短短几年已在全国几乎每个重要城市都有了它的城市社群,成为引导技术爱好者们聚集交流的地方。

2010 年我在美国的时候曾跟胡博士有过一次电话交流。他说,中文里没有准确对应"facilitation"的词汇,所以有必要造新词,这同时也意味着需要推动公众的认知,在接受词的同时也接受词背后的理念。与他的那次交流给了我两点重要的启发:第一,词本身不重要,但是词后面的理念很重要;第二,在公共事务的领域,不合适用"建导者"这个词。

---

① 建导(facilitation),是一种先进的参与型领导方法,意思是建设性地引导、提供架构性、步骤化的方法,帮助个人或群体找出自己的发展方向并激发对于行动的热情和责任;按照专业化的程序和技术,主持和引领团队活动而使活动达成最佳效果。(见:http://www. wintopgroup. com/courses/GFMbooks. php)

2011 年，李亚老师邀请我参加他在北京组织的"公众参与中的冲突解决与共识构建"研讨会（这是第一个在会议名字里使用了"冲突解决"的全国性研讨会）。我发言题目是"冲突与协作——'光头行动'中官民互动的观察和思考"，谈到了开明的广州城市管理者与一个民间公民行动之间通过良性、建设性的互动，化解冲突的案例。会议期间，"社区参与行动"宋庆华老师主持了半天的开放空间式讨论。我也把我对于"facilitate"，"facilitator"更准确翻译的困惑向与会老师们提出来。中国农业大学李鸥老师是《参与式发展研究与实践方法》一书（社会科学文献出版社，2010）的作者，李老师认为，"协作"不足以准确表达"facilitate"的意思，他提出了"促参"这个词，他认为"促参"更加准确地表达了"促进参与"的意思。

李老师的话对我启发很大。我非常赞同"促参"是一种更加准确的表达。**公共事务领域的冲突解决，很多时候，就是促进参与和参与有效性的问题。**这次会议以后，我就把我译稿中的"协作者"全部修改为了"促参者"。

那天会议上，我们还一致认为，从预防和解决社会冲突的意义上讲，我们国家迫切需要重视和培养一大批掌握促参技能的人员来参与社会矛盾化解。我们期望在不太遥远的将来，促参能够成为一个具有专业技术特性的专门职业，促参者积极参与到有效缓解社会矛盾激化和促进和谐社会建设中去。

健康发展的社会，离不开培育社会主体力量的自主意识和参与能力让民众有机会和有能力参与到与自己利益有关的事情的决定中，并承担起应尽的责任。从这个意义上来讲，促参者要做的工作，就是要帮助个人、团队或者群体有平等参与的机会和有效参与的能力，提高参与成效。让问题的相关者，作为问题的主人，成为问题的共同解决者，这是我理想中健康发展的社会。

我越来越坚信社区治理创新迫切需要一大批掌握促参技能的社会工作者——为促进居民们参与社区的事务和提高居民们参与社区事务的能力提供服务。

在我看来，一切技术、技巧和方法，只不过是服务于目的的手段和做法。对于社区协商治理来说，最核心的理念就是：要让问题的相关者，都作为问题的主人，成为问题的共同解决者。促参技术，能帮助我们更加有效地达到这个目的。

第二课　从冲突到冲突解决

◎ 一张照片

　　Maxwell School 完整的名字是 Maxwell School of Citizenship and Public Affair,即马克斯维尔公民与公共事务学院,成立于 1924 年,是美国第一所授予公共行政专业学位 MPA 的院校,多年来也一直是全美排名第一的公共事务类院校。Maxwell 有个冲突研究与协作促进中心,英文 by Program for the Advancement of Research on Conflict and Collaboration,简称 PARCC,在冲突研究和协作治理领域非常有名气。

图六　PARCC 的五位主任,从左到右:Robert Rubinstein, Neil Katz, Louis Kriesberg, Catherine Gerard, Rosemary O'Leary

照片中的这五个人就是 Maxwell 冲突研究与协作促进中心的先后五任主任，都是在冲突研究这个领域里面很有分量的人物，甚至属于开创元老和理论奠基人的角色。创办这个中心的第一任主任就是最中间这位可爱的老人，叫路易斯·克里斯伯格（Louis Kriesberg），荣休功勋教授，今年已经94岁了，还一直在工作，做研究，写文章，他写的那些著作用"著作等身"来形容是一点都不夸张的。路易斯教授的文章是我们学习冲突的必读资料，是冲突领域做研究时的高频引用文献。有一位冲突研究领域七十多岁的瑞士教授谈到他时，非常尊敬地说，路易斯可以称得上是冲突解决领域中非常重要的一位理论奠基人。

我做学生的时候曾经去他的办公室找他，和他有过一次较长时间的交流。我曾经问过他为什么会对冲突解决这样的事情那么感兴趣。他说自己是在西班牙内战中长大的，童年、少年都是在战争的环境里度过的。他问我：你能想象战争吗？你对战争有感受吗？对于我来讲，我压根就没有想过这个问题，我也无法想象战争，因为我生活在一个和平年代，我和大家一样没有经历过战争，战争对我来说是很遥远的想象。但是，他说他是在那样的一个环境里成长起来的，他必须要去思考为什么会战争？怎样和平？这些都驱使他走上了冲突研究的道路，研究那些看起来都是很无解的种族屠杀、意识形态、冷战等等，寻找除了对抗以外，是不是有其他更加和平、友好、互利互惠的方式解决冲突。除了消灭肉体，你对我错、除了斗争、战争以外，是不是有其他替代性的解决办法呢？怎样能够和平地处理分歧和争端呢？往这个方向上的思考和求索，使得一大批学者从理论和实践一起去寻找和平解决争端、建设性解决问题的可能性，也有了上个世纪后半叶以后冲突研究这个新兴学科领域的发展。

路易斯教授还向我提起早年会议上围绕冲突研究这门学科命名的争论。有的人主张将它称为"冲突管理"，问题是：什么样的主体是有资格来管理冲突呢？有的人主张"冲突解决"，可是，难道所有冲突都是需要解决和都能够解决吗？他个人主张"和解"（peace-making），但是那时候还处于冷战时期的意识形态，"和解"这个词被视为"政治不正确"。"冲突转化"（conflict transformation）是当时大家相对比较可接受的词。

那天我离开他的办公室的时候，他说他想送给我三个词："passionate"（激情)、"patient"(耐心)和"compassionate"(慈悲)。当时的我并不理解"耐心"为什么会被摆在这么重要的一个位置上,但后来当我细细回味时,我越来越明白了,对于冲突解决的工作来说,耐心是跑完这场变革马拉松多么重要的品质啊!

照片中最右边穿着蓝衣服的女士,就是这本书的第一作者欧莱瑞教授。前面我已介绍过她了,很有分量的一个人物。她曾经是律师,也在政府工作过,后来做学者,尤其在环境问题纠纷解决,应该说是数第一的人物。欧莱瑞教授边上的老师叫杰拉德,是 PARCC 的现任主任,也是 Maxwell 的 EMPA 项目的副主任,多次应邀为上海、深圳等城市的领导干部做冲突与协作培训。欧莱瑞教授与她曾合作过一本书《如何跨界协作》,分析成功协作者所应具备的技能。与人们的传统认知非常不一样的是,对于成功协作来说,团体过程技能比战略领导力、实践经验和专业知识都更加重要。

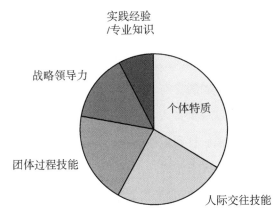

图七　成功协作者所应具备的技能
资料来源:O'Leavy and Gerard,2012

左边穿米色 T 恤的是冲突解决领域的一位非常重要的鼻祖级人物,叫奈尔·卡兹(Neil Katz),他提出了冲突解决的沟通技术,如反射式倾听、主张式表达,他写的《冲突解决沟通技术》一书,被翻译成多国文字,多年来无数次再版并一直是学习解决冲突沟通的重要教科书,本书中引用的沟通部分内容就是来自于卡兹教授。

　　照片中最左边的这位是一位很有名的人类学教授，他的重要贡献是把人类学的视角带进了冲突研究的领域，指出了在冲突解决中文化因素的重要性。这句话很好理解，但要真正理解起来却绝非易事。我曾与这位教授有过一次冲突，当时在教授的课堂上，他把"阴阳"归于"dirty trick（卑鄙手段）"，我觉得很好奇，在东方文化里，我们更多把"阴阳"视为一种辩证的智慧，为什么他会归在"诡计"之列呢？老师没有回答我，不过后来又发生的一件事情，让我有机会亲自体验了一下学校的争议解决程序，也更深一层地理解了冲突解决的背后一定是有价值观、文化、文明的差异的。

　　有一种观点认为，现在国与国之间的很多行为是没有人文参与的经济行为，没有人文参与的经济行为是没有办法实现长治久安的，因此在冲突解决的大框架里需要考虑人文的因素。所有冲突解决的有效性最终都在于人。人的情感、文化、文明相关的问题，都不是经济学者所能解决的，需要有人类学者的参与。这不能不让我想到，在我们国家做"一带一路"建设的战略大布局中，人文学者是严重缺位的，可能要不了很久就会看到缺位的影响。因为这样大规模地走出去，必然需要面对文化、信仰、文明等各方面的差异，差异容易发生碰撞，碰撞会带来很多问题，必须要有人文学者的参与。

　　我有一个好朋友，他是一个盲人，来自非洲加纳。他小时候遭遇内战，结果一颗流弹打在地上，弹起来后打到了他的眼睛，所以摘掉了一个眼球。剩下的一只眼睛，若干年以后也渐渐失去了视力。我在听他讲怎么失明的时候，才突然发现，他的眼睛是因为战争失明的，原来我觉得很遥远的那个东西，就在我们身边。

　　雪城大学的国际学生服务中心有一个项目，叫 Mix-It-Up，就是五湖四海的学员走到一起来交流这样一个意思。每隔两周的周五晚上 5 点到 8 点，在国际学生中心一楼，前半部分是简单的自助餐、社交、互相认识，晚餐以后大家围坐在一起，就某个主题来聊一聊。参加者大多是奖学金项目的国际学生学者，聊的话题从无主题开始，或者比较容易聊的主题。比如，黎巴嫩的同学，朗诵一首你最喜欢的你们国家的爱情诗吧，可以用你的母语来朗诵；你们国家的年轻人是怎样来看爱情的呢……在交流中大家往往能同时看到差异和共性，类似这样一种文化性的交流，我非常喜欢这个项目。

我记得在第一次参加 Mix-It-Up 活动的时候,大家交流的主题是关于冲突。当时的我对冲突这个主题感到非常陌生,因为对我来说,我不知道冲突是什么,电视上的冲突好像就是战争,战争对我来说就好像是故事,和我没关系。我印象特别深刻的是一个来自巴勒斯坦的女生,她讲的是她为什么选择做巴勒斯坦人。她说巴勒斯坦甚至都不是一个国家,约旦河西岸也不是一个国家。她住在约旦河西岸,在约旦河西岸,在巴勒斯坦,没有哪一个家庭没有因为战争而死人的!她说她知道选择成为巴勒斯坦人对她意味着什么!

另外一位学员来自以色列,是做促进和平工作的,主要是促进以色列和巴勒斯坦青年领袖的对话。他讲了一个故事,他的好朋友也是做促和工作的,有一次经过巴勒斯坦和以色列的交界地区,这个朋友的车子遇到了巴勒斯坦人的攻击,本能驱使他开枪进行反击,他的枪声引来了以色列的士兵,结果是以色列的士兵开枪打死了这个做和平工作的以色列人。当时他讲这个故事的时候,我目瞪口呆,我没有想到,我身边的同学,死亡就是在他们身边时时刻刻发生的事情,那一刻,我才对冲突这个词有了一种完全不一样的认识,我才真真切切地意识到:第一,生活在远离战争的和平年代是多幸运的事;第二,冲突真的是关乎生命的。冲突真的是时时刻刻就在我们的身边。这些事情,都让我对"冲突"这个词一点一滴地积累了真实的感受和领悟。

◎ 无管理冲突螺旋图

协作可能产生冲突是一个重要的结论。通常我们会觉得协作是为了促进这件事情,怎么可能产生冲突呢? 或者说协作产生冲突,是不是因为我们有问题,我们没有处理好呢? 或者是人的问题吗? 是对方的问题? 所以就会本能地想消除、遮盖协作中产生的冲突。作者在书中提出了一个非常重要的结论:协作必然产生冲突。既然协作必然产生冲突,就必须要去处理协作中的冲突,也就是说,协作中的冲突是无法回避的。而且协作中产生冲突,不是因为你的责任或者对方的责任,而是协作这件事情本身它会带来冲突。这是一个非常重要的悖论。后面的很多研究是基于这一个悖论,也就是我们先要去接受协作必然产生冲突这个结论。在必然产生冲突这个前提结论之上，去考虑为什么会产生冲突？怎样去缓解冲突？不进行妥善处理的话会怎样？如果采用有效的工具进行管理的话，结果会有怎样不同？

美国科罗拉多大学冲突研究中心的卡蓬特和肯尼迪提出来了一个无管理冲突螺旋图（the Spiral of Unmanaged Conflict），他们认为，协作网络中的冲突如果没有得到妥善管理的话，结果是可想而知的：问题出现，单边看法形成，关系变得紧张，沟通中止，投入资源（如聘请律师），冲突扩大到外部，理解歪曲，最终产生危机感。但是，这种冲突螺旋并不是不可避免的。协作网络中的冲突管理进行得越早，效果就会越好。因此协作型的管理者不仅是冲突的管理者，还是冲突的解决者。冲突解决就是卓有成效地集体解决问题。

无管理冲突螺旋图
The Spiral of Unmanaged Conflict

预防冲突关键
在于
保持沟通通畅

危机出现
看法歪曲
冲突向外部扩展
投入资源
沟通中止
关系紧张
单边看法形成
问题出现
（从这里开始）

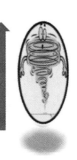

图八　无管理冲突螺旋图，the Spiral of Unmanaged Conflict，卡蓬特和肯尼迪

看懂了无管理冲突螺旋图后，我们就明白了，冲突的发展最早是从问题出现苗头开始的，出现苗头以后就会有了单方面的看法，然后关系就会紧张，后来沟通就终止了。所以，**在具体工作中，我们能够做的少投入大产出的最有效的预防冲突工作，应该做在哪里呢？做在越前端越好！最前端的工作是什么呢？是通过交流对话来避免看法固化和关系紧张。**在协作网络中，冲突管理如果进行得越早，就越容易大化小，小化了；反之，若任由其自然发展的话，小火苗也可能酿成大火灾。

这张无管理冲突螺旋图让我们更加充分地理解，为什么在社区治理中与居民协商那么重要！因为**只要还有协商，沟通就不至于中止。多沟通，就能防止单边看法形成，避免关系紧张，或者缓和已经紧张了的关系。**

为什么非常强调社区需要做议事会，而且议事会要形成制度，要在社区创造长效的协商议事的机制呢？因为在单边看法形成或者固化的时候，在沟通没有彻底终止之前就来做工作，让立场不至于变得那么强硬，或者说哪怕是强硬的立场，通过议事机制能够自己去打碎自己强硬的立场，自己去平衡自己的单边看法！这种做法的理论支撑就是来自于这两位教授的无管理冲突螺旋图。

"社会融合"很重要，政府购买服务中有很多促进融合类的项目，如城乡融合、残健融合和新市民融入项目等等。结合这张无管理冲突螺旋图来看，为什么要做融合？融合的工作，应该做在哪里才是真正有效的融合？不是把一个农村来的孩子跟一个城市里的孩子放在一起就叫融合，把外来新市民和本地人张罗在一起搞些活动，就可以完成融合，不是的。

融合的根本目的是什么呢？无管理冲突螺旋图告诉我们融合的根本是防止单边看法的形成，所以是要在这个层面上去做工夫。

有一个词叫"偏见"。偏见是什么？由于片面地看见而形成的看法，这种看法不断地固化，就形成了偏见。外地人对上海人有偏见，上海人有对外地人有偏见，农村长大的孩子有他对城里人的偏见，城里长大的孩子有他对乡村理解的偏见，这些偏见都是一些单方面看法，是不完全的看见。所以融合要做的工作就是在这样的地方"筑桥修路"，帮助人们更全面地听到、看到。

前面提到的"Mix-It-Up"项目就是一种非常优秀的融合项目。这个项目还获得了美国的一个奖，为雪城大学加了分。它在来自不同国家和地区、存在各种文化、宗教、认知差异的学生学者之间，架设起一座座沟通的桥梁。有了这些沟通的桥梁，可以你来我往、沟通交流。通过对话，通过一起吃饭，通过思想的碰撞，让大家有了更多的看到，原来单边的看法自然而然地就会有了改变，固化的成见也会有了松动……这是在关键之处做功夫的融合。当明白了道理之后，我们就可以更加有效地做工作。为什么"四两"能够"拨千斤"？因为找准了那个杠杆点所在的位置。所以社区治理中，我们就是要让理论指导我们去找到那些能够"四两拨动千斤"的杠杆点。

◎ 冲突解决满意三角形

书里介绍了一个概念叫"利益式磋商"，采用协作式解决问题的方法，通过发挥创造力，想方设法满足每一方的需要和共同的需要，来解决我们的问题。不是我想方设法来满足我的需要、解决我的问题，不管不顾你怎么样；而是说我要通过解决你的问题，来解决我的问题，而让我们共同的问题得到解决。这种方式就使得我们需要考虑所有各方的利益和所有各方的需要。一旦有一方的需要没有得到满足，我的需要也不会得到满足，我们的需要也不会得到满足。

这听起来似乎不可能。事实上，之所以有新公共行政学派，或者说有了新公共行政运动，就是因为他们要解决行政效率的同时提高民主参与，在民主中实现效率，在效率中达到公平公正。所以这些学者、实务者要解决的就是民主与效率的矛盾、效率与公正的矛盾，最后基于理论产生一整套做法。因此它的伟大贡献也正是在于此，即通过解决你的问题来实现我的利益最大化，从而实现满足我们各自需要的共同的利益最大化，达到一个长效稳定的互利结果。

书里提出了进行利益式磋商的准备工作清单，并详细介绍了协作式解决问题方法的八个步骤。乍一看你可能觉得不可能，但作者另辟蹊径，把不可能变为可能，而且证明确实可行。这是我们在第五课学习的内容，这里就不展开。我这里想特别提一提作者在书中给我们介绍了一个非常好的冲突解决的满意评价模型——冲突解决满意三角形。理解这个满意三角形为我们有效进行协作治理的工作指出非常清晰的行动方向。

想象一个三角形，它有三条边，每条边有一个名字，第一条边叫实体，即要做什么事情，比如征地拆迁，要给拆迁补偿，拆迁补偿是给多少？安置房怎么分配。第二条边叫过程，即怎么来做这些事情。征地拆迁这件事情是肯定要做的，补偿的大致金额也是确定的，安置房的位置数量也是大致明确的，但是具体怎么落实下去呢？钱怎么给到拆迁户，怎么把拆迁户的地腾出来呢？是开大会，贴通知，限期停水断电，给"钉子户"做思想工作，做不通层层加码继续做，直到通了为止吗？还是召集听证会通过集体讨论、议事会等程序吗？第三条边叫心理或者关

图九　冲突解决满意三角形

系,即做这些事情心里面的感受。干部明明在为居民服务,可是做着做着咋就变成了居民眼中的"白眼狼",变得整天得跟一帮"刁民"斗智斗勇了呢?

　　三角形的面积就是对冲突事情解决的满意程度,三条边的边长决定了三角形的面积的大小。三条边的长短都是可以改变的。比如拆迁补偿款给的多,就是实体的这条边比较长。比如只提前了一个星期通知停业,然后马上就停水断电要求关门,那就是过程这条边比较短。比如给的条件还是挺好的,但是让人心里很不舒服,这就是心理的这条边比较短。工资虽然不高,但是公司氛围很好,做事情心里很舒服,这就是心理这条边比较长。

　　当明白了满意程度就是三角形的面积后,那么要想满意程度高,就要尽量增加三角形的面积。要增加三角的面积,就要尽量延长每条边的边长;其实只要延长了其中任意一条边时,另外两条边就同时跟着增长了。

　　给我们的启发是什么? 我们要解决居民关心的矛盾冲突问题的时候,能不能以及怎样去延长其中的哪一条边呢? 很多时候我们的关注点往往只是在实体这条边上,而改变实体往往又可能比较困难,那么,是不是能够通过改变心理或者过程来增加满意度呢?

　　多在社区跑一跑,多跟居民聊一聊,多听听他们提出的意见,都是在延长心理的这条边。开放空间、居民议事会,社区议事机制,就是在延长过程的这条边。当我们知道往什么方向去使劲才是正确有效时,一定能找到很多很好的办法的。

　　企业界流行一种很狼性的观点,"不问过程,只要结果"。跟事打交道的工作,这可能很奏效,但是跟人打道的治理,这常常行不通。事实上,结果导向是一种导向,过程导向同样是一种导向,而且在很多事情上,结果导向未必确保理想的过程,但过程导向往往可以带来更加理想的结果。在与居民们打交道的基层事务中,协商治理本身就是一个动态的过程,是很难用结果做导向的。只有当转变观念以过程为导向的时候,我们会欣喜地看到一个个理想的成果,所以我们要重视过程!

在过程上做工作是需要专门的能力,这种能力有一个专门的词,叫团体过程能力,我翻译的本书作者的另外一本书里对此有专门的介绍。团体过程能力包括了促进参与的技能、解决冲突的技能、协作式解决问题的技能、磋商的技能、妥协的技能、调解的技能等等。团体过程能力在社区治理中非常重要,因为社区的工作,整天都要与人打交道,与复杂的问题、矛盾、纠纷打交道。处理纠纷与矛盾,除了很多很好的经验性做法以外,还要学习技术和方法。

理论有理论的框架,治理有治理的结构,学习理论的好处是能够帮助我们看清楚治理的结构。理论越扎实,结构越清晰。在建造大楼的时候,当地基打实了,结构稳固了,就可以一层层地往上建高楼了。如果我们能够按照一个个科学的理论框架来考虑冲突和协作的话,那么治理的结构越清晰,就意味着治理越高效,越公正和民主,满意度会越高,成效也会越明显。用一句话来说就是,在行政效率中体现出治理能力的现代化。

有一位当时在 Maxwell 访问的国家行政学院教授认为,这些治理结构、治理效率,怎样把民主高效地体现出来,怎样在追求效率中通过过程和做法来实现公平公正等等的这些行政手段,从行政角度来讲,就是把**政治的问题行政化,行政的问题技术化;而不是技术问题行政化,行政问题政治化。**

很多问题并不一定是意识形态的问题,而是行政能力的问题,行政能力的问题又受限于行政技术的问题、行政手段的问题、行政效率的问题。只要不动辄就上升到"政治正确性"而是就行政有效性来论事的时候,那么很多矛盾是可以有办法用技术手段更加有效地解决的。但一旦政治化,那只有一种选项,就是政治正确。对于政治正确来讲,很容易成为很多行政不作为和行政低效的一个挡箭牌。所以,现在谈基层民主协商治理能力现代化很重要的一个挑战就是我们需要考虑,怎样通过更加有效的行政手段、技术工具、管理程序来提高解决基层问题的行政效率。提高行政效率的同时最大化地实现民主协商、公众参与,实现过程程序的公平公正。这些不能仅仅只是停留在意识层面,更重要的还是怎样在做法上、行政技术上有效地提供支持和保障,怎样能够把它们做出来。

学完这本书,我希望书中表达的观点能够给在往这个方向去努力的读者提供比较清晰、可操作的思路和能够拿起就用的很多工具。

第三课　网络和协作网络治理

◎ 网络是什么

提到网络，你可能会想到有无数的节点蔓延出去所组成的一个宏大的连接体。很多民族，包括中国古人、印第安人都相信万事万物是相互连接的，如工作关系的连接、同事的连接、性别的连接，并且有很多超越浅表的连接，如信任的连接或其他的连接。有一些连接是大家都公认的、都能看到的，还有一些连接容易被漠视或忽略。

对于协作网络来讲，我们的头脑里面需要有一个大的连接概念，不仅要看到看得到的连接，还需要看得到看不到的、来自宏大能量场的连接，不仅看到事情物理的连接、关系的连接，还要看到背后的情感、能量等的连接。

在谈协作网络的时候，首先需要回答一个问题：network，网络是什么？本书给出了对于网络的三种权威定义。

先来看托勒(Toole)的定义，他认为网络是涉及多个组织或其部门的一种互相依赖的结构，在这种结构里面，一个单元并不单纯是层级制中其他单元的正式下属。协作网络具有某些结构上的稳定性，而且延伸得很广，超越已经建立起来的正式结合和政策规定的联系。一个制度化紧密结合起来的网络，联结纽带可能是权力结合、交换关系或者基于共同利益结成联盟等，所有这些都包含在同一个多单元的结构之中。

第二种定义是麦圭尔(McGuire)提出的，他认为网络是包含多个节点、组织和机构进行多种结合的结构。这种结构可以是正式的也可以是非正式的，通常跨部门、跨政府，根据某个具体政策或在某个政策领域发挥作用。也就是说，来自各级政府部门和组织的人员要与来自营利和非营利组织的人员在这些交流和生产结构里共同发挥作用。

比如，一项地方政策的出台，可能会涉及到从省级、市级、区级甚至街道层级的工作投入；它的贯彻落实，往往需要在平级或跨级的多个政府部门之间进行很多协调。为了更有成效，可能还需要营利性组织和非营利性组织的参与，共同在一个公共网络结构里面，进行多个节点的连接，来实现使命目标。这个使命目标，往往是和提供公共服务、公共福祉有关系。我们经常提的"三社联动"就是很典型的公共协作网络。在具体实务层面，要确保"三社联动"的有效性，就是要建立起一个个有明确使命目标和清晰治理结构的具体协作网络。

第三种表述是由学者阿格拉诺夫（Agranoff）提出来的，公共组织的协作网络包含了正式和非正式的结构，它们是由政府和非政府组织的代表组成，相互依赖地进行工作，交换信息或共同制定和实施政策，这些政策往往需要代表们的组织去付诸行动。

2020 年初的这场新冠疫情，在疫情爆发的初期，几乎各地医院都面临着医用防护用品短缺的状况。看到与死神搏斗的一线医护人员缺少安全防护，大家都非常难过，纷纷想方设法要为医院募集防护物品。浙江金华的一位人大代表就利用她个人工作室的影响力组建了一个临时性的协作网络。通过微信群将紧缺物资的需求方和提供方，包括物资提供和资金提供方、海关、物流环节人员等都联系在同一个微信群里，这些微信群基本上包含了全浙江省、湖北省以及全国多家医院、很多地方政府的采购相关人员，还有提供海外口罩货源的、基金会的以及海关和物流等方面的人员。这个协作网络首先是一个非正式的结构，它由各种各样的相关人员组成，包括武汉的医院代表、政府的代表、浙江省市的代表、海关的人员、物流的人员、阿里巴巴的人员、韩红基金会的人员。这个结构中的成员彼此相互信任，互相依赖，交换信息，共同推动事情。这个协作网络在组建后短短二个月内，协调对接了超过一亿元当时最为急需的口罩、防护服等物资。

对于定义中的"政策"，不一定很狭隘地理解为红头文件政策，可以理解为形成了一个决定，需要大家配合衔接共同去完成的一个"网络"，或者说共同体，这是更恰当的一个词。公共组织的协作网络来体现公共组织的成效，是以政策、政策的落实来判定。

◎ 以华夏公益伙伴圈为例

对于非正式结构的协作网络，我想举一个我直接参与建设并担任核心协调团队成员的一个案例。这是我深度参与的一个民间公益协作网络，叫华夏公益伙伴圈，是在 2008 年"5·12"汶川地震以后逐渐形成和完善的一个全国性民间公益协作网络。

2008 年汶川地震的时候，全国各地很多公益人士和团队都纷纷自愿加入了抗震救灾的服务，他们在灾区相识相交，建立了深厚的情义和信任。大家开始意识到要发挥好各自优势，做力量的整合，比如有的做物资筹募，有的做落地实施，还要有独立第三方监督。江浙沪等相对富裕地区的公益力量主要要做物资的动员募集，云贵川等相对贫困地区主要是做好物资的落地。汶川地震以后，大家就开始往这个方向去做，形成了一个松散的协作网络，虽然当时规模还比较小，但是已经有了一个治理结构的雏形。经过近两年的磨合，到了 2010 年玉树地震发生的时候，这个协作网络迅速地发挥作用，整个协调非常有序地进行。

图十　玉树赛马场，2010 年华夏公益联合会玉树抗震大本营

这张图片拍摄的地方是在玉树的赛马场,玉树州政府在这里为华夏公益伙伴集中划了一大片区域,华夏就把玉树抗震救灾的大本营设在这里。大家看到的照片上一个个帐篷,就是华夏协作网络中的各个公益伙伴成员驻扎和救灾物资集中的地方。这一片旗杆就是当时驻扎在大本营的一部分伙伴团队的会旗。特别值得一提的是,这些组织绝大部分都是当时还没有办法注册的志愿者团队。对于那个时期生存艰难的民间公益团队来说,靠的就是凭作为,得地位。玉树政府能够在那个时候拿出这么大一片开阔场地给华夏,可想而知华夏这个协作网络的资源协调能力有多强大。这是单独任何一家组织都做不到的,但是全国各地众多微小的力量联合起来形成这样一个协作网络之后,1 + 1 + 1 + 1……就形成了比 1111 更强大的力量了。

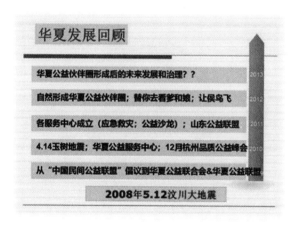

图十一　华夏公益伙伴圈简单大事记

经过玉树地震以后,华夏的公益伙伴们看到了形成力量共同体的作用和价值,有了抱团发展的强烈愿望,开启了各种形式的项目合作和联动。下半年,华夏线上培训中心成立,每周二的晚上都有通过 YY 语音的公益课堂。线上课堂的培训交流方式,让很多当时身处四五六线小城市和偏远乡镇、缺乏学习和交流机会的孤独的公益骨干都能够参与进来,不仅有知识和见识上的长进,更有了与其他地方伙伴的连接和信任建立。信任的建立促进了事情上的合作,成功合作又带来更多力量参与到网络协作中来。这个网络推动了一大批区域性公益力量联合体的诞生，以及很多地方政府人员公益理念的转变。不少省市的首届公益论坛、公益沙龙，都离不开华夏伙伴的积极推动和参与。网络成员包含有各地的公益伙伴，彼此间有较高的信任，这种有质量的连接，极大地减少了资源对接、项目合作的成本，大大地促进了有效的协作。

我当时是华夏公益伙伴圈第一届协调中心的第二召集人，兼培训中心的负责人。我的大多数伙伴的主要关注都在资源整合和项目合作上，但我心里非常清楚这就是一个协作网络，是一个有着近千名组织成员的很松散的 networking，是当时唯一一个全国性的民间草根公益力量的共同体。但网络发展到了一定阶段有它必然面临的挑战。所以 2013 年华夏公益伙伴圈在杭州召集了一次年会，那次年会明确了组织结构。

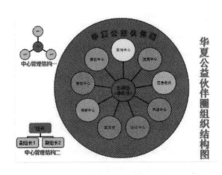

图十二　华夏公益伙伴圈组织结构图

这是华夏网络的组织结构图。伙伴圈的英文翻译为了 collaboration，是协作体、共同体的意思。当时华夏公益伙伴圈的成员主要来自全国三、四线城市，县城甚至乡镇，有大大小小近千家民间公益团队，它们就是图中的这一大片绿色。我们想象一个轮子，轮子有轮辐，十三根轮辐就是当时华夏网络的十三个功能中心，如培训、发展、救灾、调研等；最核心的这个轮毂，就是由十三个功能中心的负责人组成的协调中心。协调中心的成员，既是他自己组织的负责人，同时也是十三个功能中心中某一个中心的负责人。比如我在这个网络结构里面就有两个身份，既是"禾公益"组织的负责人，也是培训中心的负责人。具体到每个中心里面,治理结构可以是不一样的,比如说,我负责的培训中心就是一个去中心化的结构,而其他中心可能是层级制的,单层级制或者双层级制,这由中心自己决定。

后来调研中心完成了一份研究报告。完成这个研究的裴丽老师是湖南大学的老师,同时也是华夏的志愿者、协调中心成员和调研中心负责人。她的团队专门针对华夏协作网络做了一个关于救灾响应的研究,研究成果发表在 2012 年的《公共管理学报》,论文题目叫"互联网大规模灾害响应中的志愿行动网络研究"。研究者看到了这个志愿行动网络的网络结构所呈现的明显的自组织特征、"非层级化"和"去中心化"特点,其研究结论指出了**弱-弱连接发挥出的强大作用。**

在这样一个模型上,每一个节点都是一个组织,或者更准确地说,代表了组织的个人。由那些点结合在一起形成的每一束,就是一个功能组群,比如说为老服务、救灾等。每一束收拢处的那些深蓝色的点,就是核心人物。红色的那张图,很明显的聚合成为七束,这七束,就是当时非常活跃的七个功能组团,比如救灾为老服务、青少年……每一个功能组团里面都有很多组织,形成了一个协作体,把这些组团很紧密地连接在一起。形成一个完整结构的是一个个人,是结构的关键成员,他们之间是更加紧密的连接。从这个模型,我们清晰地看到了影响力个人在结构中的位置和作用。对于协作网络来说,很重要的就是连接,有质量的连接非常重要。有质量的连接靠的是什么呢? 人! 信任! 这是我个人的一个观点。裴丽老师的研究从另一个角度也证实了这个观点,"网络的信任结构体现

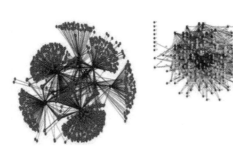

图十三　裴丽基于华夏救灾响应案例的研究

基于平行互动的特殊信任和一般信任所组成信任关系特点,特殊信任所组成核心志愿者网络是中心网络,起到信息沟通、资源共享中间'桥'的作用,彼此间的高连接度容易影响一般信任往特殊信任关系的转化。"①

◎ 协作网络的复杂性

其实对于任何一个协作网络来讲,它都是由多元化的组织和个体组成的复杂聚合团,具有诸多复杂特性,因此也会加剧协作网络中纠纷的复杂程度。他们的动机和需要是各不相同的。

这一点非常好理解。他为什么要来加入网络？一定有他想要得到的东西,无论组织的利益或者个人的利益,你就必须要去考虑,这样一个协作网络能给予他们什么。

在华夏网络里面,有一样东西一定是可以给予所有成员的,就是学习和分享。从 2011 年起,每个星期二的晚上都有一期网络沙龙,我做了 100 多期,把自己做得很累。那个时候能量比较缺乏,做到 100 多期做不下去了,才停下来。

一个协作网络中来的人想得到的东西是什么？你能给到他什么？你是给他具体的利益呢,还是去满足了他成长的需要？培训中心给到的是成长的需要。通过这样的方式来满足小组织、小团队的利益,所以有很大一批早期民间公益人士一直从情感上非常依恋华夏这个协作网络。当然,发展中的组织和成长中的组织还有大的组织,它们各自的需要是不一样的,无论从信息、资源、渠道等方面来说。

成员的使命有同有不同

华夏网络早期的时候,占相当大比例的都是没有独立注册的地方性义工组织或草根公益团队,后来才陆陆续续有一些比较有影响力的组织加入。各个组织有自己组织的发展目标,这些目标和协作平台的发展目标之间可能是有差异的。慢慢地,就会有一部分组织成长得特别好以后,它就会离开,因为它要去遵

① 裘丽,傅荣.互联网大规模灾害响应中的志愿行动网络研究[J]公共管理学报.2012,9(4)：92—100.

循自己的组织发展目标,如果协作网络没有很好地去包容它的组织的独特目标时,那么一定就会有冲突。一个正式的网络和一个非正式的网络,对于冲突的处理方式会非常不一样,但是冲突是一定存在的,因为和组织使命有关系。

组织文化不同

比如,一些动物保护类的组织对于动物权益的重视程度就会让一些做反贫困、做残障类的组织感到很不理解,他们认为:人还没有管好,还对狗那么体贴!所以这其中会有一些组织文化差异。在一个协作网络中,就必须要去考虑差异性。有时候,他们之间的差异是由于独特的组织文化所决定的。

管理办法不同

协作网络中不同的组织各自的管理方法可能是有差异的。比如,有的社会组织,尤其是一些志愿服务类的社会组织,即便号称有几千甚至上万号志愿者,很多时候往往就是老大一人说了算,只需要老大拍板。但是对于现在越来越多的项目制的社会组织来说,可能就需要和项目负责团队去商量。

不同利益方或资助方的影响

当一个协作网络要去做事情的时候,各个参与方会考虑合不合适我的利益?合不合适支持方的利益?合不合适利益相关方的利益?有一些事情大家都愿意去做,就好像谁都愿意去捐钱,因为捐钱好看,捐钱可以有抵税,捐钱可以……这些偏好可以叠加。但是有的项目可能大家都不太愿意去做,哪怕可能挺必要。背后就有很多偏好的差异。

权力程度不同

还有网络成员权力程度的差异。比如在一个非正式的协作网络中,如果有政府组织参与的话,往往政府组织就是强势一方,所以就会存在名义平等和实际平等的差异性。

往往包含多个议题

一般情况下,协作网络往往都是为了处理单个组织解决不了的复杂难题,往往大议题包含小议题,小议题又包含子议题,因此就给冲突管理带来多重挑战。比如,因为疫情,武汉一下子要建那么多医院,要收治所有疑似病人和确诊病人,床位就不够了。看起来是要处理医治能力不够的问题,需要有更多的床位,但事实上问题的背后还有着很多的子问题和子子问题。床位相配套的医护和保障问题，吃住行、安全、开支流程、业务培训、磨合……包含着一系列错综复杂的矛盾，可想而知，这就会形成协作网络治理非常复杂的特点。

存在多个决策平台

还有可能有多个决策平台。这就带来一个问题，当一个政策可以有多个决策平台的时候，这就意味着有可能会引发冲突。比如，美国通过了同性婚姻合法化，当它是通过最高法院裁决的方式5∶4，批准了同性婚姻的合法性，美国地方各州是不能反对最高法院的裁决的，所以他们不能反对同性婚姻。政策出台以后，在美国社会造成很大的争议甚至尖锐的反对。很多保守的美国民众就坚决反对，有的州就不认同，怎么办呢？围绕正当性就会有很多的辩论，这些都有可能成为冲突的来源。因为一个政策的决策平台并不是只有单一决策平台，协作网络也可以作出决策，但是也可以通过其他渠道来完成决策，这就涉及到协作网络制定政策的正当性问题。

协作网络既是组织间的，又是个人间的

比如，我代表的是A组织，你代表的是B组织。组织之间没有利益冲突，但是我们俩相处得舒不舒服，往往可能影响到两个组织之间的合作。万一哪一天你看我不爽，就可能造成两个组织之间的合作困难。所以看起来是组织之间的合作，但是很多时候也是个体之间的磨合，因此不能够忽略个体的因素。协作网络的有效性往往取决于个体之间行动配合的顺畅程度，而不是命令。

可以有多种适用的治理结构

因为有多种可以适用的治理结构，选择本身可能就是一个容易引发冲突的导火索。由于大家是一个协作网络，所以要讨论怎样来管理我们自己本身可能就是一件非常麻烦的事情。大家可能会觉得讨论挺浪费时间，但是又不得不浪费时间。事实上有办法，这就是非常重要的讨论协作网络治理规则，然而讨论规则制定本身就是一个非常重要、非常必要又非常复杂的一项工作。

这怎么理解？公共协作网络既然是公共，涉及到的肯定就是公共的问题。公共协作网络的利益和公众的利益是否完全一致？用怎样的方式、吸引怎样的公众？有时我们会说"为了人民"，这是一个非常美好的词汇，但是"人民"很抽

象,十四亿人,每个人都是"人民",小区两万人,我是"人民",你也是"人民"。如果我的声音和你的声音不一样的时候,到底人民的声音是你的声音还是我的声音呢?怎样把你的声音、我的声音叠加成为我们的声音进入到政策里面去呢?这不是政治问题,这是一个技术问题。

当我们把这样的一个问题不负责任地归结为政治问题的时候,就是一个死扣。但是如果我们把问题变成一个行政问题、一个技术问题来处理的时候,那就是要考虑人民的代表性的问题,怎样通过程序设计、怎样尽可能地让更多元的代表,更加多元化地参与,更加透明化地讨论,更加充分地辩论,让协作网络产生出来的政策更加符合大多数人、公众的利益,至少让程序上能够做到满意程度最高,这些都是一个行政问题技术化的过程。

◎ 协作治理的挑战

书里提出了协作式管理(Collaborative Management)这个概念,描述了在多组织结构中进行斡旋协调来解决单个组织不能解决或不容易解决的难题的过程。协作式的公共管理一般包含参与式治理,即在政府的政策决定过程中让公众积极参与进来。协作式管理放在我们当下的语境来讲,就是我们说的协商治理,包含居民的参与和自治,当然参与和自治的程度可能深浅不一。在政策的决策过程中,如果没有公众的积极参与,那么在落实执行上就容易有问题,可持续性、长期有效性会受到不同程度的打折。

协作式的公共治理或者协商治理,一定是包含让公众参与治理的过程。让公众参与治理指的是什么?就是要让公众参与到决策的制定过程中来。

什么是协作型管理者要做的事情?上面已经谈到协作型管理者有那么多的挑战和难度,那么他要做的是什么呢?

康奈利、张和法尔曼强调,协作网络中的这些矛盾应该被接受、包容和超越,而不是解决。看到这些问题,不需要想着去解决它,只需要去接受、去包容、去超越这些问题,就好像摆在你面前的是一堵堵墙,不需要去硬撞,而是可以想办法怎么样绕过去,或者拿个梯子跨过去,不一定必须要把墙给砸掉。

　　协作网络非常复杂,协作网络管理者的工作非常具有挑战性。我们需要看到的是:我们不是要去解决掉这些复杂性,而是接受、接纳、包容和超越这些复杂性。在我们的面前有一堵堵墙,有一个个坑,我们所要做的是学习工具,学习技术,找到地图,学会用地图。地图可以告诉我们哪里会有坑,哪里有路障,哪里是墙,墙是怎样的材质,梯子在哪里,我们的路可以怎么走;如果要搬梯子,怎么去找梯子;如果要来填坑,石头在哪里。它并不是教我们要去消灭掉这些问题,而是让我们知道理念、懂得技术、掌握工具,接受一个个障碍、一个个坑、一堵堵墙的必然存在,去包容和跨越协作中的一个个复杂困难,达到治理的最大成效。

　　可以想象在一个协作网络中,你有双重身份,既是协作网络中的一名成员,也是协作网络中的一名管理者,你要面临双重身份的平衡。

　　作为一名协作型管理者,工作既是自主独立的,又是相互依赖的。你和其他人的目标既有相同的,又有不同。而且协作的团队里往往人数更少了,但差异性却更大了。

　　我举一个自己的例子。我有一门课,必须和同学共同完成一篇小组论文,我们小组六个人,除了我,还有三个印度人、一个美国人和一个蒙古人。除了我,其他五位都是政府官员,其中两位印度同学还是很高级别的官员。小组从论文选题就开始争吵,因为他们是很认真对待这个论文,并且是希望把论文的研究问题与印度的情况、他们的工作结合起来考虑的。所以,虽然我们的共同目标是完成论文,但是他们的个人目标是对自己主管的工作有帮助。后来确定的题目是关于民用机场建设PPP模式的评估。

　　论文过程中,两位印度学员之间开始出现分歧,观点、方法、文献等都有分歧。然后他们就开始各做各的了,不管大家讨论出来的要做什么,下次与教授见面时摆在教授前面的总是两套材料。教授只能说,我不管你们的决定是什么,我只需要一份团队论文。

　　我们确定的论文题目是民航机场建设PPP模式的评估。通过分析国际上民航机场建设典型PPP模式,提出一个分析量表,来为决策提供科学的决策依据。我的任务部分是探索公民行动因素的影响,民航机场的建设过程因遭遇民众反对而被迫停滞已屡次出现了。但后来他们俩吵着吵着就把我的部分给吵没了，尽管我白做了文献，不过倒也巴不得不写，所以关于小组论文，我一个字也没写。

从这个意义上说，我确实就是一个"搭便车的人"，但这并非意味着我在小组中没有贡献。我的贡献是，我完美履行了促参者的角色，把大家始终拉在了一起。吵，但不至于崩；分，但不至于散，如期完成了一份集体论文。争吵出来的结果是，我们交出来了一份质量很高的论文，论文中提出来的一套完整的民航机场建设 PPP 评估指标体系，后来还被英国的《卫报》引用。

这门课的老师后来特别地强调，真实的世界里，很多时候工作就是不同水平的人在一起协作解决问题。在协作的过程中，每个人想法都不一样，能力不一样，动机也不一样，但是大家要交出的是一份共同的答卷。小到具体任务，大到国际合作，莫不如此。细思极是。

一个协作型管理者在团队中可能会面临着更加多元化的情形，不能用传统的方式去考虑，而是需要去考虑在这样一个差异化的团队里，怎样来完成一个共同目标，这是一个很大的挑战。

管理者既要参与式又要权威式

协作型的管理者既要参与式又要权威式。当作为协作网络中的一员来思考整体行动方向的时候，他们的行为通常就要是参与式的，因为不可能是你说了算的嘛。在那么多成员之中，你只不过是其中之一，说话肯定也要客气些，不太会很霸道，会多用"我式表达"来表达你的个人看法，你的行为是参与式的。

但是当作为一个具体机构或者项目负责人的时候，特别你就是老大的时候，人们是期待着由你来发号施令控制局面的时候，在这种情况下是需要你做出决断的，你的发言是具有权威性的，请注意，权威并不等于独裁。独裁意味着一种很专制的作风，权威是你带着威望和影响力。这两者有很大的差异。这张图说明的是，对于协作型的管理者来说，面对冲突，他可以有些什么行为风格选择。有一个冲突行为风格的自测表，感兴趣的话可以自己去找来测一测。

二维冲突模型

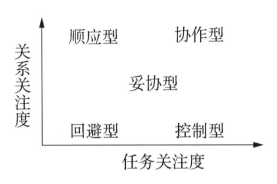

图十四 五种面对冲突时不同的行为风格

结合另外两张图一起来看。这是一个二维冲突模型。二维冲突模型有两个维度，一个维度是人的维度，另一个是事的维度。人和事不在同一个维度上，你是人优先呢？还是事优先呢？于是冲突就产生了。往往事的问题变成了人的问题，人的问题里参和着事的问题。从道理上来看，解决的办法很简单——区分人与事，但要真正做到却很有挑战。不过作者在书中已给了我们很有效的方法论。

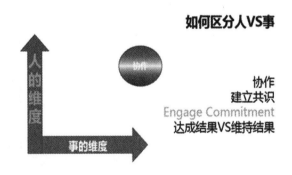

图十五 二维冲突模型的两个维度：人的维度和事的维度

在作者书中的这张图里，人的维度上用了合作程度这个指标，事的维度上用了自信程度这个指标，形成了五种面对冲突时不同的行为风格。

在考虑建立协作的时候，很重要的是要在事的维度上，把人的参与感、认同

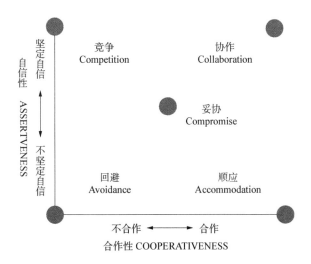

图十六 协作型管理者的冲突管理选择
Conflict Management Choices for a Collaborative Manager
（资料来源：Thomas，1976）

感和内在承诺给激发出来。不仅仅是要达成结果，如果只是为了达成结果，可以在事的维度上去做推进。但是如果没有能够把人的维度上的参与感、内在承诺、归属感激发出来的话，就会在维持结果上出问题。这就可以解释，为什么很多时候我们声称已经协商出一个结果了，但要不了多久以后，那个结果无法维持，然后就不了了之了。我们需要反思的是我们在进行协商的时候，对于人的维度有没有充分的考虑；如何在事的维度上进行推进的同时，还要建立起对于协商结果的内在承诺（commitment）。

既要看到树木，也要看到森林

协作型的管理者，当他作为机构的具体负责人的时候，他必须处理很多日常的事务，他必须掌握很多细节上的事情。但是作为协作网络的一员时，往往需要他更加整全地来看问题。

要平衡倡导与探究

作为一名协作型的管理者，你相信自己的主张是正确的，但同时也要看到自己可能有盲区。在发表自己的主张，在行动的时候，也要不断来平衡倡导与探究。不管你说什么、做什么，还要存一分知无知的清醒，可能还有什么是你不知道的。不管你做什么样的主张,如果你的主张是从机构角度出发,就用"我式表达"来表达你的机构的立场、观点,但最后还要加一个把它收回来的部分,比如,在话的最后再加一句:"我们是这样认为的……,你们有什么看法?","……,有什么补充吗?",或者"……,你们有什么更好的建议?"。这就是平衡倡导与探究很具体的做法。

卓有成效地集体解决问题

利益式磋商,基于利益协作解决问题方法,冲突解决沟通,预防冲突的治理结构,都是帮助我们学会如何更有成效地集体解决问题。集体解决问题涉及到一系列非常重要的技能,就是第二课中提到的团体过程的技能。我们在后面几课中去了解。

第四课　利益式磋商 VS 立场式交涉

　　"不管你喜欢与否,你就是一个磋商者。"作者引用了《达成一致》(Getting To Yes)里面的一句话,意思是不管你愿不愿意、喜不喜欢,你随时就是在进行着磋商交涉谈判。想想也是,从早上睁开眼睛开始,你与自己交涉,"再躺五分钟"、"不,起来吧";早饭你与女儿谈判,"再吃一口好不好";到单位你与同事商量,"文件能不能晚一点再给你"……

　　虽然"negotiation"直译的意思是"谈判",但是我总觉得用在公共管理或者公共协作中,"谈判"在我们的语境中似乎总有一种你争我夺的火药味道,锱铢必较的浓浓商务气息,所以我更愿意用"磋商"来代替"谈判",我用了这两个不同的词来区分"principled negotiation"与"position-based negotiation"。前者翻译成"原则性磋商",后者翻译为"立场式谈判"。原则性磋商一定是从利益出发、基于利益来考虑的,所以对于书中多处强调的区别于"position-based"的"interest-based negotiation",我翻译为"利益式磋商",原则性磋商就是利益式磋商,在这里做一个解释。总之作者的观点就是,你的生活就是不断地与人打交道,就各种各样事情进行对话、交涉、谈判、磋商,无论你喜欢不喜欢,你都是在这样做。

◎ 立场式交涉

　　什么是立场性交涉呢?举个我们生活中的例子吧。夏天来了,太阳很刺眼睛,你想去买个太阳镜。你去了市场挑了一付你喜欢的眼镜,问老板多少钱。老板说三百，你说太贵了；老板说好吧，给你打个九折吧，你说最多五折；老板说我进价都不止五折，最低八折；你戴了戴，心里喜欢，嘴上却说那算了吧，做出要离开的样子。老板说好吧，七五折，不能再低了。你说你还是去另外一家吧，你朋友在那里买的，才一百八十元。最后是，你以二百元拿走了这付眼镜。这种来来回回的讨价还价，就是典型的立场性交涉。

在这种谈判中，大家都有一个前提假设，饼的大小是固定的，无非是这块饼怎么切，双方怎么分。对于卖方来说，卖给你便宜了，我就赚得少了；对于买方来说，你赚得多，我就得花钱多。在这样一个固定大饼的交易中，买卖双方一方让步就意味着另一方赚到。

用我们在上一讲提到的一个专门术语 BATNA（最佳替代方案）来说的话，每一方的 BATNA，都是放弃交易，买方可以去别处买，卖方也可以卖给别人。买方去别处买，别处是哪里呢？他要花时间去找，可能与那个老板也要讨价还价费很多口舌，甚至有可能老板开出的价格还更高。所以只要差不多能在心理价位之内，买方还是愿意买的。卖方卖给别的顾客，别的顾客同样会讨价还价，甚至压的价格可能还会更低。所以只要能够有一定利润，卖方还是愿意卖的。双方都在争取更好的选择，并不愿意轻易就到各自的 BATNA 的。

但在协作网络中，这种交涉方式将是寸步难行的。

作者在书中举了一个很形象的例子。两个厨师在厨房里忙，正好都需要用到橙子。很不巧冰箱里只剩下一个橙子了，两个厨师都想要。先是言语上的，但谁都不肯让步，就变成动手来抢了。抢的过程中，橙子掉到地上了，被另一个人捡起来了。如果捡起橙子的这人是你，你会怎么做呢？

如果捡起橙子的是朝阳的大爷，大爷就要给他们做思想工作了，大爷会批评他们，"两个大人，争一个橙子，多不体面"；万一捡起橙子的是热情的西城大妈，大妈可能会说，"别争，不就一橙子嘛，等着，我这就回家给您拿一个"。我们有大量这样的"朝阳大爷"和"西城大妈"，当然可能各个地方的叫法不一样，杭州叫"和事佬"，上海叫"老娘舅"，正式的称呼，应该叫人民调解员。在中国的社区治理中，在基层的矛盾纠纷调处中，人民调解员队伍发挥了非常积极的重要作用。调解是一种非常重要的解决冲突的方法，在解决冲突的方法论中，中国式的调解，是国际上独树一帜无可替代的。所以我们需要充分重视研究和梳理总结中国式调解的宝贵经验，要形成理论，再来更好地指导实践。遗憾的是，我们对这方面的重视程度是非常缺乏的，所以很多时候调解往往等同于做通思想工作，"沦落"为了大爷大妈式的苦口婆心，这是不对的。

调解是一种非常重要的解决冲突的方法论，但是并不是唯一的，更不是放之四海皆有效的。欧美的冲突解决研究人员很羡慕中国基层社区的调解制度，但是他们的社会文化不具备中国这样的土壤条件，所以他们必须寻找合适有效的其他做法。

◎ 利益式磋商

回到作者书里面的故事。第一个场景是，两个厨师争橙子的时候，橙子掉到地上了，正在打扫卫生的清洁工捡起橙子，看看都想要橙子的两个厨师，便拿起一把刀，均匀地切成了两半，一人一半，他觉得这是最公平的解决办法了，不是吗？谁都不能独吞，一人一半，不就是最公平的做法了吗？

你让一步，他让一步，问题不就解决了吗？是。可是，问题真的解决了吗？

纷争暂时平息下去，两个厨师便又各自忙活起来了。可是不一会儿，便有一位厨师叹着气停下来了，因为他想做一种菜，需要用到橙子肉，半个橙子的肉少了，不够，所以做不出他想要的这道菜。又过了一会儿，另一位厨师也很不甘心地停下来了，原来他想做一道点心，这道点心需要用橙皮做原料，半个橙子的皮太少了，所以做不成这道点心。我们想象不出，什么菜是要用橙肉做的，什么点心是需要很多橙子皮的，但是反正，这两位厨师都得到了一半橙子，都满足了一半愿望，但是都没有实现他们想要的结果。

我经常听到有人说"我们要学会妥协"，我明白他的本意是指，为了达到结果，我们需要做出一些适当的让步。每当这种时候，我就很想对这人说，我们是需要学会做出一些适当的让步，但不是为了得到打了折的结果，而是得到更理想的结果，所以我们更需要学习的是——协作！

还是回到那个故事，我们想像另一种场景：两个厨师争橙子的时候，橙子掉到地上，正在打扫卫生的清洁工捡起了橙子。他看了看两位厨师，问，"你们要橙子干什么？"厨师甲说，我要用橙子肉做菜；厨师乙说，我需要橙子皮做点心的原料。还要一人一半吗？当然不要。清洁工切开橙子，肉给了甲，皮给了乙，甲很满意，乙也很满意。这就是协作！

这里的立场是什么？厨师甲的立场就是我要整个橙子，厨师乙的立场也是我要整个橙子。如果他们都坚持从立场出发的话，他们当然只能靠抢来解决问题啦。他们学会妥协的结果，也就是场景一这样的结果了。

立场是人们在表达他们想要什么的过程中所表现出来的预设解决办法。预设的解决办法是什么意思？就是，他们认为只有这样子，才能够解决问题的做法。"我要这个橙子"、"我必须得到这个橙子"、"你必须给我加工资"、"你一定要……，否则……"，这些都是立场性的表述。

立场性的表述都是预设的解决办法，一旦这种解决办法没有得到满足就会不满意。那么这种预设的解决办法是不是就是唯一的、最好的或者最终的解决办法呢？并不见得，而且往往不是。

利益是什么？利益就是他们说他们想要这样做的背后的原因。利益就是想要得到的好处。为什么想要橙子？得到橙子对他们有什么好处？

动摇强硬的立场，只需要问"为什么"。"你们为什么要橙子？""你们要这个橙子做什么用呢？"

记住这个问题："如果得到 XX 的话，对你会有什么好处？"也就是说，利益是什么？利益就是对于这样一种问题的回答。

我们到底是要得到利益呢？还是为了守住立场呢？立场只是一种预设的解决方案，只要利益能得到满足的话，立场是可以改变的，对吗？所以后面的对话设计为什么叫基于利益式的磋商，就是要把立场背后的利益是什么给挖出来并加以澄清。

所以当清洁工听明白了他们要这个橙子做什么用了以后，削好了橙子，一个给皮，一个给肉，这两个人都满意了。

欧莱瑞教授在书中引用了这个故事来说明，立场的交涉是怎样的结果，最理想的结果是妥协吗？利益式的交涉是通过了解为什么会有这样的立场，立场背后的动机是什么，没有满足的需要是什么，利益是什么，通过了解这些来解决问题。这个例子的两种不同的解决问题方法让我们认识了利益式磋商与立场式交涉。

前面介绍到，20 世纪 70 年代末于哈佛大学法学院成立了一个谈判研究项目。成立这个谈判项目的目的是为了探究理论怎样推动实践来解决真实世界的矛盾冲突的。提到理论推动实践来解决真实世界的矛盾冲突，你会不会觉得很熟悉？讲新公共行政运动的时候，我们提到了沃尔多，新公共行政运动非常强调学者以理论推动实践来解决现实问题中的矛盾和问题。正是基于这样的出发点，才有了哈佛谈判中心，其最卓越的贡献就是原则性磋商的理论和发展。

"原则性磋商"（Principled Negotiation）是一个专业术语，包含了哈佛谈判项目所倡导的做法，也包含了协作式的或者说双赢模式的交涉，即就共同面对的问题交流意见，互让互惠寻找解决问题出路的这样一个过程，有时候它也被叫做"利益式磋商"。通常情况下它是与基于立场式的充满对抗、竞争和敌意的交涉方法形成鲜明的对比。

"原则性磋商"是从玛丽·帕克·福利特（Mary Parker Follett）的综合性交涉（Integrative Bargaining）发展而来的一个分支。玛丽是 20 世纪初研究公共和私人组织及其冲突的一位非常重要的学者，她最重要的贡献就是把人的心理和人的关系引入到了管理学之中，特别是人在冲突和冲突解决以及领导力中的角色和作用。她写的很多文章对后来的研究者产生了很深远的影响，被很多人尊称为"现代管理之母"。

著名的哈佛谈判项目，贡献给我们的是关于如何沟通重要信息的一种语言，这种语言直指利益，而不是关于立场。原则性的磋商者一定要学会通过问问题来了解对方的利益是什么，来弄清楚他们真正的需要是什么。在厘清利益的时候，具体到磋商的结果上，会替对方考虑。这都体现了从利益出发来解决问题和从立场出发来解决问题的不同所在。

哈佛谈判项目中，对于原则性磋商里提出了重要的四条原则：

第一点，区分人和事。我们在前面一课有详细的展开，提到了人和事的两个维度的图表，横坐标、纵坐标分别代表事的维度和人的维度，由此形成了个体面对冲突时的五种不同的行为反应模式。区分人和事，不要人事不分。做事情追求绩效，但人是有情绪的，所以要处理好情绪与绩效的张力。

第二点，要专注利益，而不是立场。要去考虑人的需要。回到人的需要和没有被满足的需要。

立场是预设的解决方案，而利益是提出这样的预设解决方案背后的动机和需要。

促参者在参与解决冲突时，很重要的一个能力是问问题，通过各种方式去问出"为什么"，来帮助大家看清楚他们的利益到底是什么，帮助大家从对立场的关注转移到对利益的关注，这是非常重要的一个工作。

第三点，创造共赢的选择。要想方设法来做大馅饼，要进行系统性的头脑风暴来激发各种创意。

第四点，运用客观标准。当陷入僵局的时候，怎么去判断到底谁说了算？陷入僵局的时候一定要去寻找客观标准。客观标准可以是专业性的一些东西，比如大家公认的一些数据、规则、出台的法规、一些我们默认的道德标准或者伦理原则等等。我们需要用一个标准来帮助我们走出僵局。

陷入僵局时的客观标准，就像我们陷入的黑暗坑道或者找不到出路的迷宫里的一根绳子。这根绳子帮助我们找到出路，或者找到向前的路。如果没有客观标准，或者找不到客观标准帮你摆脱僵局的时候，就好像是在迷宫里团团乱转。只有当摸着那根绳子时，你才能自己走出迷宫，摆脱僵局。

基于利益的解决问题手段，应用非常广泛。不仅用在解决国内矛盾，比如劳资冲突、罢工、土地纠纷，也早已经应用在很多重大国际冲突事件中，最有影响力的比如平息埃及与以色列的冲突，在卡特总统任内签订了戴维营协定，结束南非的种族隔离制度，都是基于利益解决问题方法在发挥作用。

克林顿总统就深受这种解决问题做法的影响，下令要求所有美国政府各个部门的劳资纠纷，都必须采用这种解决问题程序作为首选工具。也就是说，一旦出现劳资纠纷、员工投诉的情况时，政府系统内部有一套基于利益的协作式解决问题程序，有冲突的预防机制。他对基于利益解决问题（Interest-Based Problem Solving，简称 IBPS）的推动发挥了非常大的作用。但尽管如此，IBPS 也仍然还处于一个非常前沿、远未得到其应有重视和普及的程度。

◎ 立场式做法和利益式做法的比较

协作网络中有两种基本的解决冲突的做法。第一种是立场式的谈判,要求预先确定解决方案,并坚持立场;第二种是利益式的磋商,允许采用协作式解决问题方法,千方百计地满足磋商各方的共同需要。

关于这两种做法的主要区别,这里有一张表格。这张表格把基于立场式的谈判和基于利益式的磋商进行了比较。

基于立场的做法	利益的做法
视对方为对手	视对方为磋商伙伴
视谈判为你死我活的斗争	视磋商为需要共同克服的挑战
强调获得价值	强调创造价值
达成预设方案就是胜利	以实现各方利益满足为目标
体现在过程中,坚信必须兜售立场甚至强加立场	体现在过程中,坚信人是善意和富有创新能力的,可以找出满足共同利益的办法
依靠推销术、操纵术甚至谎言	要求开诚布公,对你重要的是什么
可能强迫在关系与实体目标间做选择	允许各方同时关注关系与实体
迫于压力勉强屈服	当有好的选择时自愿改变立场
通常结果一方赢一方输,双方皆输,或者妥协	可能产生协作式的双赢结果

在基于立场的谈判中,将对方视为谈判对手,把谈判视为一场你死我活的斗争,强调的是获得价值,也就是说能在现成的价值里面得到多少、在大饼里面能得到多少,而且往往有一个预设的方案,就是大家事先商量好一个方案,然后坚持预先商量好的方案。基于立场的谈判认为的胜利是达到预定的方案,在过程中,它就会用各种各样的方式反复强调立场、兜售立场,甚至强加立场等等,采用的手段是推销术、操纵术甚至谎言,并且认为在谈判中,谎言是一种策略技术,这也是为什么在谈判时候会有各种计谋招数。

在基于立场的谈判中，还可能会强迫在关系和实体目标之间做出选择，在做选择的时候会用关系来威胁你，必须要二选一。比如"你要是给我面子，那你就……"、"你要是不肯，那……"，可能会让对方很为难，不得不在看在面子上，或者为了不把关系搞僵而很勉强接受那个条件，也就是实体。

在基于立场的谈判中，常常会迫于对方的压力而勉强屈服。如果在对方施以各种各样的重压的时候，心不甘、情不愿地勉强接受，结果一方赢、一方输，你想想，输的那方能轻易接受吗？或者两方都输的话，可能更不肯罢休了。就算各自做出一部分妥协，想想前面的两个厨师，是你想要的结果吗？

再来看基于利益的协作式磋商。它是把对方视为磋商的伙伴，不是对手；把磋商视为一个需要共同克服的挑战，强调的绝不是在现成的大饼里面你得多少，我得多少，饼的大小不是固定的，而是强调我们怎么样可以通过互换资源，一起把饼做大，创造更多价值。

基于利益的磋商是以实现各方利益的满足为目标，不是仅仅达到了自己的方案就是胜利了，而是要让自己和对方的利益都得到满足。相信人是善意的，人是富有创造力的，是一定可以找出满足共同利益的方法的。对基于利益的磋商来说，它不会担心没有办法。如果暂时还没有找到办法，一定是信息交换还不够充分，彼此还不够坦诚，敞开的信息还不够多。相信我们的善意，相信把满足共同利益或者各方利益作为目标的时候，就一定能够找出满足大家共同利益的方法。要达到这样的目的，就需要很诚实地表达：对你来讲，什么是重要的？

基于利益的协作式磋商需要告诉别人，对我来讲什么是重要的，什么是更重要的；相比而言，哪个是第一位，哪个是第二位，都要诚实地让对方知道。而基于立场的谈判中，利用的是推销和操纵，甚至是谎言的方式。

基于利益的磋商，允许各方同时关注关系与实体。关系很重要，这涉及结果的持续稳定性；并且当出现更好的选择的时候，是可以自愿改变立场的，很有可能会产生协作式的双赢结果。

总之，基于立场和基于利益是两种完全不一样的解决冲突的路径，从观念、关注重点到做法和结果都是非常不一样的。你只能选择走其中的一条路。那你说，两条路都各走一段行不行？如果你不在乎成本，无所谓时间，不介意是否达到目的的话,当然行啊。但是,你很清楚效果怎么样的时候,你怎么做,就是你自己的选择了。

图十七　马斯洛需求层次理论

基于利益的解决问题做法非常强调对人的需要的关注。人的需要是什么?马斯洛理论提出了一个人类需求金字塔的理论,从生理(生存)需要、安全需要、社交(情感)需要一直到尊重和自我实现的需要。

人是有社会属性的独立个体,满足基本生存和安全的需要之后,自然而然会有社会交往的需要,能本能地识别同类,希望获得爱和尊重,渴望自己的生命有价值。这是人本性里的一种"自动程序",就是人性,我们不能漠视人性,更不能忽略它。

我刚开始学习冲突管理的时候,选的第一门课叫做"人际间/组织间/系统间冲突和管理",当时我觉得这个题目很奇怪,人际间的冲突,那不是很琐碎的那些矛盾吗?组织间冲突、系统间冲突,让我想到唇枪舌战、打击报复、打架,甚至战争。这门课把人际间冲突、组织间冲突和系统间冲突并排在一起,那么宏大的和那么细小的,为什么能够放在一起?我不理解。但我觉得我这个人的性格脾气还可以,这门课也许可以比较容易通过吧,我就是带着这样的想法来学习这门课的。但我很快发现完全不是这么回事。无论人与人的矛盾,还是组织间的冲突,甚至系统间的战争,导致冲突发生的事情一定与人有关,要解决冲突也一定与人有关，最后解决冲突的也一定是人。不管东方人、西方人、中国人、外国人，最终要解决的都是人的问题，冲突解决，一定要回到人性，回到呼应人性的需要。

难道不是吗？组织是个抽象的概念，但是当你坐在谈判桌前的时候，组织就有了具体的对象了，因为组织被你代表了。你承担组织的使命和压力，你也有你的性格和脾气，言语交锋之间，对方勃然大怒拍案而起，可能你两的冲突加剧了组织的冲突。

人的因素可能加剧组织间、系统间的冲突，同样能够缓和和解决组织间、系统间的冲突。中国与美国曾经中断交往三十年，但是邓小平高瞻远瞩，恢复工作后不久便抓住机遇促成了中美正式建立全面外交关系，结束两国交恶的一段历史。

人与人之间的冲突不能单纯地理解为个人的事情。不论承载着多大的组织使命和宏大的系统间的历史纠纷，来处理问题的始终是人。所以解决问题的出发点，都要回到人，回到眼前，了解眼前这个人的担心和需要，所代表的组织或系统的担心和需要。

图十八 人际间 & 组织间 & 系统间冲突管理

协作式地解决问题的做法，就是要弄清楚大家的这些担心和需要，然后共同来想办法满足大家的这些担心和需要。不是我知道你的需要后，我来满足你的需要；而是我知道你的需要，你知道我的需要，我们一起来满足我们的需要。**冲突解决的最终起点，一定要回到呼应人的需要。**

◎ 附：挖掘"利益"的十六个常用问题

立场，是一种预设的解决问题办法。利益，是其背后有待满足的需要。通过提出问题，可以促使对方从固守立场而转向对于自己利益的思考。这是利益式磋商中十六个常用的问题。十六问的目的，都是为了发现和得到更多信息。掌握的信息越多，就越有助于发现对方的利益、需要、采取立场的动机，就越容易达成双方都能够接受的共识。

序号	常用问题	适用情景
1	"还有没有其他可能呢?"	有助于激发出其他可能性;或者打开话匣子。
2	"你心里是怎么想的呢?"	有时候虽然说了，但说得不具体，或者不完整，挖掘更多信息。
3	"（这件事情）我该知道的都知道了吗?"	这样的提问能帮助你获得更多信息，尤其与时间结合得好的话。
4	"是不是有可能……?"	深度探究问题背后的可能性;或试探有多少灵活性。
5	"假如……的话，会怎么样?"	对于"不可能"的立场，换种方式挖掘可能性。要相信总能找到突破口。
6	"设想一下，假如……的话，会怎么样?"	运用假设常常很有用，你试探可能性，又不必负责。
7	"我没明白。"	虽是陈述句，但也可以作为问题来用，这样对方就要复述或重新解释，有助于你获得更多信息。
8	"我很愿意补充一些信息，帮助你们更完整了解整个事情。"	有时候只有"一些看法"的人往往不说话，因为他们觉得这对"什么都知道"的人来说不重要。但现在发现自己的补充很可能带来新的突破。
9	"既然你已经说了想要怎么样，说说你需要什么?"	对方已表明立场。你要挖掘立场背后的需要和利益。这也帮助你了解立场中有弹性的部分。
10	"能不能告诉我，那（立场）为什么对你很重要?"	获得更多信息，挖掘立场背后的利益。
11	"那（立场）对你意味着什么?"	获得更多信息，挖掘立场背后的利益。
12	"这样子，对我有什么意义呢?"	迫使对方要来说服你，甚至可能从你的角度来考虑事情。

序号	常用问题	适用情景
13	"你告诉我，为什么说这对我是公平的？"	迫使对方站在你的角度考虑。当你感到自己处于被动的时候，很管用。
14	"你准备提出什么？"	有时候对方在兜圈子，直截了当地问，会得到直截了当的回答。
15	"我们来回顾/总结一下。"	这句话要常用，按下"暂停"键，通过回顾，来激发更多可能信息。
16	"我不确定这能解决我们眼前的问题。"	表达疑惑是让对方听你的重要方法。这给双方更大压力来看待眼前方案，寻求更高质量的解决办法。

第五课　从利益出发，协作解决问题

　　无论一个组织是出于什么原因加入到协作网络，有一点是共同的，那就是它们无法依靠单独的力量来实现目标或者解决问题，必须与其他组织一起才有可能解决好问题，或者争取到更大的利益。加入协作网络，就意味着承认有必要进行磋商，同意接受协作式的解决问题做法。

　　在协作网络中进行磋商，基于利益解决问题，冲突研究领域的先行者们提出了行之有效的专门技术和方法，这种方法就叫做基于利益协作解决问题方法，英文是 Interest-Based Problem Solving approach，简称 IBPS 方法。

◎ IBPS 准备清单

　　《中庸》里有句话说，"凡事预则立，不预则废"，告诉我们行动之前的准备工作是多么的重要。基于利益协作解决问题，一定是需要从做好准备工作开始的。需要做些什么准备工作呢？在磋商的过程中，怎样才能卓有成效地进行协作呢？有没有什么准备工作清单、协作行动指南之类的东西呢？有。作者在书中向我们介绍的就是这些行之有效的指导框架和管理工具。

　　万事万物相连。对于协作网络来讲，要始终记住在这个相互连接的庞大网络当中，连接无处不在。有看得见的连接，更有看不见的连接。看得见的连接表面上似乎只是任务的连接，但是，人、情绪、场域，都在发生着我们看不见的连接。所以，当我们在处理看得见的连接——任务的时候，眼里和心里一定要有人的存在。所有的发生都不会是孤立的，所有的任务都要放在背景之下、情景之中来考虑，英文里用一个词"context"，就是这个意思。

中国有句老话，"磨刀不误砍柴工"，毋庸置疑，准备工作越重视，取得理想结果的机会就越大。对于协作解决问题来说，最重要的准备工作莫过于要对拟商议解决的事情有一个较为全面的清醒认识。用这本书的话术来讲，就是要做协作网络的磋商评估（Network Negotiation Assessment）。而且在这种磋商评估的过程中，绝大多数情况往往是由一个中立的第三方介入来协助共同完成的，帮助梳理事件的 context，分歧的地方，相关的利益方各自的需要等等。

协作网络的磋商评估和项目评估不一样。社区治理中的项目评估，更多的可能是在对比项目目标、财务、成效，检查台账情况、项目进度，确定下期拨款。而在一个协作网络的磋商评估中，是要对待磋商的事务做一个评价、估计，就像素描一样，它到底是怎样的一个轮廓。先要把基本的整体轮廓确定下来，前两笔从什么地方开始画很重要；要知道去抓住几个关键比例，比如眼耳鼻的比例点，基本上把几个点定住以后，形状就不会走形。同样的道理，在做协作网络的磋商评估的时候也要确定几个重点，这几个重点确定下来了以后，就相当于把磋商这件事情的框架边线给定出来了。

磋商评估清单

1. 明确磋商主题和范围；

2. 明确你方最佳替代方案（BATNA）；

3. 明确必要和恰当参与者；

4. 明确其他参与各方最佳替代方案（BATNA）；

5. 明确你方利益，同时也判断或推测其他参与各方利益；

6. 明确参与者能否代表组织进行交涉，若否，谁是能够代表组织的人；

7. 明确磋商的基本规则和礼节事宜，这也是网络管理的第一步。

对于在协作网络中基于利益协作解决问题来说,事先明确以下问题,是非常必要的:

第一,要协商什么事情? 边界到哪里?

第二,谈不成的话,你怎么办?

第三,谈不成的话,对方会怎么办?

第四,谁来参加谈?

第五,你想要的是什么? 对方想要的是什么?

第六,对方来的人能不能够说了算? 如果不能,谁能说了算?

第七,基本规则和礼节。

这些都是在进行正式磋商交涉之前,就要尽可能明确下来的问题。

第一,要协商什么事情? 边界到哪里?

需要进行磋商交涉的事情可以分为几种类型。

一类是以解决矛盾冲突为目的的磋商。比如,因小区物业问题引发矛盾了,一开始可能是很小的纠纷,然后矛盾不断升级,如果处理不好,下一步可能就是到法院去诉讼。基层社区的人民调解工作,大量要处理的就是这样的一些纠纷。或者可能已经起诉到法院了,法院来进行调解,法院的调解员牵个头,让大家坐到一起来谈。这一类磋商所要交涉的都是已经发生了的事情;事情的复杂程度可能低,可能高;双方的关系可能还可以维持,也可能无法维持。

第二类是制定规划类的磋商。比如选址问题,地铁站出入口、新建垃圾场建在哪里,社区养老院、安宁中心设在哪里,这些问题都是非常不容易处理好的。制定规划的目的是要落实规划,因此必须重视关系的处理,否则很难让规划有效落地和维持良好长期关系。专门有一类冲突,叫做"邻避冲突",一个公共设施,我知道它重要,可能我也需要,但是,随便你造在哪里,就是不能在我家门口——Not-In-My-Back-Yard。很多城市都经历过居民大规模反对新建垃圾场这类的事情,让城市管理者非常头痛。制定规划类磋商的假设是,能够继续保持关系并可以长期进行协作。结合前面的冲突解决满意三角形的话,我们就明白了,规划类的磋商就是为了让关系的这条边和过程的这条边都能够维持足够的长度,以此来提高整个三角形的面积——满意程度。

　　我想再多说两句关于建造垃圾处理场的问题。人类几乎已淹没在了我们自己制造出来的垃圾堆里，这话一点不夸张。我们已到了一个非常危机的时刻，我们要改变我们的生活方式、消费习惯，重建我们与自然、与地球的关系……环保主义者不厌其烦地在这样呼吁和倡导。是的，这是从根本上来解决垃圾的问题，但是，对普通市民来说，它更像是不要听的空洞说教。好，不说教！我们去参观垃圾山，我们做垃圾处理场的一日体验，我们来交流我们怎样减少垃圾，我们来思考垃圾和我们的关系，我们来讨论好的垃圾处理站应该是怎样，我们来商量怎样监督安全性的问题……这些都是过程导向的工作，这些工作都需要得到民众的支持和参与。做好一个个这样的过程的话，你觉得收获理想结果的机会会不会大得多呢？过程需要从容的时间。我看到过一个数据，日本建造一个垃圾站与公众协商沟通的时间，好像平均是七年左右。相比之下，我们放在做过程工作上的时间是多少呢？

　　目前基层社会的矛盾纠纷解决有一个"大调解"机制。大调解的重心，一是在法院的诉前调解，二就是社区的人民调解，共性都是针对已经发生了的矛盾纠纷的处理。假如我们能够把工作更多的做到矛盾纠纷发生之前的话，会怎么样呢？如果能把解决冲突的工作机制往前移，并建立预防性的冲突解决机制的话，就一定能够极大地减少或缓解矛盾纠纷。

　　解决矛盾纠纷的手段是多种多样的，手段的选择取决于具体什么样的冲突、怎么样的场景、想要达到什么样的目的和如何才能更加有效。Maxwell 有一位研究冲突的教授就提出来了一个多元化纠纷解决手段的图谱 Alternative Disputes Resolution，英文简称 ADR。根据自愿性和非自愿性两个维度，她把纠纷的解决分为了六种类型的做法，每种做法都包含有很多具体的方法和技术。在这张 ADR 图谱中，我们可以看到，从自愿性到非自愿性，与纠纷解决相关的做法可以有一百八十度这么宽广的谱系。磋商谈判处在一个自愿性比较高的位置上。

　　2016 年时，杭州西湖法院承接了中央综治办"矛盾纠纷多元化解机制创新"的一个项目，探讨如何把多元化的矛盾纠纷解决做法与互联网技术相结合，用在线应用的方式来分流解决一部分涌入法院的矛盾纠纷。现在这个项目已成长为

图十九　多元化纠纷解决手段的图谱,Alternative Disputes Resolution,英文简称 ADR
资料来源:Merchant,1998

浙江 ODR 的平台,全称是"在线矛盾纠纷多元化解平台",在浙江全省有很好的推广。这种利用在线形式解决矛盾纠纷的做法,英文叫 Online Disputes Resolution,简称 ODR,广泛应用于商事领域的中小微矛盾纠纷解决,有很多专门做纠纷解决的专业公司,会开发他们各自的 ODR 平台和工具,后来也延伸出了专门做民事领域、社区事务的纠纷解决的服务。

非赢即输的谈判,英文叫做"zero-sum negotiation",零和谈判,要么我输要么你输。零和谈判是固定的饼怎么切、怎么分的问题。但事实上,在大多数零和谈判中,运用创造性地解决问题办法来做大馅饼是有可能的,哪怕是看起来可能只是单纯的预算比例分配。但是在协商的过程中,往往会涉及到很多其他事情,参与各方对于这些事情的利益考虑、重视程度、优先级是不一样的,存在差异。差异就意味着创造价值的机会,创造价值就来自于差异之间的错位满足。这是协作网络的一个优势。

第二,谈不成的话,我怎么办?

假如没有谈成的话,你会怎么办? 本书作者提出了一个非常重要的概念,叫磋商协议的最佳替代方案,英文是 Best Alternative to Negotiation Agreement,简称 BATNA。也就是说,假如这件事情我不和你谈,或者我们没能谈成功,最理想的情况不能实现的话，那么我会怎么样？谈，一定是为了一个更好的结果，但我自己心里一定要先有"如果失败了会怎么样"的方案，然后才去争取一个比这个方案更好的方案。退一步说，你知道你还有你的 BATNA 可以用。

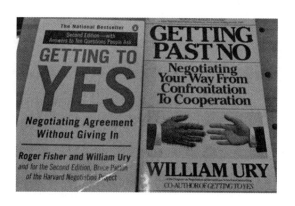

图二十　《Getting To Yes》(Roger Fisher & William Ury)

BATNA 这个重要概念是冲突研究中非常重要的两位大师级人物罗杰·费舍尔(Roger Fisher)和威廉·乌瑞(William Ury)在他们的一本经典著作中提出来的。这两位都是哈佛谈判项目的重要参与者。谈到冲突研究这个学科和冲突解决的方法论，就不能不提到哈佛谈判项目。哈佛谈判项目是 20 世纪 70 年代末哈佛大学法学院发起的面对真实世界的现实危机，如何提高应对纠纷和解决冲突的能力而进行的一系列理论和实务研究项目。项目取得了斐然的成果，包括一系列翻译成多国文字多次再版的经典著作，如《Getting To Yes》、《Getting Past No》等。这些书都是我们学习的教科书，非常经典，薄薄的小册子，但是都是非常重要的工具书。

BATNA，就是你去谈这件事情，心里要很清楚你自己已经有的那个方案是什么，你想要去争取的更好的方案是什么，你一定要有一个自己的托底方案。还要去猜测对方的 BATNA 是什么，在其中找到一个更好的 BATNA，对他来说更好，对你来说也更好。做法是走得通的，它是一整套完整的方法论。

在你坐下来协商之前，你得先问自己一个问题，你是不是真的需要协商？我经常遇到咨询我关于协商的问题，很多时候我发现，他们在做的协商的事情，并不是他们真的需要协商，而是他们需要"协商"这个名字，借用"协商"来做一个包装。我有限接触到的一些社区，可能有一半甚至更多的协商都是"伪协商"。当然真协商也是有的，驱使你之所以有足够积极性去参与协商，原因是你知道，如果你的组织不参加协商的话，会损失很大。你心里有一个 BATNA 以后，去参加协商可能会争取到更加好的结果，所以才愿意去协商，这是一个基本前提。社区开展协商治理的时候，如果找不到协商的驱动力，容易在后面带来一连串的问题。

第二个问题，假如你真的参加了协商，你要清楚你想要的是什么。如果对于自己想要什么都不清楚的话，即使你要的东西就摆在你面前，你也不认得。

有三个决定性的变量影响磋商者对于 BATNA 的考虑：权力（power）、时间和信息。时间、时效的因素，信息内容、数量等的因素，都会影响对于 BATNA 的选择，第三个重要变量是权力因素的考虑，后面一节会专门展开来谈一谈。

第三，谈不成的话，对方会怎么办？

顾名思义就是对方的 BATNA 可能是什么。这里有一对关键词：好处和成本。想得到什么好处？要付出什么成本？估计对方想要得到什么好处？估计对方可以承担多大的成本？要知己知彼，要知道协商是有成本的。在协商的成本里面，你能承担的成本，对方能承担的成本和他能得到的好处之间，需要有一个比较清晰的评价。一般情况下，参与者只有在磋商谈判比单独行动更为有利的时候才应该加入网络。

第四，谁来参加谈？

在协商治理中，无论是在社区的议事会还是我们做的基层协商自治，都绕不开一个问题，谁来参加协商？问题越复杂，参加协商的人员就越多。那么，谁必须要来参加协商？有一个非常重要的衡量标准：他是否有能力阻碍协商结果的实施。

记住一点：有能力阻碍协议实施的人，是必须要来参加协商的人。这和我们很多习惯性的看法是不一样的，比如，社区遇到一个重要问题需要进行协商的时候，我们往往因为有的居民很难搞，老是唱反调，就绕开他们来搞协商，很顺利有了一个协商结果了，但是到了落实的时候，就遇到那些被你绕开的人的竭力反对，最后形同无效，只好重新协商。这样的事情比比皆是。很重要的一点，你绝不能绕开那些有能力破坏协商结果的人。第二点是如何管理好磋商的过程，让差异性的参与者彼此听到，求同存异，这是一个技术问题。不能因为做不到就不让他们来，这样的结果就是协议无法实施。

第五，判断各自的利益

我们需要什么？为什么？对方需要什么？为什么？

我们要去收集信息，通过访谈、报纸、网络等等，坐到谈判桌以前尽可能地收集详细而准确的信息。明确自己的利益，同时也判断或推测其他参与各方的利益。关键是，要着眼于人的基本需求并扩大到组织层面上。这些基本需求包括：安全感、经济福祉、归属感、被认可和自主性。

组织一定会避免做任何可能动摇他们权力或者存在理由的事情。对于那些在组织中工作的人来说，这是人的天性，他必须要确保自己有工作岗位、收入有保障、能够继续存在，并且排除对于他们安全感有威胁、可能削弱他们在组织里的地位、影响他们就业来源的任何事情。同时，人也需要照顾自己的生活和自己所爱的人，这关系到经济福祉的需要。人的这些需要都是与组织的预算紧密结合在一起的。

人是一种社会动物，对于他们来说，归属于某个社会团体非常重要。而团体常常是根据他们所工作的组织来定义的。所以在协作网络中，成员们可能不仅会有对于原来组织的归属感，还会有对于网络本身的新的归属感。人与人所属于的组织，他们的贡献和作用，正当性、权威性和重要性都是希望得到被认可的。

最后一点，自主性，这是指对于自己命运的控制力，希望按照自己的意愿来做些事情，希望不必听命于人，希望自己的想法能够得到实现。但是在一个协作网络里，大家是作为一个整体的，人和组织可能要放弃对于某些决定或者行动的控制权，这可能就会威胁到自主性这方面的利益。

以上举了一些例子，想要说明的是在协作网络之中、冲突之下，往往存在很多利益的纠葛。特别强调一点，要着眼于人的基本需要，并把人的基本需要放大到组织的层面，而不是着眼于组织的需要，或让人服从于组织的需要。和人打交道来谈组织的事情，除了要考虑组织的利益、组织的成本、组织的好处以外，还需要考虑的是谈这件事情的人,他的安全感,经济福祉、归属感、认同感、自主性。

关于自主性,结合冲突解决的满意三角形再来谈一谈。我们在做基层工作的时候,可能更多的时候着眼点是在实体方面。比如,做某件事情会有一定比例的好处,我们过多的把着眼点去放在那个好处上面,放在具体的数字上面。但是忽略了过程,这样的结果可能就使得参与方感觉不到他自己的自主性,他感到自己是被动的,没有自己可以控制的主动性。自主性是对自己命运的一种控制,当然这里的命运不是生和死,而是自己能够掌握和控制自己的事情。

在协助社区书记做冲突解决协商会议或者促参会的时候,我会经常和他们讲:你估计居民想要提出什么问题的时候,你不要提,要让他们提。为什么让他们提那么重要?是因为给予居民对他们自己事情的那种控制力的感觉,是你给予他们那种自主性。

而难以做到的是什么呢?有的时候基层工作者真的很辛苦,劳心劳过头了,其实真的可以偷点懒的,让居民、你的服务对象、你的服务主体能够去承担一点。有一种冷,叫妈妈觉得你冷!那你为什么要去做那个妈妈呢?你就让他们冷去好了嘛。你就等着让他们自己说冷好了嘛。

对于很多问题,你都要记住着眼于人的基本需要,而人的基本需要里面有安全感、有经济福祉、有归属感、有认同感和自主性。尤其是在谈基层协商、居民自治、自主管理的时候,要想自主性从哪里来?自主性是要创造居民自己对于自己的事情的那种控制力。你要让他们感觉到在有的事上自己说的话是可以算数的,你要给予他们这样的机会,你要帮助他们创造这样的机会。我们要学习通过具体的做法来实现对于他需要的满足。

当然,前提是你心里很清楚有效的协商治理是要着眼于人的基本需要,这样你就不会从很宏大的组织层面的角度去讲,而会把它放在人的基本需要,你就会在做法上体现出来。最简单的就是不去讲大道理,而是让他们提自己的想法,不用那些伟大的、正确的废话去压他们,让他们从小确幸的日子里提出要求,然后你再回应他们的要求好了,用这样的方式来做事情,居民是满意的,你也是省事的。

再强调一下,要着眼于人的基本需要,并且把它放大到组织的层面,人的基本需要就是马斯洛的需求金字塔理论：安全感、经济福祉、归属感、认同感和自主需要。

第六，找出能说了算的人

对方来的人能不能够说了算？如果不能，谁能说了算？找到能够说了算的人。

做磋商准备工作的时候必须要考虑你将和谁谈，他能不能代表组织，是不是能说了算的人。尽可能要和能够说了算的人谈。想一想，你花了很多精力和对方谈好了一个合同，结果对方告诉你自己说了不算，还得等别人批准，你什么感觉？而本来你是有可能一开始就和能够说了算的人直接谈的。有一种典型的谈判策略就是这样做的，先派一个人，比如律师去谈，探明底线以后，再找个理由拒绝签字，就自己没有权限、做不了主、要去征求委托人等等，然后趁机抬高条件。

第七，基本规则和礼节

"事前定则不困，道前定则不穷。"协商开始之前，先要明确基本规则。这就好比你开始场上比赛以前，你先要确认场地，确认比赛规则。大家把红线先明确下来，这样大家就知道边界在什么地方，什么行为是犯规的，以防止出现扯皮。

回到具体做协商的时候，扯皮可能不是以文字方式，但是扯皮是一种低效率，是一种绕圈圈。因为没有基本规则，所以浪费时间、拖延时间，或者是低效、无效。

确定基本规则，先把边界的红线定出来，并且让大家都看到，让大家都确认。你可以先给大家一个基本规则的建议稿，也可以让大家一条一条地现场来讨论，但是一定是从确定基本规则开始。基本规则一定要大家都知道，都确认同意，才会奏效。基本规则是随时可以修改的，只要有人提出有异议的时候，就可以来修改基本规则。确立基本规则的工作做的越到位，就越能够省掉后面很多不必要的麻烦。

我在帮助社区做协商议事会的时候，一般会拿一个基本规则的建议稿，一条条地念给大家，然后问同不同意，有没有补充，大家确认后，我就真的会认真照着基本规则来执行的，该吹哨的时候一定吹哨。基本规则绝不可以随便抄一个，裱起来挂墙上就了事的。

　　总结一下，如何来做一个卓有成效的磋商者？先要从准备工作开始。首先是你自己的准备，要很清楚你想要什么，你想要达到什么，你现在有什么，你现在的最佳方案是什么，你一定要有很清晰对自己的了解。然后需要了解对方，你要去估计揣测对方是什么样的想法；对方想要得到什么；对方有什么。之后要来看谁是合适的、恰当的参与者，你需要去做功课，你需要去了解，你需要去评估他是不是合适的参与者，要通过正式或者非正式的方式去确认或者去调查他是不是一个能说了算、能做主的人。

　　接下来需要大家一起来确定基本规则是什么。我们把边界划好，红线画好。协商解决的准备工作很重要，但是又往往被忽略，其中最重要而最容易被我们忽略的就是基本规则。社区会议做到两件事的时候，六十分就一定达到了，其中一件事情就是确立基本规则，把规则立起来，把规则守住。

◎ 权力来源清单

　　"power"这个词有"权力"的意思，当我们想到"权力"的时候，尤其是提到谈判者、磋商交涉者的权力时，可能更多会想到行政权力、资本雄厚等，这些都是，但不尽然。在协作中，"power"这个词，我认为叫"力量"可能是更准确的表达。如果对于力量的来源没有清晰认识的话，即便你拥有力量，你也无法知道，那么又何谈发挥出你的力量呢？

　　作者在书中给了这张"交涉者的权力来源"的清单，她认为这些都是在协作网络中进行磋商交涉的人可以具有或者可以培育的力量源泉。当作为一名协作解决问题的交涉者时，你可以从哪些方面来获得你的力量、权力？

> **磋商者的力量来源**
>
> 1. 竞争（或者说对服务、专门技术的需求）
>
> 2. 合法性（比如说政府部门的盖章批准）
>
> 3. 冒险（承受损失的意愿）

4. 委身（能够让其他各方或相关人士投身于你的利益的能力）

5. 专业知识（对争议标的物）

6. 知己知彼（每一方的真实需要）

7. 投入（时间、金钱和精力）

8. 奖惩能力（未来与相同各方打交道时）

9. 认同（让别人能够认同你）

10. 品德（被认为公正）

11. 先例

12. 执着

13. 说服力

14. 态度

竞争。比如说，华为的 5G 技术独步世界，非常有竞争力，这就让华为腰板很硬。还有比如，社邻家提供的社区治理能力提升产品，既前沿又接地气，反馈非常好，能领先其他的行业竞争者，这就是它在协商政府购买服务的时候可以很有底气的力量来源。

合法性/正当性。举个社会组织的例子，很多机构都希望进入社区做事情，因为在社区可以直接与居民们打交道，但是社区并不是你想进来就可以进来的，所以很多社会组织就没有机会直接在社区开展项目。社区认可和欢迎的社会组织，它就有了在社区做项目的正当性。再比如，有的事情必须要有关部门的盖章才具有合法性，否则即使谈成了也没有用。你能够盖到这个章，就增加了你的 power，你的分量。

承担风险。有的人做事情很小心不愿承担风险，有的人则没有这样的顾虑，比如疫情高峰的时候，谁都知道这个时候在卡点上值班、为隔离家庭送菜是有被传染的危险的，哪怕你已做了很好的个人防护。"但是，隔离家庭需要吃饭做菜啊，这样的事情总得有人做啊"，当他愿意去承担更多风险的时候，他在别人的心里就具有了更大的威信。

委身。这个词的英文是 commitment，指的是一种非常投入目标的状态。中文中我一直没找到一个特别好的对应的词。这里的意思是，当你在全身心地参与的时候，其他人会被你影响，你有影响其他人一起来维护共同利益的力量。

比如，你是一名小区业主，你特别热心推动小区的睦邻互助氛围，尤其要为孩子们创造一个友爱的社区成长环境。你投入了很多时间和精力，你在小区里组织读书会、亲子活动、妈妈沙龙，大家都很认可你，你在团队中很有号召力，说话很有分量。所以你对于社区事务的委身，就是你的力量来源，这种力量是不受制于人、完全取决于你自己的，取决于你自己愿意的心。

专业知识。在磋商谈判中，对于有争议的标的物，如果你的专业知识很丰富，说出来的话很专业，你的观点就更容易被倾听，你在大家当中就更加有分量。

知己知彼。当你对自己的情况有清晰客观的判断，对对方的情况也有清晰客观的判断时，坐在谈判桌上的你当然就更加笃定了，所以知己知彼是力量的来源之一。

投入程度。指投入在事情上的时间、金钱或精力。你很勤奋，你比别人投入加倍的时间和精力，你比别人都更上心这些事情，这样做让你赢得别人更多的尊重，别人更愿意听你的，从这个意义上说，投入程度就是增加力量的来源之一，而且这也是你自己可以决定的，只要你愿意就行的，不必受制于人的。

给予奖励和惩罚的能力。如果你有能力对于大家的行为在事后给予惩罚或奖励，将影响你在协作网络治理中所拥有的权力分量的多少。比如说你能够为大家组织大家想要的培训，这就是一种奖励；比如说对于破坏协作的组织，你下一次就不给它机会承接你的项目了，这就是惩罚的能力。

认同。你对目标的认同程度：你对目标的认同度高的时候，这自然影响你对事情的投入程度，别人是能感受得到的。别人对你的认同程度：你是否能得到别人对你的认同，可能是对你为人的认同，可能是对你做事的认同，也可能是对你观点的认同。认同的程度高低，意味着你能够在协作治理网络中拥有多大的话语权，认同程度高，话语权就大，所以认同也是力量的来源之一。

品德品行。你在大家的眼里是不是一个公平正直的人？你被公认为一个公平正直的人，你就能得到大家对你更多的信任，你的话就有更大的分量。所以品行也是力量的来源之一。

先例。 比如，你之前参加过类似的事情，你比大家有更多经验，你的类似经验对大家很重要，那么你可能就会得到更大的话语权。

执着。 我第一次看到"执着"的时候，非常意外，因为我没有想到，"执着"这样一种个性特质，可以是磋商谈判中一种力量的来源，甚至重要的力量来源。是的，当一个人执着的时候，是非常有力量的，锲而不舍的精神难道不让我们心生敬佩吗？

说服力。 说服力是一种能力，是把自己的想法分享给对方、让对方认同自己想法的能力，这种能力在协商治理中非常重要。说服力强的人自然而然地表现出他的自信和力量。

态度。 一个态度坚定的人和一个态度软弱的人，他们让别人感受到的力量一定是不同的。态度积极的人一定比消极的人更加自信、有力量。

这张表，对我的启发是非常大的。关于协作网络中的磋商谈判者的权力来源，我以往的想法是很狭隘的，只停留在权力的大小、行政级别、公司的雄厚程度、资历、能力、口才、魄力、不怒自威甚至咄咄逼人……但其实我只是狭隘地看到了其中的一个面向。其他面向里包括了很多个人特性的因素，比如你自己的态度，对这件事情的认真程度，你的执着，愿意投入时间和精力，具有专业知识，你具有人格魅力，别人对你的认同等等，这些都是由你自己可以控制的你的个人特质，和你所被赋予的那些权力是不一样的，它们都能增强你在协商中的力量。当明白这些以后，你就可以来重新评估你作为协作网络中的一员，你的力量怎么样，你可以从哪些方面来增强你的力量。这张表格，就是你为自己的力量加分升级最好的寻宝图。

在我看来，如果把冲突解决比喻为一架机器的话，那么，程序设计、有效沟通、规则原则就是这架机器的三块重要组成部分；价值理念是这机器的指挥中心；"正心诚意"是它的润滑油；"仆人式领导"是它的发动机。当我们把这些和仆人式领导结合在一起来看的时候，就能够真正明白，这张交涉者的力量来源图从另一个角度解释了仆人式领导的权力、力量来源是什么，解释了为什么一个没有地位、没有权力的渺小仆人，也仍然可以拥有很强大的力量。对于仆人式领导来

图二十一　程序设计、有效沟通、规则原则是冲突解决的三块重要组成部分

说,哪怕一个极平凡的人,只要他有一颗愿意的心,他也可以非常有力量!

◎ 协作式解决问题做法

有一个成语叫"提纲挈领",纲什么意思呢? 鱼网的总绳,只有抓住这总绳,整张鱼网才能不会乱地撒出去;提起衣服的领子,整件衣服的形状就都展现出来了。"提纲挈领"这个成语告诉我们,要善于把握住关键和重点。在解决问题中,纲领就是我们解决问题的一个框架、结构,按照框架和结构来做事的时候,事情才会很顺。在这本书里面,作者给了我们一个协作式解决问题的"纲领"——IBPS 八步法,或者说基于利益协作解决问题的行动指南,这份指南非常有效。具体的很多方法论都是基于它而拓展出来的。

IBPS 八步法在具体实践过程中可以有一些调整,所以有的书上提五步法,有的提七步法,还有的提出要九步。它们的核心纲领是一致的。我记得在一堂冲突课上,有位老师和一个博士后学生发生争论,刚开始是两个人在谈一个小细节,之后两个人就争论起来了。他们在争论解决问题程序中应该有几步,哪一步应该在前? 哪一步在后? 博士后同学引用某位教授的书,老师讲她实践里总结的观点,他们很认真地争论了二十分钟。对于严谨的做学问来说,八步法虽八行字,但字字长在扎扎实实的实践中,是基于实务的理论化,有基于理论的学理支撑,最后再回到指导实践,成为了一个行之有效的纲领。

基于利益协作解决问题

1. 定义问题，并界定它是一个两难选择还是有待共同解决的挑战

2. 围绕利益相互教育：开诚布公，倾听和提问

3. 想方设法"做大馅饼"：先贡献，再索取

4. 激发更多候选方案；如果卡住的话，退一步，回顾究竟各自的利益是什么

5. 评估候选方案（它们满足需要的程度如何？）

6. 根据最能满足需要的程度，挑选、修改候选方案

7. 利用客观标准摆脱僵局

8. 制定包含监督的协议实施计划

我们不需要把作者提出的八点像标准答案一样去记，但是你得要领悟纲领和要害。当你自己进行具体应用的时候，并不见得正好就是八步，也有可能少于八步或多于八步。前面一定是一样的，不同的是后面，要看你想要达到哪一步。下面我们一条条来看。

1. 定义问题

把有待解决的问题定义为：需要大家共同努力来克服的挑战。定义问题是特别重要的事情，它是踏上协作解决问题之路的第一步。但是在我的经验里，我看到目前我们90％以上的情况是忽略这个环节的。忽略的原因往往是因为大家认为问题本身不是问题。我参加过不少社区促参会，也曾经有一段时间专门去法院学习调解，参与调解员调案子。我发现在很多矛盾冲突调解中，大家都默认为自己知道问题是什么，大家都知道问题是什么，但事实往往并不如此。

当我试图想来先澄清一下需要讨论的问题究竟是什么的时候，十有八九会遇到有人说，问题不用讨论了，不要在这里浪费时间，我们就讨论怎么办吧。大家认为问题是不言而喻的，但其实大家对于真正问题是什么可能各自都有各自的看法，而各自的看法往往只是放在心里面，并没有沟通和确认。我遇到一个婚姻调解的案例，以为调解的是离婚财产分配问题，花了很多力气调解房子、车子

的事情,最后才发现是围绕女儿的问题,女儿谁抚养,抚养费怎么处理,前面讲了很多都就白讲了。当对问题不明确的时候,就会白白花费很多精力。

再比如社区议事会或者讨论问题的时候,往往开始是一个很宽泛的主题。例如修地铁,这会涉及很多户人家,地铁谁都要,但是地铁修在门口都不愿意,地铁线经过的小区就容易有各种各样的矛盾。看起来很简单,问题就是地铁,围绕修地铁我们要来讨论什么?难道我们要讨论修不修地铁吗?那就没有办法搞下去,因为答案只有要或者不要,这是死胡同。像这样围绕修地铁所造成的一系列纠纷所产生的问题,需要通过协作解决问题的做法去解决,就要去考虑这是一个两难的选择,还是一个有待共同解决的挑战。我们姑且说两种可能都有。

假设这是一个两难的选择,例如高铁要不要经过我们县?如果要经过我们县,我们需要拿出多少配套财政支持,或者多少资源置换?资源置换就需要来评估和讨论。两难选择的话,过有过的好处,不过有不过的好处,权衡后决定。

再假设是后一种。前者不涉及到共同解决的挑战,它只是一个两难选择的权衡,是相关方来做出一个利益权衡。但是,如果高铁确定过我们县,那需要讨论的就是高铁怎么过我们县?我们怎样来承担要付出的代价?让哪些利益相关方来参与讨论,就意味着哪些相关方要来分享利益和分担代价,这就是一个有待大家共同解决的挑战。

作者给出了一个行之有效的办法,就是对问题进行重新措辞,而且是要用"怎么样"的问法。回到地铁的事情,我们先确定地铁我们是要的。那么,在造地铁的同时,大家担心的是什么?可能担心是地铁经过我们小区的时候会影响地基,从而影响到房子的质量;还有可能会担心地铁站口会带来过多人流量,特别是高档小区,破坏了高档小区的一些优越感;或者可能会带来安全上的问题等等。

假如是从安全的角度考虑地基的影响,那么问题就是造地铁是同意的,但是对于地铁会影响地基进而影响安全是没信心的。因为没信心就会去反对这件事情。或者说他对于地铁口在附近的这种便利不在意,他更担心的是给小区带来的一些安全隐患的,在这种情况下他就会反对。

如果只是单纯的去消解反对，甚至压制反对，那是"做工作"，不是来协商解决问题、协作解决冲突。还是地铁为例，在我家附近不远的地方有一个比较高档的楼盘，旁边要造一个地铁出站口。有很长一段时间那边挂了好多红色条幅，我们一看见挂红色条幅就知道肯定小区里涉及维权类的事情。业主代表要来协商解决地铁的问题。

准备工作里面，特别重要的是参加者需要去搞清楚，他有没有什么最佳替代方案？知己知彼，对方是怎么想的；我的 BATNA 是什么；我们到底要谈什么；谁是恰当的参与者；谁是必要参与者。选小区代表有一个重要原则，谁能破坏协议的执行，谁就是必须要来参加的。确定了必要参与者以后，就要来定一些基本规定、基本规则。然后才开始谈。

在开始谈的阶段里面，对于定义问题，千万不要以为我们大家都知道问题是什么，千万不要说"我们都知道问题是什么，我找你们来就是为了来解决问题的"。以这样的方式来开头，看起来是为了节约时间，为了能够更快速、更直接、更有效地达成结果，但往往这样的开头会让你走了一半进了死胡同，又退回到"到底需要是什么"的问题。

正确的做法是大家来了以后请大家说，现在我们的状况是什么？地铁要过来了，假如我是街道一方，我要告知的是整个城市对于地铁的规划、蓝图，到了街道这一段，建几个地铁口、在哪里、基本确定的地铁口在哪里，你表达的是你知道的信息，而对方一定有不同的信息。如果是立场式的交涉，他就只会说"我反对"，不管怎么样都是反对，而不是建设性解决问题。他说不清楚为什么反对，只是说他反对。那你要做的工作就是问出来他反对的立场背后的"为什么"，立场只是预设的解决方案。往往反对的那一方，预设的解决方案就是不行、不可以、不同意。采取的做法往往就是大家联名搞事。解决的突破口在于行为背后的"为什么"。为什么反对？你要让他说出他的担心，担心房价跌，担心闲杂人等不安全，担心影响地基等等。

给每个人机会来表达他为什么反对，他背后的担心是什么，担心背后的需要是什么。那你可能会说，他们说了担心，那我怎么知道需要呢？这是后面沟通技术里要专门讲到的，你要问出来他的需要。人的基本需要其实就是马斯洛的需求金字塔里面那几层需要。

在听他表述的时候,需要去看他表述的这些内容里面,他的需要是什么? 他的需要是安全感的需要? 是经济福祉的需要? 是归属感的需要? 还是自主性的需要? 到底他在表达他担心的时候,他背后的需要是什么? 你要去听这些东西。这个时候你还需要一个非常重要的工具:就是大白纸。你要把他说的他的需要、他的担心都在大白纸上记下来。

我在指导社区议事会的时候经常说,把基本规则列起来,三十分就有了,把大白纸写起来,又有三十分,加起来六十分就有了。哪怕你是年轻的小白,只要你能做到这两样,你就能够完成一场六十分以上的社区议事会。

要用大白纸,把大家说的都记下来,让大家都能够看到。大家都说完了以后,就要来定义问题了。不要试图说服他们去接受你的方案,那不叫协作解决问题。你要正视他们对于自己相关利益的担忧、担心,这是正常的,我们需要接纳。而且协作解决问题就是我要和你一起来解决问题,我要通过解决你的担心,满足你的需要来共同实现我们想要完成的事情。所以他的担忧是合理的,是你要去正视和接纳的,而不是你要去说服他、消除他的想法。

最后很有可能大家一致同意,我们要讨论的问题是怎样确保小区品质不因地铁修建而受影响? 或者,地铁建设过程中怎样保障小区的 A、B、C? 这只是假设的问题,是大家定义的问题,用"怎么样"来表述,有明确的目标预期。定义问题需要时间。我们常常缺乏耐心,急于求成省掉这一步。而省掉这一步的结果,只会让我们在走出三五里以后没有路了,最后还是要回到这一步。最困难的恰恰就是这一步。

在我上冲突解决课还处于似懂非懂的阶段,老师画了一个时间轴,问定义问题所占的时间在整个时间轴里面大概占多少? 我以为最多 5—10%,老师说她的经验告诉她,定义问题最起码占时间轴上的四分之一,甚至三分之一左右。定义问题这部分的工作做得越充分,后面的具体解决就会越顺利,结果的持续性、稳定性也会越好。

2. 围绕利益,互相教育

利益就是能够满足我需要的好处。每一方有各自不同的立场,立场的背后都有他们的需要。互相教育就是开诚布公地告诉对方，不藏着掖着。通过提问题，去了解对方的担心和需要，对方说的时候认真地倾听，有个专门的记录员把大家说的话都记录在大白纸上，每个人都能看到。让大家都听到、都明白各自担心的是什么，想要的是什么，原因是什么。这叫做围绕利益的相互教育。

这个环节里，有一个要点特别重要：当你听到了对方的担心或者需要的时候，千万不要马上急于提出解决的办法。记住，在不恰当时候说出来的哪怕正确的话，也是无效的。

还是举地铁的例子。可能居民提出来了安全感的需要，担心地下施工影响地基……你说"这绝对没有问题，你放心好了"，听的人绝对"放不了心"；你说"我们严格按图纸的，你看施工高度……"，你这时候说这些话是没有用的，他不仅不会听你，还会更反感你。

你要让他有足够的陈述，你要去了解他背后的那个需要是什么，你要去听他表达。如果在这个阶段，你没有耐心去听他，他也不会来听你的，他肯定觉得你都不知道我想要什么，就来告诉我要怎么办，那肯定是为了你自己好！你肯定是没有考虑我的想法！正确的做法是，你听他说并把他说的记下来，记录在大家都看得到的大白纸上。

想一想满意三角形。你听他说，你把他说的话记录在大白纸上，是在延长过程的这条边。你倾听他、记录他说的话的行为，也是在表达你对他的尊重，和对他自主性的欣赏，这是在延长满意三角形中心理的那条边。你是在满足他"尊重的需要"、"自主性的需要"。解决冲突的出发点，要从人的需要开始，还记得吗？

3. 想方设法做大馅饼

大家一起先来把饼做大了，然后再来分饼吃，这就叫先贡献再索取。贡献的是什么呢？贡献的是差异。大家对同一个东西的重要性看法是不一样的，优先级的排序是不一样的，这样就有了差异，差异就产生机会，机会就能创造价值。

比如经济收入水平不一样的人，对于居住小区物业管理的关注重点并不一致。一般小区和中低收入者居多的小区，对于物业费的数额差异比较敏感，也容易用钱来解决这些小区的问题。对于一些高档小区，小钱对他们可能是没有多少作用,他们可能更关注的是提高管理的质量,拥有更加高质量、个性化的服务,来满足他们对于安全感和对于自主性这些方面的需要。差异就是创造价值的来源。

4. 激发想法,多多益善

IBPS 八步法中前面的这三步工作,通俗地讲,都是在了解情况。搞明白你到底关心什么,你到底担心什么,你心里大概是怎么认为的,所谓你的底线,摸一摸你心里的想法,我有数你有数,大家都有数了。这里一定不要去做隐瞒,要坦坦荡荡的,大家把话放在桌面上来说,大家彼此都有数。重要的是,大家对于问题是什么有了共识。

明确了问题以后,大家都关心的是怎么办。"怎么办"的阶段里面,就会出来很多声音。大家都有各自想法,但凡他提出的问题,他心里面一定评估过怎么办他才满意的。很少有一个人心里想的:不行! 就是不行! 绝对不行! 只要是合乎理性的成年人,他心里肯定还是会掂量一下。他心里肯定会想"这样不行,除非……才行"。除非怎么样,可能就有很多不一样了,比如像中低物业费的小区,可能是"除非你给我经济福祉上的好处";一些高档小区,可能是"除非你的管理做到……"一般来讲,大家心里多少都有一些"除非……",只不过"除非……"可能是放在心里面,并没有表达出来。

这些"除非……",可能会来自不同的角度,可能会非常嘈杂,可能会"非常自私",我们很难一个一个去论断到底是不是自私,这样做不是有效。在传统的冲突解决会议中,对于"怎么办"的讨论,常常唇枪舌战,硝烟滚滚,不仅消耗我们非常多的时间和精力,而且往往毫无成果,不欢而散。

在这个阶段,我们必须借助一些管理工具。无攻击头脑风暴(non-attack brainstorming)就是一个非常高效收集"怎么办"的管理工具。

到了这个阶段,我们已经明确了我们要共同面对的有待解决的问题是什么。我们的问题靶心有了:在……的前提下,怎么样……。大家只需要对标靶心,提出办法就可以了。让办法、建议、点子在你的头脑里像暴风雨般地激荡起来吧!

头脑风暴有两大要点至关重要:不评论;要量不要质。

不评论。大家只是从各自不同的角度,提出他们认为有用的解决办法,不要去评论对不对，好不好，行不行。一定不要做评论！当然不是永远不去评论，而是要在正确的时候去做评价，现在不评论。让大家放松地把脑子里的想法、办法都说出来，哪怕天马行空也是没有关系的。

要量不要质。 记住，要量不要质，记录下每一个建设性的观点。头脑风暴要配合大白纸，那种一米长左右的大白纸。要有一个专门的记录者，把大家说的每一个建设性的观点，每一条可能的解决办法都记录下来，越具体越好。有的时候不同的发言人说的可能会有部分重复，只要不是百分百的完全重复，哪怕只是一点点不同，只要有人提出来了，就要单独作为一条把它们记录在大白纸上。千万不要说，"这个和 XX 一样了"、"这个前面已经说过了"。记住，对于头脑风暴来说，重要的是量，而不是质！鼓励相互启发，鼓励天马行空。尽管说，不评论！

看到这里，你可能担心，这样做是不是太 low，会不会太浪费时间，岂不是太没有效率？头脑风暴的目的，就是要激发大家畅想各种各样的可能的解决问题办法。头脑风暴产出的可能办法数量越多，差异越大，接下来进行的环节就会越顺利。接下来的环节，就是对所有想法进行评估和筛选。

5. 评估选项

经过头脑风暴环节以后，我们对于大家共识的这个问题应该怎么样来解决，已经有了许许多多建议和办法。现在我们要做的，就是要对所有这些办法建议进行评估和筛选。同样，管理工具可以帮助我们高效达到目的。

我们可以借助指标来对所有选项进行评估。指标可以根据我们实际的需要自己来设。常用的评估指标例如：

可能性。 是不是可能？所有已经提出来的选项，都是至少有一个人认为是可能的解决方案。这个人觉得可能的办法，其他人是不是也觉得可能呢？具备可能性的话，就意味着如果能克服掉具体挑战的话，这个方向的目标是有可能达到的。

可行性。 是不是可行？具备可能性的解决方案是不是可行呢？结合具体情况，是不是行得通呢？

接受度。 能不能被利益相关方接受？社区觉得这是再好不过的解决方案，但居民是不是这么认为呢？他们能不能接受呢？居民提出这样的要求，领导会不会同意? 能够获得主要利益相关方的支持吗? 毕竟方案的落实是必须要有主要相关方同意的。

可负担。能不能负担得起? 有没有条件来落实这个方案? 有没有足够的钱/足够的人/足够的时间来这样做呢?

你也可以结合你的情况创造指标。与大家确定将要使用的评估指标,一般两到三个指标即可。

然后怎么评估呢? 要所有人同时来评估。可以把所有的这些选项都写在大纸上,把所有的选项全部都编号,根据指标一条一条地评估,你觉得这个方案可行吗? 你认为能被有关部门/大多数居民接受吗? 能有足够资金来落实吗/你愿意分担产生的费用吗? 可以现场统计,觉得能的就举手示意,如果不能的话就不举手,或者用其他手势来示意。也可以通过电子形式来进行,获得评估结果。

我们假设通过投票,现场得到了如下数据:

方案评估表
Options Evaluation

方案 Options	是否可行 Workable	能否接受 Acceptable	能否承担 Affordable
1. ××××××	×(5)	√	√
2. ××××××	√	√	√
3. ××××××	×(3)	√	×(2)
4. ××××××	√	√	×(1)
5. ××××××	√	√	√
6. ××××××	×(1)	√	√
……			
26. ××××××	√	√	√

(根据可行性、接受度和是否可负担三个评估指标进行的某评估结果)

6. 筛选和完善选择项

经过第五步利用指标来进行评估以后,我们可以看到,选择项 2、5 和 26 是所有人都认为既具有可行性也能够获得有关方面的支持，并且在现有的资源条件下也能够承担得起的。那么2、5、26无疑将列入优先的选项，或直接定为解决方案。选项4中有一人认为承担不起，那么就可以了解一下是什么原因让他认为无法承担；选项6中有一人认为不可行，那么可以了解一下他为什么觉得不可行。这些选项都将被筛选出来进行具体的讨论和进一步完善。这些选项，有可能需要再进行一次选择，也有可能组合形成一个一揽子的解决方案。当我们看到了大家的需要，我们要去做的这一揽子方案就不是只满足我的需要，而是既要满足我的需要，也要满足他的需要，找到令大家共同满意的共赢结果。

回顾一下我们是怎样到这一步的——了解他的担心是什么，他的需要是什么。通过开诚布公地沟通、倾听、提问，了解他的反对背后的需要和动机到底是什么，然后一起头脑风暴出大家认为可行的所有可能选项，再通过客观标准来进行评估。

对于社区基层而言，一般进行到这个阶段，基本上就快要大功告成了。按照以上六步法操作，你就会发现，其实四、五、六步都是可以用客观标准来处理的。会议主持人的作用很关键，尤其在前面三个步骤里。他对于规则的维护、场域的把控、微妙情绪的觉察，都会对会议成效产生很大的影响。在这个阶段，大家是在尝试建立信任，而在这个过程中很容易退回去，有点像乌龟小心翼翼把脑袋伸出来，一旦感觉受到威胁，马上就缩回去了。为了避免大家又缩回到沉默的保护壳里，很重要的就是不评判、不分析，听就好了，记下来就好了。

那么，有没有可能陷入僵局呢？有可能的。陷入僵局怎么办呢？利用客观标准来摆脱僵局。

7. 善于用标准来摆脱僵局

对于彼此间存在的争议，尽可能引用客观的标准。客观标准可以是行业规定、科学数据、相关法律法规、先例、市场原则和国际通行做法等，还可以是道德标准、利益互惠、程序正义等概念。不管发生什么，都不要人身攻击，要区别人与事。

还记得BATNA吗？实在不行的时候，你还有你的BATNA。你可以威胁和告诉对方你的BATNA是不一样的，告诉对方你的BATNA，如果谈不成的话，我会怎么做，这么做对我有什么好处，有什么不好，对你有什么不好。你这样做并不是在威胁，只是在传递关乎你利益和需要的信息，它是区别于威胁和警告的。BATNA 为你的交涉提供了一个更加可取的选择。如果他们不同意，如果他们不谈了，他们会遇到什么。这是事实，不是强迫。

8. 制定实施计划

实施计划一定要具体和详细，要包含谁、做什么事情、什么时候、怎么做、与谁一起、必须完成什么、怎么证明完成、如何评估结果等具体细节。实施计划还要包含监督的部分。

对于协作网络的成员们来说，如何进行协商和最终协商出了什么同等重要。善意和公正在协商中是能够被感知到的，所以你需要在过程中帮助大家以能被对方感知到善意、能让对方感觉是有效、能让大家认为是公正的方式进行交涉。还记得满意三角形吗？基于利益的协作式解决问题的做法，无论对于最终达成的协议实体、大家的关系还是进行磋商的过程，都创造了提高满意度水平的可能性。

了解了基于协作解决问题的八步骤后，我相信你会更加理解为什么说最难的是定义问题这第一步了，你也应该会更加理解了为什么定义问题这一步可能会占据四分之一的时间了。"定义问题"就是为"解决问题"树靶子，问题定义得越准确，靶心就瞄得越清晰。用一句话来准确地把问题界定清楚，这是非常考验主持人的能力。

人们越来越认识到过程在协作中的重要作用，开始越来越多地聘请具备这种技能的专业第三方人员来担任类似会议主持人这样的角色，这种专业的第三方过程服务人员，英文叫做"facilitator"，我把它翻译为"促参者"——以促进参与为目的的专业工作者，促进参与机会和参与能力。这个词还有其他的中文翻译，比如协作者、引导者、建导者等。但我之所以要创造"促参者"这个词，是因为我认为，在社区协商治理中，很需要培育和增强居民们的自主意识和参与能力，让居民们有机会和有能力参与到与自己利益有关的事情的决定中来，并承担起他们作为居民所应尽的责任和义务。从这个意义上讲，促参者要做的工作就是要帮助个体或者群体有平等参与的机会和有效参与的能力，来提高参与的成效。要让问题的利益相关者，成为问题的主人，成为问题的共同解决者，这是我理想中的社区协商治理应该有的样子。

对于基层社会工作者来说，促参者的专业技能，是很容易通过学习而获得的。对于你来说，目前"促参者"可能还是一个十分新鲜的名词，"促参技能"也是一个完全陌生的概念，但你只要稍微花些时间认真阅读一下附在书后的两个促参技术社区运用案例，相信对于促参者角色以及促参技术在社区治理中的未来前景，会有更清晰的判断。

最后我特别想强调一下我的一个观点：**比技巧更重要一百倍的，是理念！知无知，才是有所为的第一步。**对于一名天天要跟居民打交道的社区治理工作者，只要你面对居民时，能始终想着说："我看到社区存在……的问题。我希望改变，但我不知道怎么做是你们满意的。你们建议我怎么做？"。只要你心里真的是这么想的，那么这个理念产生的作用比一百个技巧都管用！

◎ 附：高效率讨论三角色

开会或讨论的时候，你是不是经常遇到这样的场景：

有的人一直滔滔不绝地说，同样内容重复第三遍了；有的人发言早就超时了，还一直在说；有的人没等别人把发言内容说完，就开始打断提问了；有的人发言时说着说着就跑题了，离主题越来越远；会议已进行一大半了，还在第一个议题的一个细节上纠缠；预定结束的时间早到了，完全看不到有结束的意思……大家往往不时地看着主持人，期望主持人"履职"一下，主持人常常不好意思或不知道怎么去打断说话者；大家越来越失去耐心和表达的愿望，开始拿出手机刷着朋友圈熬到会议结束。

会开会是一种非常重要的能力！遗憾的是，开好会的重要性常常被严重地低估。高效率会议要准时开始，准时结束。高效率会议需要预先指定三个重要的角色：促参员、记录员和提醒员。促参员，由一个指定的角色来做"得罪人"的事情；记录员，让每个人说的话，都被大家看到；提醒员，提醒时间。促参员可以同时是记录员，记录员可以同时是提醒员，但是促参员不可以同时是提醒员。

雪城有一家 NGO,叫"Tomorrow's Neighborhood Today"①(为明日美好社区行动),简称 TNT,是一个围绕雪城发展的众多利益相关方共建的协作网络。TNT 培训社区居民志愿者成为合格的促参员,在各社区召集公众参与协商议事,并在雪城八个主要行政区域定期召集更大范围的多方对话协商。Maxwell 的老师深度参与提供知识支持,我跟随老师也有所参与。这是我根据 TNT 的促参员培训材料改编的一份高效率讨论三角色的准备工作清单,以帮助大家了解高效率会议中的三角色需要做哪些事情。这份清单不仅适用于社区协商,也适用于所有促参的会议。

促参员的准备工作清单

会议前的准备工作:

会议之前就要与所有有关人员明确以下事项:

➤ 澄清促参员的职责;

> 是程序的设计者;不是内容的参与者。
>
> 是过程的服务者;不是分歧的调解者。
>
> 是规则的维护者;不是争论的仲裁者。

➤ 谁是记录员,谁是提醒员;

➤ 有没有基本规则,要不要建新规则;

➤ 会议的目的是什么;

➤ 参与者是谁;

➤ 不希望发生的是什么;

➤ 议程时间表和重点或优先任务;

➤ 上一次会议留下了什么;

---

① Tomorrow's Neighborhood Today 网址:http://www.tomorrowsneighborhoodstoday.org/

> ➢ 期望的产出或希望的效果是什么；

> ➢ 怎样是可以接受的，明确标准；

> ➢ 有什么指定要求；

> ➢ 有哪些指定环节，确认时间充裕；

> ➢ 了解场地情况；

> ➢ 了解物料准备和必要布置。

会议中：

会议过程中，促参者的角色就是在需要的时候随时介入来帮助过程的顺利进行。

> ➢ 保持讨论始终围绕会议的目标来进行；

> ➢ 让多说话的人少说话；

> ➢ 让不说话的人要说话；

> ➢ 阻止个人攻击；

> ➢ 提醒跑题；

> ➢ 提醒诚实和尊重；

> ➢ 确认同意或不同意；

> ➢ 阶段性回顾小结；

> ➢ 对照议程检查变化或偏差；

> ➢ 提醒其他可能选择；

> ➢ 关注成员的感受；

> ➢ 调节气氛和节奏；

> ➢ 化解冲突；

> ➢ 当有人提出建议但被忽略了时要指出来；

> ➢ 当决定已经形成时要指出来；

> ➢ 当该做出决定时要指出来；

> ➢ 临场发挥，随机应变做出回应；

> ➢ 帮助记录员和提醒员。

记录员的准备工作清单

会议前的物料和场地准备工作：

➤ 确保有足够记录用的大白纸（70g，60x90cm 或以上，10 张或更多）。若贴在墙上，还要准备双面胶或无痕蓝丁胶；若夹在移动白板上使用，准备 15cm（或更大）山型文件夹至少四个；

➤ 确保有书写流畅的三色笔（3 黑＋2 蓝＋1 红）；使用水性笔，不容易透纸，避免油性笔；

➤ 移动白板上同时挂好两叠大白纸，或使用两个白板架，这样记录时不会被打断；

➤ 指定协助的志愿者，帮助贴写好的大白纸；

➤ 如需写完贴墙上的话，事先在大白纸背面粘上双面胶带可以提高速度。尽可能使用无痕蓝丁胶，不会影响墙面。

会议中：

➤ 记录重点，尽可能使用说话者的原话；

➤ 不要记录说话者的名字，想法属于大家；

➤ 写字速度要快，也要清楚，以免影响讨论的热情；

➤ 保持沉默，专心记录，不参与意见；

➤ 如果没有听清楚可以问，但只在你需要澄清或需要稍多时间记录的时候才开口；

➤ 不用担心写错别字，你要关注的是内容本身而不是形式；

➤ 记录时建议使用两种颜色的笔轮流记，可一只手写另一只手同时拿着二三支不同颜色的笔，以备随时更换；

➤ 可用不同颜色来写标题或强调细节、数据，但适可而止，不可花哨或喧宾夺主；

➢ 用箭头、星号、数字符号等来罗列内容；

➢ 当总结长观点时，要与说话者确认记录是否准确；

➢ 当有人提出记录不准确时，不要辩护，又掉重写就好了；

➢ 记住：记录的要求，力求准确、完整和简练。

会议结束后：

➢ 每一张大白纸都要按顺序编号，拍照，以便于会后整理；

➢ 如需持续讨论的会议，保存好原始记录，以便下次会议用到；

➢ 与集体确认会议记录的使用事宜；

➢ 按需要整理会议资料，形成图文电子版。

提醒员的准备工作清单

会议前：

➢ 确定计时道具，计时器或者手机都可以；

➢ 确定声音提醒道具，碰铃或钵音，都是不错的选择。

会议中：

➢ 跑题时，提醒要讨论的任务；

➢ 冗长时，提醒还剩余的时间；

➢ 促参员忽略的细节，提醒 TA；

➢ 提醒员是促参员的会议助手，一般来说，提醒员只悄悄提醒促参员，但不直接提醒大家。

➢ 有时候，促参员会指定由提醒员来提醒发言者的发言时间。提醒员一般使用声音道具来做提醒。不要在说话者话说了半句的时候提醒，要等到他把一句话说完、停顿的时候。

第六课　管理冲突的沟通技术

　　共识沟通很重要，这是不言而喻的。不过直到我学习冲突解决知识以后，才知道原来还有一种专门的沟通技术叫做冲突解决的沟通技术。提出这个概念的人就是我在第二课中介绍过的奈尔·卡兹教授。我曾经选修过他的课，也翻译过他的书，十年来我做了很多沟通方面的培训，自己也不断地在实践中应用和消化，越来越领悟到冲突解决沟通技术的精微奥妙之处。

　　沟通技术很微妙，往往看起来似乎很简单，甚至就像一种咬文嚼字的文字游戏，可是它的精到之处就体现在一种文字的微妙组合里。当然，文字组合的背后是冲突解决沟通技术的原理和理论。在冲突管理中有许多沟通技术非常重要，同时又相对容易掌握。学会使用一些必要的冲突解决沟通技术，可以帮助我们更好地平复情绪、处理矛盾和管理冲突。

　　我曾经非常排斥"沟通技巧"这样的词，觉得虚伪不真诚。虽然现在我不这么认为了，但我仍然要强调一个观点，对于沟通来说，在一切技术、技巧的使用上，若没有真心诚意，那么就只不过是"巧言令色"罢了。在我看来，沟通绝不只是一些技巧，它是一门严肃的技术和艺术，它的灵魂就是"真心诚意"。所有沟通的技术，我把它们归纳为听、说、问。

◎ 说的技术

把话说在点子上

最近看到朋友圈在传一个视频，视频中有两个人在小区的防疫卡点上发生争执。女士要过卡点，男士是卡点值勤人员，不让她过卡点，因为她没有戴口罩。女士的口罩挂在手上，没有戴。而疫情期间规定，凡在公共场合一律要带口罩。男士说："你要把口罩戴上，你必须把口罩戴上。"女士说："我不戴口罩，我就是不戴口罩。"男士说："你必须戴，你一定要戴。"视频里两个人就这么杠上了，争吵不断升级。

当他们表达激烈言辞的时候，还记得他们在卡点的目的吗？男士在卡点上的目的是执行规定，这条规定就是"不戴口罩者一律不能通过卡点"。所以，女士没有戴口罩，男士只需坚持"不能过"就好了，用不着你去对她说"你必须怎么样"的话，戴不戴口罩是她自己的事情，确实轮不到你去告诉她必须怎么做。女士在卡点上的目的，不是为了要通过这个卡点吗？她选择不戴口罩没有关系的，别过卡点就是了，她要承担自己行为的结果。吵得大声能帮助达到目的吗？不能！

学习冲突解决的时候，我印象很深刻的是老师很强调一句话，"Speak to the point"，翻译成中文就是"把话说在点子上"！来看一张图，这张图是一个环靶，有的箭射在靶环上，有的箭射在靶心上，还有的就脱靶了。这张图提醒我们，在协作网络中进行沟通尤其在冲突解决沟通的时候，一定要很清楚自己说的每一句话，做的每一件事情，目的是什么，想达到什么目标，我们的脑海里要始终有这么一个靶心图。不仅沟通如此，冲突解决中一切过程的设计、呈现形式、工具的使用等等，都是为了击中靶心，达到目的，实现目标。

目的是什么?

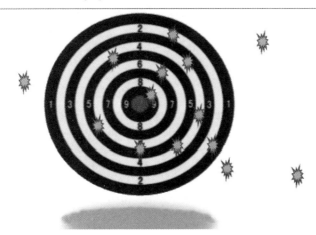

图二十二　冲突解决沟通的时候,一定要很清楚自己说的每一句话,
做的每一件事情,目的是什么,想达到什么目标

利益式磋商特别强调着眼于人的基本需要,并把它放大到组织的层面。人的基本需要是什么呢? 是安全感、经济福祉、归属感、认同感和自主性。自主性就是自己可以决定自己的行为。所以,"戴不戴口罩是我的事情,关你什么事情,大不了我不过了。你为什么一定要我戴口罩? 一定要强迫我戴口罩,关你什么事! 你管好你的卡点就是了……"这样的内心戏再正常不过,一点错没有。在冲突解决的沟通方法当中,给予建议、提出要求是一个大忌。给予建议这种沟通方式,很可能会让对方感受到自主性受到侵犯。"我戴不戴口罩需要你来决定吗?"这位女士会感到她的自主性受到侵犯。但是她不戴口罩你可以不让她过,这是你在坚持原则。而且,你还给了她一个学习的机会,学习为自己的行为负责任!

学习为自己的行为负责任,这样的学习对每个人都是非常重要的,这是每一个公民都应该及格的功课。遗憾的是,很多人都不及格,这就给社区协商、居民自治工作增添了更多的挑战。有一部分原因,我觉得是因为没有给他们足够多学习的机会。就像有个笑话说的,"有一种冷,是妈妈觉得你冷",当别的人比你自己还更加在意时,你怎么学得好为自己的行为负起责任来呢? 在基层社区发生的很多纠纷解决中,有没有因为你比问题的主人更着急,而使得问题的主人袖手旁观任你忙了呢? 我们已经错过了很多学习的机会,更要补上这样的功课。

"我式陈述"

"我式陈述(I-Statement)",顾名思义,指的是运用第一人称作主语来进行表达,比如用"我"、"我们"或"我们的"这样的词来向对方陈述你方的利益、你关心的事情。"你式陈述(You-Statement)",则是用第二人称"你"、"你们"、"你们的"这样的词来作主语。要多用"我式表达"来代替"你式表达"。仔细体会一下,我们应该是能够感受到在语言表达中,用"我式陈述"和用"你式陈述"表达效果的不一样。

比如,用"我不知道你为什么要这么说"来代替"你为什么要这么说"。"你为什么要这么说"听起来有一种责怪的意思在里面,很容易激起对方"我就是要这么说,怎么啦"的反弹;而用"我不知道你为什么要这么说"则缓和得多,既可以表达疑问或者不认同,但又不至于激起对方的强烈反弹。

再比如,用"我觉得你应该告诉我一声"来代替"你应该告诉我一声"。"你应该告诉我一声"不仅有责备而且有命令的意思在里面,没有人是喜欢被命令的,如果是你听到这样的话,你肯定也会想"我凭什么必须告诉你啊";而用"我觉得你应该告诉我一声",你不仅表达了你认为更加恰当的做法,而且因为这是你自己心里面的看法,所以它是没有人能够质疑和否定的。

哪怕你心里觉得这个人做事情真龌龊,真卑鄙啊,当你用"你式陈述"说"你真卑鄙"时,你是在论断对方,且不说论断人是一种不好的行为,对方也一定会反驳你"你自己才卑鄙"。用"我式表达"则不一样,当你说"我觉得你真卑鄙"时,你是在真实表达你个人的看法,对方无法反驳你心里的看法,因为你就是这么觉得的。

当然我这里只是用玩笑的方式举了一个极端例子。"卑鄙"这样的词是不应该轻易挂在口上的。很多时候我们口中说出的话就像一把剑,一不小心就刺中对方,鲜血淋淋。避免如此的最好做法,就是为剑尖加上一个"防护罩",这个"防护罩"就是"我觉得"这三个字,意思到了,却不至于流血。

在你说的话前面,加上"我觉得"三个字,简单吧? 事实上,"我式陈述"是一种非常实用和有分量的冲突解决沟通技术,但遗憾的是我们往往忽略它,无视它的重要性。

◎ 问的技术

提出解决问题的问题

一个"问得好"的好问题,能够成功打开话匣子,勾出对方滔滔不绝的表达。我们要提解决问题的问题,先看看怎么样的问题是无助于解决问题的问题,举两个例子,"你怎么能……"、"你凭什么……",看起来是问题,但其实充满了指责,这一类的问题,不仅不能解决问题,而且还会激化矛盾。

明白了怎样的问题无助于解决问题后,我们再来看怎样的问题是解决问题的问题。开放式的问题,就是常说的 5W1H 的问题,就什么对象、什么内容、什么地方、什么时间、什么方式、什么原因等提出问题,请求回答。

提问题是很重要的能力,提出好的问题,让对方能够回答、方便回答、愿意回答的问题,就能够帮助你快速厘清对方的利益、担心和需要。问题提出来了以后,你要做的就是认真地倾听对方的回答,不打断,把重要的信息记录下来。

要避免那些反问、责问式的提问方法,比如"你到底要什么时候才不这么做?","你难道不是……的吗?","你明明……,难道你不承认吗?"这种咄咄逼人的提问,不仅无助于问题的解决,反而让人感受到威胁,很容易激化矛盾。

还有一种表达,也是带着一种指责的意味,很容易引发敌意的回应,比如,"你怎么怎么样","你没有怎么怎么样……"这种表达方式也很容易激发对抗和敌意,会让你离解决问题越来越远,让你越来越看不清楚你的靶心在哪里。

"把人的基本需要放大到组织的层面",我们不能不再一次地强调这一点。IBPS 八步法告诉我们,我们需要清楚到底问题是什么,围绕着"问题是什么",大家互相教育、提问、倾听。提问和倾听的目的是为了更清晰地明白背后的担心、需要和没有被满足的需要。一切解决问题都要回到呼应人性和人的基本需要,安全感、经济福祉、自主性、归属感、认同感的需要,并把人的基本需要放大到组织层面,这是我们要牢牢记住的。

如果说话只是表达自己的情绪或指责他人,而没有建设性,那就不是解决问题式的沟通。冲突管理中进行解决问题的沟通时，必须要避免情绪性的表达。一切的问，都要围绕目的，避免激化对方的反抗和对抗，让他愿意向你表达他的担心、需要和希望。

模块发问

模块发问，英文是 Chunking，原意是"组块、集成"的意思，所以我就给它取了个名字叫"模块发问"或"组块提问"。模块发问的意思就是问一连串的问题，这些问题都是拐弯抹角地从不同的角度、用不同的方式变着花样的来问"为什么"。之所以要问为什么，就是想要了解背后的内容。你为什么要说这句话？是什么原因让你说这句话？背后的动机是什么？你的担心是什么？你的需要是什么？直接问"为什么"会显得唐突，所以就换一种方式提问，比如，你一定坚持要得到这个东西，宁愿不要其他东西，那么，"你为什么一定要这个东西呢？"、"得到它和没有它，对你来说有什么区别呢？"、"有它的话，会给你带来什么不同吗？"、"它会给你带来什么好处呢？"。不同的方式，都是在问你"为什么一定要这个东西"，但是问出来的回答可能是会有不一样的。模块发问的问题，可参考第四课后面所列的十六问。

解决问题的沟通就是让对方愿意跟你讲，能够跟你说真实的话。这些话能帮助你了解他的担心和需要。

◎ 听的技术

积极倾听

积极倾听（active listening），顾名思义，就是积极投入地倾听对方说话，用你的身体语言，比如专注的眼神、微微前倾的身体、不时的点头，告诉对方你在认真听他说话。你可以用一些简单的语气词来增强你的倾听，如"噢"、"是吧"、"这样呀"。你还可以扼要重复对方话的意思来强化你的倾听，比如，"嗯，两次错过高速出口，耽误很多时间"，"找过他三次都不肯还钱"。

2020 年春节居家隔离期间，我在线上做疫情期间冲突沟通培训。有一次有个学员对我说，她在卡点上值勤，遇到不配合的冲卡居民，用我教的那个"复读机模式"挺管用的,而且好像对方跟她的感情也拉近了。她创造了"复读机模式"这个词,真的挺形象的,而且也好记,所以我也沿用"复读机"这个词吧。

"复读机模式"的做法很简单,它的基本句型——是的,然后扼要重复对方的话,特别适合冲突场景中缓解抱怨、愤怒的情绪。不管对方和你说什么,不解释,认真地听;对方停下来的时候,你说"是的",然后把对方的话简单重复一遍。可不断重复,等待对方自然熄火。一般三五遍之后,对方的火气就消掉了大半。不信你试一试。

反射式倾听

反射式倾听(reflective listening)和积极倾听(active listening)都是专门的倾听技术。反射式倾听与积极倾听的区别是,反射式倾听除了积极倾听以外,还要进行反射。反射,通俗地理解的话,就是与说话的人确认一下你听到的对不对。反射式倾听是一种非常重要的冲突解决沟通技术。

奈尔·卡兹教授创立了冲突解决沟通的理论和技术,后来他离开了校园里的学术研究,成立了专门的冲突解决沟通培训中心,转向做冲突解决沟通技术的推广普及,为此获得过马丁·路德·金和平奖。他的一本专著《冲突解决的沟通技术》,三十年来多次再版,并被翻译成多国文字,用于冲突解决的沟通技术培训。在这些技术里面,反射或倾听就是其中最重要的技术之一。

学习冲突解决技术的过程好像绕迷宫,明明出口在那里,却就是过不去,回头看时才恍然大悟。当时课上的很多学员都是有非常丰富处理纠纷经验的实务工作者,但是对于反射式倾听,总是隔着一层,用不起来。后来我琢磨出来,他们是太带入自己的丰富经验了,反而妨碍了他们来学用这个新工具。后来我告诉他们,要像打乒乓一样,球来了,不要接,打出去就好了。把"打来的乒乓"想象为"别人抛来的事情",反射式倾听时,不要试图用你的经验去解决别人的事情,只管用你手上的拍子把球打回去就好了,这拍子就好比是反射式倾听的句型话术。

反射式倾听的最基本句型就是:听得出来,你很……,因为……。

第一个省略号这里,你要用一个形容词,一个能够准确反映对方情绪的形容词,比如难过、生气、郁闷、兴奋等。

第二个省略号这里，你要扼要复述对方跟你说的让他产生这样情绪的事情，比如发生一连串事情都不顺利，领导给的任务太重，公司业务受到疫情很大影响等。

举个例子，因为疫情影响，你为春节准备的货都积压了，贷款的压力却一分不少。好不容易今天有机会去见客户，两次错过高速出口耽误了很多时间。回到小区，工作人员让你出示出入许可证，否则不让你进。你气不打一处来，冲着值勤人员就爆发了。

作为已经连轴转加班疲惫不堪、为辅导孩子作业已几乎一点就炸、卡点上站了大半天听不到几句好话的你，你跟他对吵吗？别！白白消耗自己的精气神。

你运用反射式倾听技术，想象自己是个局外人，倾听他的抱怨，反射他的情绪。你说，"听得出来你很生气，辛苦开了一天车，回到自己小区都不能够回自己家"，"你觉得很倒霉，高速出口两次都错过了，白白耽误了很多时间"，"看得出来你很辛苦，业务受疫情影响很大，压力很大"……

当你不断用这样的话术来与对方沟通的时候，你觉得对方会是什么感觉呢？相信他会从心里觉得你是理解他的。这就是反射式倾听——你让对方看到你在听，而且你不仅在听他说的事情，还很关注他的情绪；并且你还与他确认你确实听懂了。

对于反射式倾听的入门学习来说，只要掌握这两点就可以了。第一，选择一个恰当的情绪形容词；第二，用一两句话重复对方说的话。前面我们知道了形象的"复读机模式"，那么我们就把这称为智能复读机吧，之所以智能，是因为能够准确识别情绪。

总结一下，**智能复读机模式的句型，"听得出来你（形容词）……因为（一两句话）……"**

记住这个句型，把你要说的话填空进去就可以了。有意识地练习使用这个句型，你一定会发现它真的很灵，疙瘩解决了，关系拉近了，对立没有了……是的，很灵！而且很简单！简单到你只需要照着句型学会用，你就可以见证语言的奇妙力量了。

冲突解决技术中反复强调的一个核心就是所有的解决办法都要回到呼应人性和人的需要。倾听的过程，就是在给予对方尊重的过程。尊重对方，能为你赢得信任。

在冲突场景里，当事人往往充满了情绪，而且是很负能量的情绪。这种时候你跟他说"你要冷静"一点用都没有，他冷静不下来，他觉得你不是他，你不懂他，你根本就是"坐着说话不腰疼"。我们要用反射式倾听技术帮助他把情绪释放出来。我们小时候都玩过躲猫猫的游戏，当小朋友叫出了你的名字时，你就是被发现了，你就"死"了。情绪就是这样的。只要你准确识别出了他的情绪，他的情绪就被你释放出来了，所以，你要把情绪的名字叫出来。他不断地倾诉，你一个一个地识别捕捉他的情绪，他的情绪就一点一点地被你释放掉了。原理就是这样子的。

但是，捕捉情绪并不是一件容易的事情。我们往往比较容易只听内容，而忽略情绪。只有当你是认真专注地听的时候，才能比较准确地把握住他的情绪。你听得越认真，就把握得越准确，释放得也就更彻底。

很多人都会低估反射式倾听的重要性。你会想，"我当然在听"，"我有耳朵，啥了不起的事情"。反射式的倾听者需要很专心地倾听说话者所表达的内容和情绪，并且还要站在说话者的角度来体察什么是对他来说最重要的，还要用自己的语言组织意思来向说话者确认理解无误。这是很有挑战性的。

图二十三　繁体字"听"

当我们真正学会使用反射式倾听以后就更明白，它不仅仅只是一种技术，更是一种态度，要求我们放空自己、很专心地投入时间、投入自己给对方，去倾听、听到和听懂他。倾听是需要训练的重要能力！

图二十三是我们古汉语的"听"字。你尊贵如王，但是愿放下身段，竖起耳朵，带着一颗恭敬的心，认真地看着说话者听他说话，并帮助他通情达理，豁然开朗。

想起带我走进冲突管理领域的一位老师，提出 ADR 图谱的 Merchant Christine 教授，她说，做冲突解决的事情，你要真的、真的很爱人！

◎ 管理情绪

管理冲突的沟通技术，如果要说有什么特别的地方，那就是它帮助我们在有效沟通事情的同时，少受甚至免受情绪的干扰。每个人都经历过沟通上的烦恼，人和事都纠缠在了一起，头痛得不得了。哈佛谈判项目告诉我们要"区分人与事"。这话说来很简单，道理我们也都懂，人是人，事是事，不要让人的情绪因素影响到事情，但是做起来就不这么简单。

当我们面临冲突的时候，不是去消灭它，而是去包容它，接纳它，超越它。我们不应该把对于人的本能反感和对于事情本质的探讨纠缠在一起。我们需要培养一种超然的态度，乌瑞把这种超然的态度形象地比喻为"到阳台去"，going to the balcony。这也是一种冲突解决的技术。它并不是让你真的到阳台去，而是要让自己进入到一种状态，想象自己是从天上往地下看，从一个很远的距离来俯瞰冲突或冲突的场景，以上帝的视角、第三者的视角看着当下房间里正在发生的事情，让你烦躁的争吵，你讨厌的那个人，你不喜欢的那些情绪……这个技术会帮助你从当下的事情和情绪中抽离出来，更加理性客观地来看待当下的问题。当然，如果有条件的话，真的走到阳台上去待一会，肯定也不错。

我经常看到社区的工作人员，尤其那些社区书记、主任们，真得太辛苦了，他们要应付上面各条线要求的各种各样数据、台账，处理居民丢来的各种各样问题，还要对付家里小孩、老人的事情，压力山大，好好说话真不是一件容易的事。

尽管希望自己好好说话,但是很容易就火气上来了。想象一下,已经忙得头昏脑胀了,被叫去处理纠纷,受一肚子委屈,还要被无理地怪罪、指责。你能干什么?拍桌子?比他更大声地骂回去吗?

怎么去摆脱这个状态呢?试试"上阳台"的这种方法,想象自己的意念暂时离开了身体,飘上去从房间顶上往下看,看到七八个人围在一起,你听不到声音,但是你知道他们在那里争吵,你看到自己在里面愤怒、委屈的样子,也看到其他人的愤怒和无奈,还看到你很讨厌的那个人背后的可怜和令人同情之处。这样隔开一段距离以后的观察,会让你与那时那地的情绪拉开一些距离,让自己进入到一种暂时的宁静中,这称之为一种禅的境界。区分人与事,这点特别重要,这是冲突管理中的禅道,值得大家慢慢去领悟。

在处理矛盾纠纷的复杂环境里,我们怎样去保持自己的清静心?很多时候,作为一名调解员、促参者,你是一个逆行的人。当冲突发生的时候,别人都是绕开走的,而你要走到冲突的风暴里面去。风暴发生的时候,往往充满破坏力,非常可怕。你知道哪里最宁静吗?暴风眼里面是最宁静的。走向暴风眼,去到那个宁静的地方,需要自己有静定的功夫,有这份静定才能够在暴风眼里面定住,有清静心做事,事情才有可能掀起成效,事情会因为你的静定、中正而慢慢发生变化,风暴有可能平息。

看起来谈的是技术或者技巧,但是,如果你看不到技术和技巧背后的东西,那你就很难发挥它们更大的效果。有些人可能会慢慢理解什么叫冲突管理中的禅道,找到暴风眼里的宁静。

◎ 识破花招

当你以真诚的态度来投入基于利益的协作式磋商的时候,但你遇到的其他人可能并不都是这样的。作者的建议就是,对手出花招时,你要能够识破和应对这些棘手的传统招数。

解决问题的手段主要有三种类型,基于权力(power-based),基于权利(right-based)和基于利益(interest-based)。当你决定要以基于利益的手段,用基于利益的解决问题方法的时候，你最好就不要再用其他的做法，不要把权力性的手段、行政手段或权利性手段、司法威胁等掺进来，而是很纯粹地往基于利益的方向上去做。重要的是你能识破一些典型的棘手交涉招数。一旦你看出来对方是在要这些花招的时候，你就要公开向对方指出来，花招被识破以后，它就没有效果了。典型的一些棘手策略有：

石墙策略。

反正我怎么都不合作，我就不跟你谈，我就关门给你闭门羹，用不合作来阻挠。

在社区的场景中，做社区工作的人经常说，做社区的工作要处理好"门难进"、"脸难看"。是的，"门难进"就是一种典型的石墙策略，"让你门儿都没有"，连门都进不去，还怎么谈解决事情？于是你就得先想办法"破门而入"，最好的做法是让他自己主动把门打开，而他愿意主动把门打开的原因，一定是有吸引他的"好处"——也就是我们说的"利益"。"脸难看"，也是同样的道理，他没有得到"好处"，他的需要没能够得到满足，脸怎么好看得起来呢？顺着"需要的满足"去找办法时，你就是在基于利益地思考解决问题了。

给下马威。

一开始就提出一个坚决不可谈判的要求，否则就拒绝参与到协作解决问题的过程中来。我们经常会看到类似"我方要求……，否则……"这样的说法，这种解决问题的做法，是一种基于权力的解决问题方法，它不是基于利益的协作解决问题做法。

无论组织管理、社会治理还是公共外交，都需要学习冲突管理、冲突解决的知识。当世界已是地球村，时代已进入到了共同建设人类命运共同体的时候，我们面临的挑战是，要以建设共同体的协作思维去迭代冷战时代的对抗思维。"必须……以后，我们才能到谈判桌上来……"，这是一种把自己逼进死胡同的做法。要善于运用更有效的基于利益解决问题的手段。

好警察坏警察。

这就是我们常说的一个唱红脸，一个唱白脸。中国人用的也很多，它是一个有效的策略。为什么说一旦策略被识破，有效性就大打折扣呢？可以理解为，假如你们两个人搭档,对方听出来说,你们俩不要一唱一和的!那你就没有办法再演下去了。对于棘手的交涉来讲,重要的是,你要把它识别出来,一旦识别出来后,它的效果就大打折扣了。

为交涉设置前提条件。

也就是指定一个要求作为交涉的前提条件。我曾经处理过一起影响很坏的业委会纠纷,当时其中一部分利益相关业主就明确地向我提出,除非原社区书记和原街道相关领导道歉,否则拒绝谈。当然,这是一种不明智的表达,表达的是他们的一种态度,是他们对于解决问题预设的一种立场。只有把预设的解决问题立场转化为事情中与自己相关的利益的时候,纠纷才有可能得到建设性地解决。我花了一个月时间做前期了解,然后通过两次促参议事会议帮助大家回到了建设性解决问题的轨道,最终是他们自己圆满解决了他们自己的问题。

小到社区纠纷,大到国际冲突,对于基于利益协作解决问题方法来说,设置的"除非……否则……"的前提条件,首先就是要被反问"为什么",是预设的立场吗?立场背后未被满足的需要是什么?

人身攻击。

进行人身攻击。遇到这种情况,无视他就好了,不必计较缠斗。

操控数据。

通过操控数据来获取利益可能会一时奏效,但要想长期不被发现是很困难的。一旦一方感觉到对方对他有所隐瞒、甚至有意欺骗的时候,信任就很难再建立起来了。

先发制人。

议程一开始的时候就提出主要要求。比如,我就是这样子的,你要么……,否则的话我们就不谈了。一开始就把主要要求提出来,这不是协作式解决问题、基于利益手段解决问题的做法。

得寸进尺。

交涉的过程往往是漫长的互探虚实,讨价还价。不排除一心只在己方利益算计且得寸进尺,把对方的退让视为提高要价的机会,甚至不惜出尔反尔。

不理性表现。

当遇到对方不理性表现的时候，你不要让自己受到影响，陷入到和对方一样的不理性言行中去。如果对方是有意表现出不理性的行为，并且利用这种行为当作交涉的筹码时，识破他，记住，"到阳台上去"。

出尔反尔。

可能是先派代表或副手来交涉，然后代表或副手声称自己没有权限妥协，以此来争取更好的利益。或者基本意见都已经商议好了以后，再声称自己说了不算，还需要征求别人的意见、领导或者委托方不同意等，趁机再次提高要价。如果按照磋商前的准备工作清单，做好协商开始之前的人员确认的话，是可以避免发生这种情况的。

协作网络中要重视培育长期关系。这里所说的关系，是一种基于长期合作、契约精神的连接，跟中国人常说的喝酒应酬拉关系是有区别的。长期的良好交涉关系，并不等于就要认同对方、彼此间没有分歧、拥有共同的价值观，甚至完全信任。相反，它是建立一种无条件的、建设性的，以理性来回应情绪的态度；即使他们误解你了也理解他们；即使他们似乎并没有在听，也要用与他们商量的方式问"你觉得呢？"、"你们认为呢？"，坦诚地，不欺骗，不卑不亢。你不一定要跟他成为三观一致的好朋友，但是却是值得信任的合作伙伴。大家的需要都得到满足就是实现共同利益的最大化，基于如此利益共识基础上的彼此互信的长期交涉关系，对于协作网络是非常有帮助的。

作为一个冲突解决者，要能够在看不到路的地方看到出路，在石头缝里看到亮光，在崇山峻岭里找到方向。在别人过不去的地方，要有功夫过去，无论是爬过去、飞过去还是钻过去，这是你作为一名冲突解决者的功夫。所以促参者的工作是高智商、高情商、高能力的工作，特别有意义。

解决问题，并不是交朋友。你不需要时时刻刻用特别商人的方式，也不要期待着回报，你只是通过满足他的需要、实现他的愿望、成就他，来成就你自己。所以你更不要觉得被他占便宜。

在我看来，解决问题有时候是自上而下地提起，有时候是自下而上地托起。基于利益的解决方式，更多的是要能够做大格局。在这个更大格局当中，我通过满足你的需要来成就我的目的,实现我的目标。从这种意义上来讲,你需要有更高的境界,更长远的眼光,你需要有大愿。实现大愿,靠自己是做不到的,所以需要别人一起来参与。既然你需要别人参与进来,那你就要满足他的需要。通过满足他的需要,最后来实现你的愿景!

◎ 附:如何与棘手的交涉对象打交道?

假如很不幸你必须要与一个你觉得很反感的交涉对象打交道,与他的交涉让你火冒三丈,你常常觉得对方简直不可理喻讨厌至极……

你可以选择离开!

如果你无法选择离开,事情还要继续,那么首先,**请你记住:区别人与事,对事不对人。**

以下这几种办法都可以帮助你更好地处理好情绪与事情。

第一,打开你身体上的"情绪保护开关"。这个开关,设在只有你自己知道的一个你方便触摸到的位置,可能是手腕上,可能是耳垂上,或者你习惯性小动作的地方。你的身体穿着最先进的防护服,只要你轻轻触摸开关,防护系统就自动开启,保护你免受消极情绪的干扰。

第二,让自己"到阳台上"去待一会儿,睁开你的"第三只眼睛"从阳台上面俯视着冲突场景里的自己,愤怒的吼声轻了、远了、听不见了,疲惫的自己呼吸着新鲜的空气,能量又渐渐地回来了……好了,现在你可以继续回到房间里来了。

第三,问对方一个开放式的问题,来给自己时间冷静下来。你可以要求对方重复他说过的话,重申他们的立场,你可以这样说"抱歉我刚才有点走神,你能再重复一遍吗?","我没听明白,你刚才说的,麻烦再重复一下。"

第四,通过提开放式的问题,来引导他们回到基于原则的讨论上来。比如,你可以这样问,"你强调这一点很重要,你是怎么考虑的呢?","在你看来,不这样做的话,会带来什么样的问题呢?"

第五,你用恰当的沟通方式来表达你的利益,通过向对方做示范,让对方意识到更合适的利益表达方法应该是怎么样的。这是一种你对对方的示范教育,这里的教育不是强迫式的，而是通过你的示范。比如你可以说"我们很希望能够……，因为我们认为……"，"如果……的话，我担心……，所以你看能不能这样……？"

第六，多使用"我式表达"。你可以说"我确认一下我理解的对不对，你的意思是……"；哪怕你真的很生气很愤怒，你仍然可以用"我式表达"说"我觉得你这样的说法很卑鄙"来代替"你这个人很卑鄙"。

总之，当你有了基于利益解决问题的理念，当你学会了使用有效沟通的表达方式的时候，慢慢地他也会接受并模仿你的这种方式。很多时候，我们需要互相教育。所以在沟通中，你不用责怪对方不会说话，你自己不要被他的节奏给带跑了；你要用你的方式、你的表达去影响他，去教育他。潜移默化地，他就学会了按照你的方式或者更好的方式来表达了。

第七课　预防冲突的治理结构

◎ 上医治未病

在第七课中,我们要了解如何通过设计治理结构来预防冲突。

中国古代有个著名的神医叫扁鹊,扁鹊有三个兄弟,都精于医术。有一次魏文王就问扁鹊,你们家三兄弟,你的医术是不是最高明的?扁鹊说,不是,大哥最好,二哥其次,我最差了。魏文王心想,扁鹊能刺针放血起死回生,为什么却这么说呢?便问扁鹊。扁鹊说,我二哥治医,病初起他就知道,所以稍做医治便药到病除,病人还以为他只是医小病灵光。大哥就更厉害了,病还未起他已知道,小做调治便铲除病根。病人自己都还没有来得及感觉到不舒服,就以为他水平不过如此。我的本事比他们差远了,所以要到病人病灶很明显的时候我才知道,病人觉得我帮他们医好大病,所以我的名气最大。这就是中医里所谓的上医治未病、中医治欲病、下医治已病。魏文王听完扁鹊的话后大悟。

我们是不是如魏文王一般,听完扁鹊的话后有所觉悟呢?真正好的社会治理是不需要英雄的,它的好是体现在常态化的治理结构过程里的。卓有成效的冲突管理绝不是在矛盾发生了以后才去解决问题,而是当预见到矛盾可能会发生的时候,就对它进行有效的管理,在每一个可能出现矛盾升级的环节上去阻断它的发生。

那么,哪些环节是可以有效阻断矛盾发生呢?我们必须回到无管理冲突螺旋图来看,从出现问题,到出现一系列危机,中间还经历了从形成单边看法、立场固化、关系恶化、沟通中止到启动资源、冲突外扩和看法歪曲的一系列矛盾升级的过程。遗憾的是，目前国内冲突研究的学科还没有建立起来，对于冲突管理存在极大的误区，大量资源和力量都放在当问题已经恶化成为危机现象的时候才进行危机干预、危机管理、危机处理，那是扁鹊——治已病的下医。冲突管理的工作越前置，效果就会越理想。在问题出现以后但还没有发展到形成危机之前做工作，那就是扁鹊的二哥——治欲病的中医。我们可以做大量的对话和协商的工作，来避免形成单边的看法和立场固化，缓和关系，避免沟通中断。社区协商应该和必须在这阶段花大力气做好功夫，这是成本小、成效大的投入。那么怎么样是大医呢？通过设计治理结构来避免问题的产生——这是治未病的大医。只有把冲突预防机制做到位，才是真正有效的解决冲突。

◎ 共识治理模型

作者向我们介绍了一个基于谈判理论，在协作网络治理结构中循序渐进建立共识的模型，我把这个模型叫做预防冲突的共识治理模型。

预防冲突的共识治理模型

1. 明确网络成员中谁的同意是必须的
2. 明确网络的范围和权限
3. 讨论网络开展工作的合法性问题
4. 协商未来进行讨论时的基本规则
5. 协商网络内的意见交流管理过程
6. 讨论行政管理和职责分配
7. 协商结束议题的决策规则
8. 明确处理僵局的机制
9. 明确结束网络的决策过程

这里所说的网络都是指公共协作网络。如果你把它放在社区场景里面,可以理解为一个有明确服务功能的协作网络,如为老服务;一种常态化的协作机制,如三社联动机制;甚至一场协商议事会。

按照预防冲突的共识治理模型,搭建一个成功的协作治理结构,需要明确九个方面的内容。

1. 明确网络成员中谁的同意是必须的

协作网络有正式的、紧密的协作网络,也有非正式的、松散的协作网络,正式的协作网络往往是由某个或某几个重要成员或强势成员召集而成,比如政府的有关职能部门、某个主要官员等。这种情况下,网络的行动得到他们的同意和支持就至关重要,否则很难展开工作。

协作网络也可能是通过自我认同的过程而自发形成的。下面以杭州公益伙伴圈为例,民间社会经过 2008 年的 5. 12 汶川地震、2010 年的 4. 14 玉树地震后,越来越多友爱人士开始热心参与到社会公益服务中来。杭州有一批活跃的民间公益团队开始有了专业技能提升、抱团发展和呼吁相关政策的需要,大家有共识要加强公益团队之间的相互交流、开阔视野、共同成长并推动区域公益力量的发展。于是几位核心人员开始共同召集"禾公益沙龙",通过定期沙龙的形式,组织大家聚集在一起交流和学习。数年时间里以频繁的沙龙学习和核心人员的个人连接为纽带,将杭州城里热爱公益的骨干人员紧密连接起来,形成了一股很强的向心力量。沙龙有公益组织以外的政府、企业、媒体等跨界人士的参与和体制内力量的支持,连接着杭城大部分活跃善力量团体或个人代表,逐渐形成了一个大家共同认可的杭州公益伙伴圈。后期随着政府对公益发展支持力度的加强,创造了非常多交流学习的机会,加上核心人员有自己不同的发展重心,禾公益沙龙就停滞了,杭州公益伙伴圈也开启了党建引领下的另一个层面发展。

举这个例子,是想说明对于协作网络的行动来说,关键人员的同意非常重要。我曾是禾公益沙龙的核心人员之一,我和其他两位核心者的意见就非常关键,因为我们是在推动这个网络发展承担最大责任的人。

2. 明确范围和权限

每一个网络一定是有它之所以成立的原因,它要完成的任务,即网络的使命要有明确的范围和权限。

2020 年初爆发的这场新冠疫情，社区在几乎毫无准备的情况之下突然被推到了抗击疫情的最前线，承担了非常艰巨的重要任务，尤其在抗疫初期，在不少地方，社区一度事实成为疫情防治协调的中心，责任范围很广，但是权限并不匹配。

话说回来，像这样一个疫情协作网络会涉及一个联动机制。这个机制要考虑到社区的管理权限可以到哪一步。以往社区基本上是在末端的一个非常被动的角色，但在疫情期间，它被置于一个很突出的中心位置。虽然被置于中心位置，但是管理权限是模糊的，与它的重要作用很不匹配。经过这次疫情，必须要反思政府与社会、自上而下和自下而上的联动机制。基层社区的地位需要有一个重新设计，基层工作者不能只是在最末端的角色，不应该总是"民兵"。如果要让"民兵"发挥"主力军"的作用，必须要给他们必要的训练和支持才行。

3. 网络开展工作的正当性

协作网络开展工作需要取得合法性，或者正当性。政府任命、司法授权、权威指定、共同推选是取得正当性的来源；工作能力、个人威望、公开透明、良好口碑等也可以建立协作网络的正当性。

浙江金华有一个优秀志愿者叫胡芳，她发起成立了一家只有两三个人的小型社会组织——"心舞工作室"。疫情爆发以后，心舞工作室迅速做出反应，发动所有关系网络，在全世界范围内募集、采购口罩等急需的医疗防护用品。由于胡芳多年从事公益事业积累的个人口碑和强大的社会网络，工作公开透明并且极其高效，心舞工作室很快促成了一个庞大的捐赠物资和海外采购的抗疫救援协作网络，在疫情爆发后短短一个多月的时间里，对接完成了总价值一亿元以上紧缺医疗防护物资的全球采购和医院捐赠。

强调公众参与，向公众负责任，都能增强协作网络的正当性。反之，不公开透明，暗箱操作，则会削弱协作网络的正当性。正当性的削弱就意味着工作无法有效开展。

所以，在建立治理结构的时候，讨论网络开展工作的正当性问题，可以有助于明确它所需要的其他参与者以及他们的权利。

4. 讨论基本规则

接着我们要明确的是进行讨论时候的基本规则。没有规则的讨论，就像打一场球不知道哪里是边界，不知道到底是否犯规，不知道那一分是有效还是无效。连小孩子打羽毛球都会脚一划说，打过这个地方就算出界了。所以，需要有边界有规则，哪怕最简单的。基本规则让我们知道我们怎样是对，怎样是不对，怎样得分，怎样不得分。

基本规则需要讨论，规则要明确，明确规则后要一视同仁。

我们以社区议事会议为例，假设你是议事会议的主持人，如果在会议中居民争吵起来了怎么办？控制不住局面怎么办？首先，不要害怕争吵，争吵不是坏事，争吵说明大家在意这件事。然后，要把"对事不对人，不可以人身攻击"列入到基本规则里面去。在与大家确认基本规则的时候，你就要强调，如果发生争吵的话，你是有责任来阻止的，请大家不要责怪你。你可以站在那个你觉得最容易吵起来或者脾气不好的人旁边，笑眯眯地跟他讲"张爷爷，可以吗？"，"刘总，到时候您可别骂我噢。"

当在会议中真的有争吵起来的现象时，或者你感到已经触规越界了的时候，你就必须要坚决而温和地阻止。坚决是态度，态度一定要坚决；温和是处理的方式，说话的方式可以礼貌一些、委婉一些。你要清晰传递出"触规越界绝对不可以"的信息。不要怕居民对你凶，不管你用什么方式，必须要去踩这个刹车。你可以充分利用微笑，也可以充分利用沟通技巧或者身体语言，或者借助于你邀请来的"和事佬"居民代表。但是你必须要去维持基本规则！

其实，在社区的议事会议中，最无视基本规则的往往是制定基本规则的人，往往是会议的召集方、主办方的领导。他们可能一说话就没完没了，这个时候，你必须要一视同仁。你要提醒他们同样要遵守规则，也可以提前跟他们打招呼，你可能会拿他们"开刀"做榜样。要有基本规则，要把基本规则立起来，更要把基本规则守起来，这点很重要。

5. 协商意见交流的管理过程

传统的会议往往比较单调沉闷，交流的方式是线型的。什么是线型？要么就是一个人讲大家听，要么就是一个话题每个人轮流讲，甚至一个人滔滔不绝。

其实有各种各样的方法和手段让大家都参与表达、沟通，这样也更有效率。很多过程可以帮助参与者进行头脑风暴、愿景描述、分组讨论，让大家都能够说，都能够分享自己的观点，又彼此倾听。

现在有很多外企会有 Scratch room，类似一个开阔的工作间，有可以移动的桌椅，大家在一起围绕着大白纸、投影进行头脑风暴。开会形式跟我们传统坐在会议桌旁边不一样，会比较放松一些。做敏捷组织、青色组织的，很多都会用到类似会议形式。

有的会用高科技手段，如电脑；有的用粘贴布、牛皮纸、故事板，有很多方法让每个人做出更多表达。我开会用的比较多的是粘贴布、彩色纸片、小纸片，这些都是用于意见交流的过程。你要去管理过程，在开会的时候要明确我们用这种促参的方式来开会。很重要的一点是你要采用各种各样的形式，比如开放空间，让不同的观点流动起来，然后通过一个非线性的、开放的过程来激发观点的产出和信息的交流，吸引所有人的注意力，同时可以节省时间。

组织转型的一个趋势是去中心化，不是一个人说大家听，而是让组织成员之间相互头脑激荡。去中心化的组织拥有一个更有效的网络状结构，有一套系统新型的管理理念、管理手段和管理技术。

协作网络还可以通过在线论坛方式作为会议的形式，可以以这样的方式进行网络外输入，比如输入一些专家的意见等等。这样的治理结构里面还应该包含对公众声音的考虑。本书后面会专门介绍信息交流管理过程具体的工具和做法。这里更多的是作为公共问题讨论的一种程序做法。

本书不仅是基层实务工作者的读物，它更适合中层管理干部阅读，因为他们是真正上传下达的公共管理人员。本书可以帮助他们怎样在具体工作中形成结构框架性思维，让具体落地执行者能够在这个框架里有空间、有管道、有支持、有资源、有能力地实施。

6. 行政管理和职责分配

任何一个协作网络都有行政管理的需要，比如会议通知、行政费用分摊等。那么，我们是不是需要有支持性员工？这些支持性员工的成本由哪家机构来出？涉及一些行政费用，如平时开会的场地、电脑以及其他所需资源都要有所明确。

所以,对协作网络的运作和各个行动的实施进行职责分配是非常必要的。因为协作网络的每一个成员都有双重身份,第一个是他自己所在组织的身份,第二个是他在协作网络中的身份。所以对于所涉及到的这些行政管理需要明确。一般来讲,协作网络很少单独成立一个班子,那么就需要明确,谁具体在协作网络当中承担什么事情,费用怎么办,时间表是什么。

从一开始就对这些方面进行讨论,是确定网络治理结构不可或缺的部分。在我的经验里,往往会出现讨论事情的时候都很好,但是到了谁来做的时候,大家都在推,"我没有时间","我没有条件","我没有……"各种各样的问题。最后,很好的方案可能就会做不下去,因为明确不到具体责任人而悬在了那里。所以,一开始就在这方面进行讨论,进行明确是非常重要的。

比如一个协作网络如果需要三个人,那么不论采用怎样的方式,都要明确如何支持这三个人,涉及到费用问题、场地问题等等都要明确。

7. 协商结束议题的决策规则

接下来谈谈协商结束议题的决策规则。我谈到过关于罗伯特议事规则的局限性,提到在社区协商网络或会议中会使用到这些规则,但是基本上这些规则做了一定修改。我不太建议在社区协商议事和参与者差异性较大的群体中,尤其是教育程度差异大的群体中运用罗伯特议事规则。

现在很多议事规则前面习惯性地加上罗伯特议事规则,可是,绝大多数人都不懂什么是罗伯特议事规则。真正的罗伯特议事规则,条文非常多,厚厚的一本书。国内已有不少专门推广罗伯特议事规则的机构。

还有宋庆华老师的团队,这么多年以开放空间形式一直不断在推动民主议事会议。正是因为贡献很大,也让一些人产生了一种局限性,一想到规则的时候,脑子就会跳出罗伯特议事规则,一想到协商议事会的时候,就会想到开放空间。但是,议事规则不仅仅只有罗伯特议事规则,民主议事会不仅仅只有开放空间形式。罗伯特议事很重要的规则是少数服从多数,这是利也是弊。利不言而喻,弊就是忽略少数人的声音。

这个过程所涉及的讨论模式和传统会议已经截然不同了,它是一个共识的过程。有五个步骤:召集成员、角色和职责分配、协作团队解决问题,达成协议和履行承诺。作者认为这个协作网络用这样一套程序会更有效，但并不是否认罗伯特议事规则。这套程序是帮助美国陆军工团开发的进行大规模建设项目合作的一套程序。大规模建设项目合作意味着会涉及很多参与方，有很多利益相关方来进行协作，来达到一个共同目的。为了这个目的而设计的一套会议规则或者一个协作规则，和罗伯特议事规则的议会表决规则是不一样的，本身针对的目的就不一样。

这套程序就是共识原则，共识原则的开始就是所有的主要参与人员来进行利益式磋商的培训。

这个很有意思。第一，大家来进行利益式磋商的培训，就是大家一起来明白规则是什么，游戏规则怎么玩。一起来讨论，如果我们出现矛盾怎么办？怎么处理，怎样的程序，怎样的机制，冲突情况下主要联系人是谁，把这些明确以后，就好比一起把我们的红线自己定出来以后，就在中间红线那儿玩。这让我想到，杭州机动车限行政策出台的那一天，也就是"中泰焚烧垃圾场事件"那一年，我正好在参加市里一个关于社会组织参与城市重大公共冲突的一个讨论会，有一位与会者提到他在联合国参加某个会议的时候，会议一开始就来讨论不希望出现什么样的结果。本来要讨论的是我们要怎么做，但是话题转过来了，大家花了好长的时间讨论不希望怎么样。讨论完之后，剩下的就是希望怎么样和可以怎么样。所以就不是先谈怎么往上走的细节，而是先把红线画起来，画起来以后中间的空间，就可以自由发挥了。

8. 明确处理僵局的机制

接着就要明确一个机制，怎样处理可能会出现的僵局。

求助于第三方可以明确成为一个机制。第三方的人选，可以是促参员、调解员，也可以是有经验的第三方，比如专家团队、咨询顾问组。

另外，协作网络还可以通过成立一个联合事实调查组来做决定，或者寻求仲裁，这个仲裁可以是绑定仲裁，也可以是无绑定仲裁。这些东西都需要提前明确，即如果我们出现僵局怎么办，再进行说明，征求大家共同同意。

9. 明确何时结束网络

最后还必须要说明一点，协作网络是永远一直存在的，还是有结束的时间，到底什么时候是句号，这些都需要提前明确。可以是一个标志性的事件，也可以是达到了某个预期的结果后。每一个富有团队工作经验的人都知道，让人们接受结束也不容易。人们总会希望继续，或者用其他方式延续，不太愿意就此画上一个句号。

明智的做法是在开始的时候就把这个问题提出来，如果有可能的话，可以明确到具体的时间点，或者具体目标的达成，或者具体事情的发生，总之，寻找一个逻辑上的结束点。这里还会产生加入和退出网络的规则和程序的讨论。比如刚开始成立一个协作网络的时候，大家来就可以了。但是，慢慢会出现一些问题，怎么进入这个协作网络？怎么退出？无论是清退，还是主动退，这些都需要提前考虑。

◎ 谁应该来协商？

网络治理中有一个要点就是要确保关键成员的参与。那么怎么样的人算做关键成员呢？如果社区要做协商议事会议的话，应该请谁来参加呢？有一个叫做摩尔（Moore）的学者提出了一个协作网络参与成员的建议清单，列出了一个"谁应该来协商"的框架清单，目的是为了确保那些有能力在具体结果上实施影响的人都要来，并且都能够形成共识。

谁应该来协商？

√ 有权力或威望作出决策者

√ 有能力逆转甚至破坏磋商结果者

√ 明白和理解分歧所在者

√ 有谈判技巧者

√ 能控制情绪者

√ 能为其他各方接受者

√ 已经非常投入或者很有信心愿意全心投入者

√ 有后台和后援支持者

有权力或者有威望作决策的人。

协商问题是为了解决问题，解决问题当然就需要有解决问题的权力、能力或者资源的人，通俗点讲，就是能够说了算的人。如果有能够说了算的人在一起来商议事情的话，那么离事情的解决是不是就更近了呢？

有能力逆转甚至破坏磋商结果的人。

如果你没有邀请他们来参与磋商的话，他们有能力逆转、甚至破坏磋商结果。在互联网时代，这一点的作用越发凸显。无论是罗伯特议事规则，还是我们习惯的投票方式，我们一般都会默认为少数服从多数。但是，仍然会有少数人反对结果。以前因为技术限制，少数人的信息传播很有限，影响力也很有限。但是在互联网时代，少数人可以轻易通过很多方式放大他们的声音。这就意味着，我们越来越无法忽视有异议的少数人可能产生的行为的后果和影响，以及破坏性。

前些年在城市化建设过程中，发生了许许多多不应该发生的悲剧，拆迁占了很大一部分比例。因为各种各样的原因，我们对于这些小部分人，也就是"钉子户"，是无视的。有时候可能需要更大的成本去承担无视的结果。所以，不能忽略对磋商结果有破坏可能的人。

明白和理解分歧所在者。

得要有明白人，我们最喜欢跟明白人说话，他能够明白和理解事情的分歧点在什么地方，知道问题出在哪儿，以及为什么。与明白人谈事情不需要太多口舌，费劲地解释，明白人都懂。因此相对来说，也就更加容易找到解决问题的办法。

有谈判技巧的人。

协商议事很多时候是以语言的方式，通过沟通表达来进行想法的交流。有谈判技巧的人重视沟通表达，懂得进退闪避，能够尽可能在保持关系的同时争取利益的最大化，一般不会钻进牛角尖，或让场面陷入僵局。

能够控制情绪的人。

相对来讲，能够控制情绪的人比较公平、理性，说话也比较客观，他们有利于稳定大家的情绪。

能够为各方所接受者。

比如一些和事佬、退休的前领导，尤其是一些老党员、劳模，经常会被请来参加社区的协商议事会。他们也没有什么太多的想法,基本上是"你好我好大家好",这样的人有利于起到定海神针的作用。

已经非常投入或者很有信心,愿意全心投入者。

每个社区都会有一批大妈们或者大伯们很愿意为人民服务。还有一部分社区居民,他们已经前期投入了很多的工作,尤其是在物业管理、小区业委会工作方面,他们也很愿意来做一些事情。

有后台的人和有后援支持的人。

有后台和有后援支持的人,都更有能力促进结果的落实。但是,如果并不是他们所希望的结果的话,也更有能力破坏结果的落实。所以要让他们参与进来,得到他们对于结果的支持。

这份清单很全面。所以当你下次需要召集协商议事会的时候,可以参考一下这份清单,想一想你在协作网络中可能扮演的是什么样的角色。如果你需要邀请他人来参加的话,你就可以评估一下,看看他们在其中是什么样的角色。目的是什么呢? 你要确保那些有能力的人在场——能促进事情谈成功的人要在场;能促成事情落实好的人要在场。最后别忘了,对结果有破坏力的人一定要到场。

第八课　公众参与

在协作网络中,当管理者想要制定或落实某个公共政策的时候,很容易就会与公众产生冲突。因为协作网络所涉及的政策问题,可能是跨部门的、跨区域的或跨领域的。解决方案又需要有很多利益相关方,国家、地区、地方、企业界、社会组织等之间的协作。

网络治理在两个方面比较容易受到诟病:第一,协作网络缺乏透明度。第二,责任不明确,没有追责或者问责制度。协作网络在这两个方面出现的问题是公众特别容易盯上的。

一般来说,公共协作网络没有像传统官僚机构那样的层级制,它常常是去中心化的,所以没有一个清晰的指挥链,它的责任是分散的。它的会议也并不总是都向公众开放,却往往承担着基本公共治理的任务,制定、执行和完成公共政策,因此协作型公共管理网络越来越多地需要通过各种手段来加强公众的参与。

◎ 公众参与的基本理论

在协作式治理中,管理者们必须与其他参与者进行合作,确定什么时候和怎么样让公众参与到决策中来。有很多工具和方法对于在协作网络中的管理者们非常有帮助,协作网络可以通过这些过程的安排,将公众的声音更好地结合到参与式的治理过程中来。参与式治理有很多种形式,而其核心理念就是对话与协商。

对话和对抗式的争辩不一样。在争辩中,参与者的听是为了寻找话中软肋,好进行有效反击,为了争"输赢"。对话的参与者是在礼貌和相互尊重的氛围之下,在中立的空间或平台上理性地轮流陈述,交流观点想法,让彼此听到。参与者的听是为了更好地理解对方的观点,澄清疑问并探究更深入的了解,以求相互理解甚至部分共识。协商是对于所有信息、观点和各种想法的全面考量。

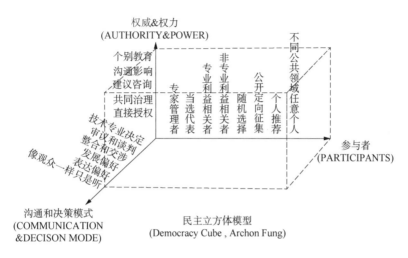

图二十四　民主立方体,Democracy Cube, Fung

亚坎·冯(Archon Fung)提出,政策制定过程中的冲突解决过程会受到三个不同纬度上因素变化的影响:参与者,参与者的权威和影响政策的权力,沟通和决策模式。他提出了民主立方体模型(Democracy Cube)的理论。参与者类别广泛,包括:专家管理者、当选代表、专业利益相关者、非专业利益相关者、随机选择、公开定向征集、个人推荐和不同公共领域任意个人。参与者的权力类型包括:直接授权、共同治理、建议咨询、沟通影响和个别教育。六种沟通和决策模式包括:技术专业决定、审议和谈判、整合和交涉、发展偏好、表达偏好、像观众一样只是听。

民主立方体在这三个维度上的变化带来参与机制的不同。通俗地来讲就是,谁来参加,他们怎么沟通和做决定,他们的决定跟政策(或者行动)怎么联系在一起。

阿恩斯坦(Arnstein)提出了公众参与的阶梯理论,他把公众的参与程度形

参与阶梯理论
(阿恩斯坦，Arnstein)

图二十五　参与阶梯理论，Ladder of Citizen Participation, Arnstein

象地比喻成了一个梯子。当梯子一阶阶地往上时，参与的程度也就越来越高。参与阶梯模型有八阶，分别代表八层不同的参与水平，从阶梯最下端的操纵公众、训教，到告知、征询、怀柔，和再往上的合作、授权，一直到阶梯最上端的由公众来控制。

但凡参与，一定至少有两方。我们把这个参与阶梯理论放在社区治理场景里面的话，那么至少有社区和居民这两方。

在操纵这一阶上，所谓的居民参与，只不过是装装样子走走过场的形式，因为有一个居民议事会的项目，协商议事会的横幅已经挂起来了，需要有一些居民来会议桌边坐一坐，拍几张照片，好有个交待。发几块肥皂请居民来，有些伯伯阿姨也乐意的，反正都一样是打发时间，还可以得点实惠。在你们的社区里，有多少是这样的居民参与呢？

阶梯的第二层是训教，英文里用的词是 therapy，是"治疗"的意思。公众参与里要"治疗"什么呢？"治疗"脑子的病，想法跟大家不一样，那就需要训斥他、教育他，你需要他和你统一思想，你需要他说你要他说的话，你不允许他发出"不和谐"的声音。

在基层矛盾纠纷解决中，我们经常听到的一句话是"摆平就是水平"，可是细细回味，是这样吗？很有可能"摆平"只是暂时"治"好他了，但问题解决了吗？"搞定"了少数人，矛盾真的就解决了吗？

第一层和第二层，居民事实上没有参与，或者是假的参与。

第三层是告知。方案上面已经确定了,不过"民主协商"的形式还是需要的,所以要通知居民来开一开会,与其说协商会,不如说告知会。但会场上的大横幅肯定是"协商议事会",主席台上会坐一些领导,有关领导人手一份文件,会有人把文件念一遍,然后问"大家有没有意见?"99.99%的人没有意见,然后鼓掌通过。

如果我们经常开的就是这样的协商会议,我们凭什么要求居民们得真诚投入、积极发言呢?我们凭什么就不能理解居民问你要好处,要油、要米、要肥皂、要牙膏呢?他凭什么要花费时间来给你鼓掌?

可能你自己也不满意这样的议事会,所以你会走到参与阶梯的第四层,第四层叫咨询。这次不会坐在离居民很远的主席台上了,你、领导、居民代表们大家一起围坐在大会议桌边,人手一份文件。然后你说,以上这些,我们想听听你们的意见。然后大家开始说。你会打开本子,认真地听、认真地记录。你会认真地回应居民们说的话,你会一条条地解释,你的解释听起来更像是在说服,或者就是在说服,说服居民们相信你的方案里已经有了这方面的考虑了。居民们的意见对于决定会有多少影响呢?基本上是已经确定了的,改变的可能性不大或者很小,或者说90%不会有影响的,10%有可能改变。我们有多少人正在开的是这个水平的协商会?

那么阶梯的第五层是什么呢?第五层是怀柔,以维护基本决定为主要目的的安抚调和,用各种各样的手段,把争议平息下来。城市建设推进过程中,很多决策的落实必须要有居民的参与,但有的时候事情又并不符合居民的利益,于是就会出现异议。现在的城市居民维护个人权益的意识比他们的父辈强烈得多。既然不打算改变决定,那就只能改变不同意决定的人的思想。所以怀柔这个阶段,就需要我们在维护基本决定不变的前提下,做大量的工作,做通居民的思想。

从第三层到第五层,居民们有参与,但是是比较浅层的参与,或者叫表面参与。更高一级的参与是什么呢?

参与阶梯的第六层叫合作,在合作这个阶段,社区是把居民当作平等的利益相关方来进行交涉的,不一定必须是五五对半的绝对平等,哪怕四六、三七,但是是平等的主体关系。随着城市经济的发展，居民文化程度、教育程度不断提高，他们要求参与到城市公共治理中的呼声也越来越响亮。如上海、北京等地的一批高档小区、国际化社区就已经面临这方面的治理需要和能力挑战。

第七层叫授权。在阶梯的这一层，政府将更多的决定权共享给居民，通过授权的形式，由居民来自行协商决定。一些社区的电梯加装工作，采取的就是类似这样的做法，授权给机构来落实完成。

参与阶梯的最顶端，就是完全由公众来决定。比如参与式预算，社区有五万元，拟用于小区便民设施改造。但这五万元具体用在哪里、怎么用、谁去用、施工、监督一应事宜，完全由居民自行协商决定。原子化的居民个人是无法完成这样的工作的，所以要大力培育和发展社区社会组织和居民自组织。

政府向居民分享决策权力的过程，其实同时也是居民向政府分担治理责任的过程。健康的社区自治，就是政府逐渐让度决策权，由居民自己决定他们自己的事情，以此培育居民们对于社区事务的主人翁意识，承担起他们对于社区治理应该承担的责任。

协商最重要的核心概念在于对话和审议，审一议的协商过程。对话不是争辩，是创造机会来促进相互理解。协商的过程质量取决于三个要素的满意程度。哪三个要素呢？包容性、协商程度和影响力。

第一个要素是包容性。包容性指的是让有代表性的相关社区、社群广泛参与进来的质量。比如，你要在社区里开一个协商会议讨论某个社区问题，需要年轻人的声音，但是年轻人不感兴趣；或者你觉得年轻人不感兴趣，就没去找年轻人来参加，结果来参加的都是一些退休老人或者家庭主妇。代表年轻人的声音是缺乏的，讨论出来的结果可想而知，离年轻人就远了。没有多元的代表性，包容性就打了折扣。这是在社区做民主协商治理中会面临的一个挑战，也是"三社"难以有效联动起来的一个原因。到社会发育更加成熟的时候，不同群体都形成自己的社群团体，外来妈妈群体、新城市人群、脑瘫患者群体、同性恋群体、在家教育群体等。当社群形成的时候，就容易发出共同的声音，这声音就能让他们在公共参与和协商治理中更容易被听到。可能我们还没有做好听到更多元声音的准备，但是，加强社会治理需要提高治理质量、治理成效，而要提高协商治理的质量和有效性,就必须提高协商治理中公众参与的质量,必须增强包容性。这也是一种必然的趋势,同时很多互联网工具也促进同质化群体形成社群。多元社群存在的好处是,能够形成一种相对统一的声音。相对统一的声音能够便于被有效纳入到政策形成的讨论过程中去,否则一片杂音会加大行政成本。

第二个要素是协商程度。协商程度与对话的质量、交换的信息以及参与者和决策者之间交流的文明程度是有关系的。对话,是一种对于个人思想或者观点的真实表达,需要的是彼此尊重地倾听,听就好了,听懂更好。对话不是评论,更不是对吵。对话所表达的只是说话者个人的真实想法,你听到就好了,如果对方没有问你的时候,你就不要去分析和评论他的想法。这样做只会妨碍对话的流畅,影响对话的质量。

遗憾的是,在真实的社区议事会议中,我们往往习惯性地对听到的想法进行分析或评判,并常常会因理解上的分歧,最后变成争吵,导致会议不欢而散或无果而终。好的协商一定是在大家的真实想法基础之上寻找让大家都能感到满意的解决办法。如果不能听到人们真实的想法,怎么找到真正让人满意的办法呢?

第三个要素是影响力,协商结果对于政策决定的影响。前文提到的浙江优秀志愿者胡芳多年来积极参与公益服务,两届当选为她所在地区金华的人大代表。人大代表的身份为她提供了一个更大的作为空间,她充分利用这个舞台,结合她在公益实践锻炼出来的敏锐的问题意识,积极推动跨界合作多元协商,影响到数项地方乃至国家的政策制定,最具影响力的莫过于推动《我不是药神》电影原型中白血病抗癌药格立卫的降价和强仿药政策的出台。有质量的协商可以影响决策的形成。

◎ 公众参与的准备清单

在计划动员公众参与的时候,首先必须要通过一个问题清单先做自我评估。其次要知道有很多不同的过程工具,它们是可以帮助我们更有效地来组织公众参与工作的。

无论确定采用哪种公共参与的形式，首先是要重视让公众参与进来，要通过各种手段来加强与公众的连接。其次，在动员公众参与之前，必须要问自己一些问题，想清楚这些问题以后再来做公共参与的动员。书中，作者给了我们一个公众动员之前的准备清单，是一组我们必须要问自己、要有答案的问题。

公众动员之前必须要问的问题清单是专门为协作网络要发动公众参与、要进行与公众协商而准备的。在动员公众参与之前，在考虑程序、结构、流程设计之前，一定要问自己一遍这些问题。

公众动员之前必须要问的问题

1. 是否有不做的充分理由？
2. 能够找到资源和时间吗？
3. 如何确保政治领导力的存在？
4. 如何解释相应问题的"历史"？
5. 用什么策略把说和做联系起来？
6. 目标如何领导过程？
7. 如何选择参与者？
8. 如何让参与更多元？
9. 如何解决真正的分歧？
10. 沟通计划是什么？
11. 如何让社区成员知道哪些建议被采纳、哪些没有和为什么？
12. 如何从经历中学习？

有没有不做的充分理由？

公共协作网络总是与公众有关，与公众关心的事情有关。当网络需要做出一些决策或执行决策的时候，你必须要问自己，我是不是一定得要这么做？一定要让公众参与进来吗？有没有不需要公众参与的充分理由？对这个问题的回答，决定了你可以走到参与阶梯的哪一级。这个下面会提到。

能不能找到资源和时间？

为民办事的这笔资金花在哪里，本来是你办公室里在电脑前面拍脑袋想想就好了的事情，但是为了更真实了解居民的想法，做真正居民想要的事情，就需要居民的参与了。你需要花时间，你要召集议事会，要做准备工作，你还想邀请一名外部促参员，需要费用……做这件事情的时间和资源，有没有呢？

如何确保我的政治领导力？

政治领导力，听来像是一个很大的词，通俗点表述为"说了算"吧。在社区协商中，如果都由居民说了算，那把我放在哪？如果居民提各种要求为难我，怎么办？如果不符合上级要求怎么办？在与居民做协商时，我们常常有顾虑居民自治会挑战自己"做决定"的权威性；担心居民会把方向带偏；担心自己以后工作难做；担心不好向上级交待……

有时候我会对社区书记说，你换一种方式想，原来是你决定社区要为居民做什么事，你辛辛苦苦地做了，居民们各种挑剔，做好了居民也不领情，他们说这是你们自己要做的，又不是我们要你们做的。现在你只需要告诉居民，你有多少资源要花在社区里面，你由他们自己来商定这些资源花在哪里，你只需要把他们决定的事情做好就可以了。你做了居民们想要你做的事情，他们会不高兴吗？会不夸你们吗？做了居民满意的事情，上级不是也高兴吗？

如何处理相应事情的历史？

有的时候，事情之所以棘手，是存在历史原因的。即使我们说"要往前看，不要翻旧账"，但是公众并不是这么想，他们需要你给个说法，一个他们能够接受的说法。所以你要想清楚怎样来解释相应的"历史"问题，不要指望能够回避过去。

你用什么策略把说和做结合起来？

假如决定要让居民一起来讨论的话，你心里要问自己，这件事情你是当真的吗？居民说的那一大堆意见，你是真的打算要去做的吗？你打算怎么样去做呢？如果你打算只是让他们说一说，并没有要认真去做，那么你就要考虑怎么解释居民们说的和你实际做的之间的差异。你怎么去面对他们的期望，甚至有可能因为讨论而激起的更多期望？如果让他们感到失望的话，会不会影响你后面的工作？居民议事会在有的地方越来越沦为摆设的一个重要原因就是根本没打算把居民说的当回事。于是居民议事会就变成了发两条毛巾、一袋洗衣粉或请一些居民过来拍照片充台账的事情了，这很可悲。

目标如何领导过程？

一切形式服务于目的，一切过程设计都是为了如何更加有效地达成目标。目标清晰以后，就要考虑目标应该分解到哪些环节或者子议题，每个环节需要做些什么，每个子议题如何组织讨论，每一个流程应该怎么样……

可以聘请专业的促参者，根据你确定的会议目标来帮助你完成会议的过程管理和服务工作。促参者也可以由已经学习和掌握了促参技能的社区工作人员、社工担任。会议过程管理是一个技术活，高效的会议过程管理能极大地促进会议的成效和产出。"学开会，开好会"是社会治理能力现代化一个很重要的挑战。

如何选择参与者？如何让参与更多元？

这两个问题的关联度非常高。居民参与者的多元化，无论职业、年龄、教育背景、个人特质等，必然会为社区协商带来更加多样化的视角以及有可能更加差异化的看法。首先在观念层面上，我们是否能有足够的自由度和开放度来包容这些差异呢？其次才是做法层面上，我们怎样通过专业的工具技术，让差异更加丰富地显现出来，并最终实现更加全面完整的目标结果。

出现分歧，如何解决？

这本书带给我们的就是如何解决分歧冲突。我们学习了很多技术和方法，使用冲突解决技术可以帮助我们有效解决矛盾冲突。对于真正解决问题来说，光有技术是不够的，还要有一颗愿意的心——愿意倾听他，哪怕你不同意他；愿意尊重他，哪怕你不喜欢他。做冲突解决的事情，你要真的真的很爱人。

沟通计划是什么？

你打算通过怎样的方式与公众进行沟通呢？你可能会召集社区会议，但是不可能每位居民都参加社区会议，那么你有没有想过用怎样的方式让没有参加会议的居民都有机会了解到会议的信息呢？打算通过小区布告栏，还是小区微信群？

我曾经参与一场僵持数年的社区矛盾的处理，我用两场促参会议让他们走出了僵局。会议中我们特别安排速记员,并将厚厚一叠的会议过程记录打印出来,放在活动中心供居民查阅。

不管我们采用怎样的方式与公众进行沟通,沟通计划的目的都是尽可能地与最多数相关者进行信息的交流互动。

如何让社区成员知道哪些意见被采纳、哪些没有被采纳?以及为什么被采纳和为什么没被采纳?

对于提出意见的社区成员给予采纳与否的反馈,不仅仅只是体现尊重,而且也是营造社区共同体的重要部分,要如实告知,并感谢参与。形式可以公开也可以个别交流,重要的是要重视并及时给予反馈!

如何从经历中学习?

过去已经发生的经历,无论成功或者失败,都有值得学习的经验或者教训。复盘是一种可以帮助我们从经历中学习的很好的工具。当然它需要专门的时间和一定的技术。在具体实践中,我们可以培养定期回顾的工作习惯。我很鼓励团队定期或不定期的"务虚会",暂时停一下前进的脚步,一起回头看一看身后的那段路,慢下、沉淀、反思,恰恰是为了更加快速、有效、有力地去到终点。我做培训或者会议促参有个习惯,会尽可能在最后留出五到十分钟时间,尽量邀请每个人思考一下自己在过去一个时间段里学到了什么,可能是一句话,甚至可能只是一个词。这些做法都是为了要促进我们从经历中学习。

这样的一个问题清单,可以帮助协作网络的管理者厘清是否要与公众进行连接。对于社区工作者来说,可能并不是每一个问题你都回答得出来的,没关系,你觉得不适用,就跳过去好了。但基本问题你一定要问自己的:不这样做不行吗?有没有时间?有没有条件?我的目的是什么?怎样确保不跑偏?如果涉及以前的事情,我怎么解释?说到的怎么去做到?总之,参照问题清单,在发动公众参与以前,对自己做一个框架性评估。

◎ 对话协商的主要模式

作者在书中介绍了协作网络中常用的一些公众参与模式。根据公众参与目的不同，主要分成两种类型，一类是围绕政策问题的制定或者具体问题的落实进行对话协商；另一类是在候选项中进行选择、确定优先顺序。两种类型都有很多成熟的参与模式，值得一提的是，有很多参与模式都经过设计研发、实践试验、理论提炼，最后形成知识产权。公共对话项目、公民评议会、学习圈、开放空间等都是优秀的参与过程的设计。

公共对话项目（Public Conversations Project）

设定的场景是某个现行政策已经产生了争议，而且这种争议是两极分化的。为了处理两极分化，公共对话项目（Public Conversations Project）采用的做法是创造过程，在两极分化中间不断去建立桥梁，进行有促参的、面对面对话和沟通。通过对话沟通来促进相互了解、相互理解，从而减少成见和防范心，削弱两极分化。公共对话项目需要持续有促参的小组讨论，这种有促参的小组讨论的目的不是为了达成一致，而是为了加强沟通。

不仅可以在协作网络的成员之间运用这个过程，还可以在成员各自的支持者中，通过过程来促进讨论。

有时候我们对于会议存在一种偏见，认为开会就是要有目的，开会的过程就是为了达成目的，所有成员走进会议室时可以各有各的想法，但走出会议室时就得一个脑子、一种想法，统一思想。这是一种狭隘的理解，并不是所有的会议都是以统一思想为目的，有的会议需要百花争鸣，需要在各自表达的过程中创造机会让大家相互倾听。公共对话项目就是这种会议，会议的促参者要做的就是让大家在一起对话，通过对话来创造彼此听到和听懂的机会，减少成见。很多融合类的项目和对话也需要用这样的方式来做。

公民评议会（Citizen Jury）

介绍一下公民评议会（Citizen Jury）的做法。美国法院至今仍保留陪审团的做法，由随机产生的十二名普通公民组成陪审团，旁听法庭辩护，并做出他们的判断。这样的设计应用在公共事务领域，就有了公民评议会的做法。

假如有二十个人都很关心转基因的问题，不过大家对于转基因的知识都很有限，于是就申请成为公共评审员，旁听转基因问题的辩论。转基因的支持者和反对者的辩论，就像法庭上律师和公诉人的辩论一样，公民评议会的主持人就相当于法官。等到支持者和反对者辩论完以后,公共评审员们就从各自的角度来进行打分、评价或者投票,做出他们的意见判断。

实验室博弈法

北京航空航天大学的李亚老师专门写过一本书,叫《利益博弈政策实验方法》,针对中国国情和政策制定的需要,提出了一种能弥补现行体制缺陷的政策制定的过程设计,他把这叫作实验室博弈法,模拟创建一个相对理想的利益表达、博弈与协调环境,来展开特定议题的辩论。目的是能在公共政策出台之前有一个中间过程,让更多公众的声音、意见参与进来。做法是让议题的相关利益方在一起进行充分的利益表达和博弈。有一个中立的第三方群体,可以称为专家团,为辩论的各利益方提供客观数据、信息和知识支持。政府的人员则作为观察者和评审员,参与利益相关方之间争辩、博弈的整个过程。最后,政府根据实验室模拟的这个议题的辩论博弈情况形成政府的政策决定。李亚老师曾经在部队工作,他说他的这个设计思路就是受到军队红、蓝两军模拟对抗的启发。

学习圈(Study Circle)

学习圈(Study Circles)也是一种程序设计,它是针对城市面对的共同问题,组织有代表性的多元化群体进行一系列社区对话。它为参加对话的公众提供与对话主题有关的资讯材料,对话深入在社区的层面进行,持续的时间可能长达数周甚至数月。对话活动可能在多个社区、多个学习圈小组同时平行进行,每个小组都有专门的促参人员来协助对话。对话平行进行一段时间以后,会集合起来,从有利于整个社区的角度再一起来交流和分享对于解决这些公共问题的看法。这种做法的突出之处在于,公众能够对所面对的问题进行广泛深入的探究,而不是仅仅在给定选项中进行简单选择,尤其当问题的解决办法与每个人有关的时候,这更有助于他们在行为上的投入。比如,讨论城市垃圾问题和垃圾问题政策的执行。

从本质上说,学习圈可以理解为,一群掌握促参技能的人,在社区中引导有方向的结构性讨论,来交流对于问题的看法和办法。通过创造这样一种对话的空间,不仅帮助人们对于问题及其解决有更多思考,让政策制定者对于民情民意有更深入了解,也让将要出来的公共政策对公众有个前期教育的过程。学习圈可以适用于很多问题，比如城市垃圾、外来人口、老龄化社会，比如我们想要什么样的生活、怎么看待越来越多在华生活的外国人士等等。

学习圈是一种比较温和、能够包容多元化观点的对话形式。对话过程中的重点不是道德评判，而是让不同的声音能够彼此倾听和对话。当城市治理面临越来越多元的复杂挑战时，学习圈能够很好地包容差异性的观念。通过包容差异性的过程让不同的声音能够从小圈到大圈，形成融合。当然，融合不等同于合成，而是在一个大圈里面各自找到自己的位置。

"美国民众说"（America Speaks）

"美国民众说"是一个 NGO 组织，他们采用的是一种被称为"二十一世纪市镇会议（21ˢᵗ Century Town Meeting）"的过程技术，运用高科技手段来进行大规模的市民会议，这种会议尤其适用于需要在多个组织或机构间进行协调的决策性问题讨论。"美国民众说"曾召集的一次"倾听城市"活动，从纽约市各个选区按人口比例选出了 4800 名代表，用整整一天时间围绕纽约世界贸易中心遗址重建问题进行对话和协商。这样一个协作网络包括了纽约市政府、港口当局、州和联邦政府部门和 NGO 组织，协商的结果关系到大家的共同利益。

代表们被安排 8—10 人一桌，每桌配有一个专业的调解员或者促参员，每个人都有机会说话，对遗址重建计划发表看法。他们交流意见，讨论优先，一起创造共识，所有这些都会被投影到大厅四周巨大的屏幕上，这样每个人都能够看到和知道其他各桌的讨论情况。接下来大家用手持的键盘式投票设备来表达偏好选择优序，投票器会记录下他们的偏好及其人口统计信息。

当天快结束的时候，由"美国民众说"的员工和市民代表所组成的团队会对所有的数据进行分析，并形成"到底人们想要什么？"的文字报告。这份报告会在当天结束时提交给决策者，并开放给所有与会代表。

这种二十一世纪市镇会议是一种特别适用于大规模市民会议的模式。其实，二十一世纪市镇会议的来源，最早可以一直追溯到古老的北美印第安长房子部落。

长房子部落，正式名称是易洛魁印第安人（Iroquois），曾分布在美国的东北部地区，这个民族特别先进又有智慧，以能够建造很大的长房子而得此名。长房子有六七米宽,一百多米长,这可是在原始社会的时候噢!

图二十六　易洛魁印第安人(Iroquois)的长房子部落

　　房子大,就可以所有人都住在一起,更加安全地抵御野兽和敌人的攻击。但是,很多人居住在一起,也意味着更容易产生纠纷。于是长房子部落就发明了一套公平民主的解决纠纷的做法来解决部落中的冲突。随着美国的建国和壮大,长房子部落渐渐衰退和消亡,但长房子部落古老的治理智慧和解决纠纷的做法,被重新挖掘了出来,成为很多追求公平民主的学者们源源不断的思想和灵感来源。长房子部落可以称得上是美国协商民主技术的启蒙。

　　很多古老的协商议事做法从长房子又延续到了现代化的市政厅里面,每次会议的参加人数从几十人、上百人到上千人不等,遵循一定的规则,进行充分的表达。人数越多,技术难度越大,这就需要借助于高科技手段,如电子显示屏、同步投票等方式。通常这种大型协商会议,有可能是在大礼堂、大体育馆里,摆满了很多圆桌,每个桌子都配有专门第三方人员,他们要做的事情就是让每个人都有平等说话的机会,并把每个人说的话记录下来。大家都会对同一个问题发表看法、交流意见。大家所提的想法全部都会被统计到大白纸、投影、显示屏之类的东西。如果是投到显示屏上,每个人都能够看到和知道整个会场正在进行的情况和各自讨论的情况。会议也可能在广场、露天电影院进行,主持人要用高音喇叭,大家就用脚来投票,一会儿站在这,一会儿跑到那,根据自己的想法偏好在不同区域间移动，来表达自己的选择。

整个程序就是汇总各种各样的意见和建议，然后通过设备或简单方式来进行投票和优序选择。在一整天的会议结束以后，立刻统计出所有的数据，并根据数据进行分析，形成文字，参会者在离开之前就会拿到会议结果的文本。整个过程大家都有机会表达想法，同时能直观地看到大家的想法，这样过程出来的结果是大家都认可和接受的公平结果。这是大规模市民会议的做法。

国家事务论坛(National Issues Forums)

凯特林基金会主持的国家事务论坛(www. kettering. org)，是一种特别适合在社区层面展开的网络协作过程。它是一种大规模的会议形式，把参会者分成很多个小组，然后围绕既定的一些政策选择展开结构性讨论。基金会为每个议题提供情况说明手册，提供无党派的中立信息，目的是让公众能够更好地了解每种不同的政策手段，它所可能产生的成本与收益、影响及结果。因而公众可以获得更为全面的信息，并通过相互讨论来明确他们的个人偏好。情况说明手册也会提供有限数量的具体的政策选择，供公众进行比较、对比。这种模式最常用于地方政府或市政当局出台地方性政策和管理条例，或解决涉及面很广的诸如族群歧视、民族冲突等问题，这些问题已超越了各政府部门原有的管辖内容和职责范畴。

前面举例子的时候我提到过邻避冲突。有很多城市规划问题造成尖锐的邻避矛盾，邻避矛盾的破坏力很大，如很多城市都发生过因建造垃圾处理场而引发的群体性冲突。假如能够采用一些有效的过程模式的话，可能矛盾最终不至于到尖锐对立，导致前期投资全部清空，前功尽弃。谁都要扔垃圾，谁都不想垃圾场造在自家门口，但是谁都知道需要垃圾场。像这种似乎无解的问题，常见的做法就是能不让他们知道就尽量不让他们知道；万一知道了，就尽量想办法去解决思想问题，千方百计想办法做好说服工作；最后如果思想工作没做好，就前功尽弃。这是我们习惯的传统做法，并且我们还在这样做。但是，这样做的行政成本越来越高，执行难度越来越大，且结果的长期可持续性也是一个大大的问号。

其实在这类公共政策的决策形成过程中，是可以通过程序过程的设计，把一部分决定权，或者至少把部分知情权给到公众，让更多公众有参与，通过公众参与的过程来得出更加科学的结论。那些有分歧意见的少部分居民,也会在大多数居民的意见中自然而然地做通自己的思想,接受更多数人的选择。与公众协商、解决冲突、达成共识的过程能力,是我们很多公共管理者都非常薄弱的能力。所以必须加强治理能力的建设,来应对城市社区艰巨的治理挑战。大规模市民参与公共政策讨论的成熟模式,是值得我们学习和借鉴的。

◎ 确定优序的主要模式

在众多选项中进行选择来确定优先顺序的这一过程,一般的目的,要么是为了更好地了解公众的偏好,要么就是把它作为一种创建共识的过程,最终目的是为了产出一个共识的最优方案。

社区工作者经常感叹"百姓百姓百条心",每个人都有各自的小九九,不管怎么做,总归有人说好有人说不好。确实,社区的工作很有挑战!不管社区做的是什么决定,都会最直接承受来自居民的压力,因为社区就是直接与居民打交道的。因为"做决定"的事,而被居民追着骂甚至打的,我相信很多人都经历过,一肚子委屈无法说。

有多少人,就有多少种想法、多少条意见,一一满足所有人的需求是不可能的,因为资源是有限的,就这点人,这点钱,这点时间,那么怎么办呢? 这里就要介绍一个理念,叫定优序——确定优先的顺序。"这么多建议,我也很想每一项都做到,但是资源就这么多,我只能优先做三项,你们觉得是哪三项? 你们来决定。"你把定优序的选择权给居民。我常讲,"做决定"是一个技术活,不能靠"拍脑袋"来完成。我们要学会运用程序、过程、技术来做决定。这样做有什么好处呢? 最俗的好处,即使他不同意,他也骂不到你头上。更重要的是治理的有效性! 我在后面的北郊案例中详细介绍了一般在社区事务讨论中如何定优序、做选择的做法。我们也来看一看对于复杂的公共问题,作者向我们介绍的一些先进做法。

选优对话(ChoiceWork Dialogue)

丹尼尔·扬克洛维奇(Daniel Yankelovich)是对话和协商领域的一位领军

倡导者，他是一位颇具影响力的民意调查人。他注意到，公众投票的结果是不稳定的，大家的反应经常会随着新披露的信息的情况而出现改变。所以他就主张，要通过对话和协商的手段，来帮助公众做出基于更多事实的更为客观理性的公共判断。他的组织叫作观点学习（www.viewpointlearning.com），采用的一种模式叫作"选优对话"。在这种选优对话的模式里，公众将经历由三个阶段组合而成的过程：第一个阶段是意识觉醒；第二个阶段是讨论问题；第三个阶段是提出对策。这种过程设计的关键之处就在于：要区分对话和争辩。对话是有尊重地交换信息和交流看法，人们彼此倾听，求同存异，建立共识，哪怕是"我们彼此不同意对方的观点"的共识。而争辩，是为了争个高下输赢，人们听的目的只是为了寻找软肋，伺机反击，而不是为了试图理解对方。

我忘记了是哪一年开始有了辩论赛这项活动，当时电视有直播大学生辩论赛，好像还是杨澜主持的，收视率非常高。之后从中学到大学，辩论赛俨然构成了校园记忆的一部分，使莘莘学子学会敏捷地寻找对方的话里软肋，伶牙俐齿地进行反击，最后很容易滑落成了强词夺理的自圆其说。重视辩论的训练是一件好事情，尤其在经历了十年浩劫进入一个解放思想、张扬个性的年代时。三十多年过去后，今天的这个时代，早已不乏张扬的个性和独到的思想，却极其缺乏倾听的耐心和对话的理性，更谈不上对话的能力了。如果总是以辩论来替代对话的话，我觉得很遗憾。重视对话的训练，要从学生时代就重视对话意识和能力的训练！

审议式投票® (Deliberative Polling)

费什金教授（James Fishkin）最早提出审议式投票的概念，德克萨斯大学还专门有一个审议式民调中心，由他担任主任。后来他到斯坦福大学后，这个中心也随他到了斯坦福。审议式投票渐渐发展成为一种拥有知识产权的方法论，在全世界二十多个国家已有一百多个成功案例。审议式投票特别适用于那些公众因为缺乏相应知识或者信息，因此很难就政策进行权衡选择的议题。审议式投票像一场社会科学实验，也可以视之为一种广泛意义上的公众教育形式。在审议式投票的过程中，参与者可以接触到政策专家，可以有机会与他人商议。组织者会在审议开始之前先进行一轮调查，对参与者的观点做出评估。然后参与者有机会了解所有相关的政策信息，向专家团成员询问他们认为有关的任何问题，这些信息是不带党派倾向的,专家们也是客观中立不持党派立场的。然后参与者们自行就实体政策问题进行讨论审议。在整个过程接近尾声的时候,组织者再组织一次观点调查、评估参与者的偏好。这样的一种过程能够更加真实地反映公众的偏好。

审议式投票的最主要特点是它对公众群体的随机抽样。这就意味着这个过程所产生的结果是可以为决策者提供具有统计学意义和具有代表性的公众对话前后偏好的数据。经验主义过去十年的研究已证实,审议前后公众的偏好会有改变,这就暗示了在缺乏完整信息的情况下,对公众进行即时观点调查所获得的偏好是不可靠的。

公共解决(Public Solution)

"公共解决"是由美国国家政策共识中心提出来的一种模式。在这种模式中,首先由一位民选代表、公职人员或者地方政府的负责人协助,把各相关利益团体召集在一个中立的论坛。然后在中立第三方专业人员的帮助下,一起就某项政策难题的解决来寻找共识。在这种协作治理形式中,由项目的发起方提出问题,并组织进行冲突评估,来确定协作是否可行以及有哪些利益相关方;然后由一位负责人来召集人员形成小组,小组成员们集体来建构问题,讨论解决方案的基本框架和协商条件;最后参与者们按照成文的协议明确责任,执行落实。这样一种公众解决模式的重要原则是:透明、公正、包容、效率、问责,论坛中立,决策建立在共识之上。

总之,协作网络需要公众的参与,有很多种方式可以让公众有效地参与进来。在规划公众参与之前,要对问题清单上的问题有所思考。公众参与有很多种过程做法可以选择,并没有哪一种是唯一正确的,要视具体问题、具体环境、具体条件而定,但都需要考虑包容性、协商程度和影响力三个维度。

在这些过程的具体操作中,都涉及独立第三方专业人员——调解员、促参者或协作者的帮助。第三方的调解员、促参者或协作者都是为你提供专业的会议过程服务的,帮助彼此更好地倾听,更有效地展开对话、进行协商,最后帮助你们达成某种共识或形成政策依据。

第九课 仆人式领导

如果把冲突解决比喻为一架机器的话，那么，程序设计、有效沟通、规则原则就是这架机器的三块重要组成部分。价值理念是这机器的指挥中心；"正心诚意"是它的润滑油；领导力是它的发动机系统，如果没有"仆人式领导"，这台机器转不好甚至转不起来。

◎ 仆人式领导起源

图二十七　格林利夫，Greenleaf 提出
仆人式领导(Servant Leadership)

图二十八　耶稣为门徒洗脚

提出仆人式领导(Servant Leadership)这个词的人叫格林利夫，Greenleaf，英文直译就是绿叶的意思，曾经是美国电话电报公司 AT&T 的总裁。美国 20 世纪 60 年代有一部非常流行的小说，讲的是一个东方之旅的故事，大概意思是有一支驼队，经过了精心的准备，要浩浩荡荡往东方去旅行。在往东方去旅行的

路途中,有一个仆人非常能干,什么事情都会为驼队打点好,所以他慢慢地就变成了驼队里一个不可或缺的人物,大家都很信任他,依赖他。突然有一天,这个仆人不见了,很快整支队伍就陷入了混乱当中,没法继续他们的旅行了。如此耗资巨大、经过多年精心准备的一场东方之旅,竟因为一个小仆人的失踪而失败告终了。

这个故事让格林利夫思考,为什么只是一个小小的仆人,却能够有这么大的影响呢?后来他写成了一本书,书名就叫"The Servant as Leader",像仆人一样地做领导。这本书在1970年出版,出版以后产生了巨大轰动,开启了北美管理界"仆人式领导"的管理理念和实践。这本书曾出过中文版,书名就叫《仆人式领导》。格林利夫从总裁岗位上退休了以后,就开始专门从事仆人式领导的培训,创立了以他名字命名的领导力培训中心,中国人把它直译成绿叶领导力培训中心。

仆人式领导,顾名思义,就是领导要像仆人一样,通过服务他人来领导他人。

西方人都很熟悉的一本书叫《圣经》,圣经里面多处记录了耶稣教导门徒"谁愿为首,必得甘心服务众人"这样的思想。

圣经里有一段故事,说的是有一次耶稣的门徒们边走边在议论他们中间到底谁是老大。耶稣听见了他们在议论这事,就停下来,告诫他们说"若有人愿意做首先的,他必做众人末后的,做众人的用人"(可9:35)。

我们都熟悉达·芬奇有一幅名画《最后的晚餐》,画的是耶稣被犹大出卖,将被抓住钉死在十字架上那天晚上的事情。那天晚上吃完晚餐以后,耶稣从腰间取下自己的毛巾,端了水来倒在盆里,叫门徒们都坐下来,要一一为他们洗脚。门徒说:"主人啊,我不敢让你给我洗脚。"耶稣就说:"我是你们的主,尚且洗你们的脚,你们也当彼此洗脚。我给你们做了榜样,叫你们照着我向你们所做的去做。"(约翰13:14)

耶稣贵为神子,为人树了服侍的榜样,人岂有不照着做的理由?格林利夫成长的环境,从小受到圣经故事耳濡目染。他创造"仆人式领导"一词,是在西方文化土壤沁润之下,这是仆人式领导底层的思想源泉。

那么,仆人式领导只是西方文化里独有的管理思想吗?否!

中国人都知道有一本书叫《道德经》，作者是老子，没有一个中国人不知道《道德经》，但遗憾看过的可能很有限。

《道德经》第六十六章说，"欲上民，必以言下之；欲先民，必以身后之。"你想让别人听从你，你就得好言好语对人家；你想让别人跟从你，你就得在人家后面伺候他。

《道德经》第六十八章说，"善用人者，为之下。"善于用人的人，会甘心情愿低下身段做这人的下人。

《道德经》第三十三章说，"以其终不自为大，故能成其大。"不把自己放在盛气凌人老大的位置上，才能成为真正让人信服的老大。

《圣经》和《道德经》，可能是全世界销量第一、第二的两部经典，分别代表了东西方文明的最高精髓，不约而同强调的都是同一个理念：像做仆人一样地做领导。

在我看来，无论是东方文化、西方文化，其根基之所在都是人类文明的精华。只要是人类文明的精华，就是全人类共同拥有的宝贵财富，不区分中国人、美国人、非洲人。其成为文明精华，一定都是回归到呼应人的本性，都是从人性的光辉里生长出来的伟大思想，只不过是用了不同的方式在表达。

◎ 仆人式领导特点

仆人式领导的十项特质

- Listening 善于倾听
- Empathy 富有同理心 be with them
- Healing 治愈和自愈的能力
- Awareness 觉察能力
- Persuasion 说服力强
- Conceptualization 大局意识
- Foresight 有远见
- Stewardship 管家的心态
- Commitment to the growth of people. 帮助别人成长
- Building community. 建立共同体

Spears,L.C., *Practicing Servant-Leadership*, Hesselbein&Company Fall,2004

图二十九　Spears, L.C., *Practicing Servant-Leadership*, Hesselbein&Company Fall, 2004

如果提炼一下的话,仆人式领导可以归纳为这样十项特点:善于倾听;富有同理心;有治愈和自愈的能力;有觉察力;说服力强;有大局观;有远见;管家的心态;帮助别人成长;建立共同体。

倾听

倾听谁?倾听你的服务对象。倾听什么?倾听他们的需要、问题。为什么?了解需要,解决问题。

谁是你的服务对象?这个问题似乎简单到不假思索可以脱口而出。但是,你说的服务对象,真的是你在服务的对象吗?你真的在意去倾听他们吗?著名管理大师彼得·德鲁克的管理思想一再强调"谁是我们的首要客户?",他认为这是一个非常关键的重要问题,绝不是一个容易回答的问题,更不是答案显而易见的问题,但它关乎组织的使命和目标。

在社区治理中,倾听服务对象就需要我们多多地去倾听居民们的声音,而不是以为我们知道居民们要什么和光顾听很多领导的要求。

倾听是一种能力。倾听是你愿意拿出你的时间给对方。比较一下我们中华老祖宗教我们的"聽"和"听",它不应该被我们简化到只剩下一张斤斤计较的嘴。对于领导者来说,最难的是学会倾听!

同理心

有一年我在北京参加一个领导力工作坊,我们小组的助教是一位爱尔兰老太太,曾经是护士,长年在难民营、贫民窟做义工。我很好奇她长年在难民营做义工都做些什么。"什么都不做,我只是拉着他们的手,和他们在一起",当听到这样的回答时,我非常诧异,"这样也叫做义工,这样也能做义工?"我后来渐渐明白了"Just be with them(只是和他们在一起)"是多么有力量的同理心啊!

我想到特蕾莎修女把那些被遗弃街头垂死的人一个个捡回来,她没有条件给他们治病,没有能力解决他们的困难,但是她把自己给他们,与他们在一起,让他们得到尊重和爱,有尊严地离开这个世界。这就是同理心。

我曾经组织过大病救助类的事情,治病很需要钱而且持续过程长,我们并不总能筹到很多钱帮孩子,强烈的软弱无助感几乎要把我自己吞没,我很怕孩子的母亲找我。我觉得没有能力，情愿掉转头假装不知道、没看见。可是同理心告诉我们，哪怕我们没有能力，什么也做不了，还可以和对方在一起，哪怕她流泪的时候给她递上一张纸巾。

我们常以为帮助人就是给他钱、给他东西、帮他解决困难，这些是很需要，但不是全部，还可以——只是和他们在一起（Just be with them）！

疗愈

疗愈包括疗愈别人和疗愈自己。我们倾听、同理、说暖心的话，都是为了疗愈别人，一个好的领导者具有治愈的能力。可是我们往往忽略了我们自己的生命也是需要被呵护的，我们也需要自我疗愈。

我担任义工时，曾经有一段时间我所在义工组织的上级给我许多压力，我觉得有很多委屈。有一次我忍不住向一个朋友抱怨，他也是一个很资深的老义工，他听了后笑了，说："这太正常了，公益路上的委屈就像路边的野花一样。"后来，我们的对话就变成了"昨天邂逅三两朵野花"，"今天遍地野花"。

社会工作者常常避免不了接触一些沉重的东西或者消极的能量，有时自己的状态也会受到影响，所以需要我们有自愈的能力。与朋友交谈、做运动流一身汗是能够让自己振奋起来的好办法；为自己的人生找导师，有信仰上的追求等都是有效的自我疗愈手段。

觉察力

对人的觉察能力是知人善用，把最合适的人用在最适合的位置上。自我觉察是指对自我的认识。我是什么样的人？什么是我的优点？什么是我的弱点？我擅长什么？我是否总是很清楚我在干什么和为什么？

彼德·德鲁克在谈到知人善用时强调的是，"要扬长避短，集中力量做自己最擅长的事，尽量让弱点变得与工作无关。"

说服力

说服力，简单说就是改变他人想法的能力。说服力是领导者需要具备的一种重要的能力。有很多关于如何提高说服力的畅销书值得一读。位高权重、理直气壮并不一定就意味着说服力强。多用"我式表达"，表达观点的同时也说明你为什么这么想，这样做会为你的话增加很多说服力。

说服力,并不是要争辩出唯一的真理。你是对的并不等于他就是错的。你要允许别人接受你的观点的同时保留他自己的观点,反之亦然。

大局观

前几年很流行一句话"理想很丰满,现实很骨感",人生就是在理想与现实之间寻找微妙的平衡,胸怀理想,脚踏实地。

视人生为一段旅程,从这里走向那里,一路上有很多经历、看见和遇到,从历史观的大格局来看,你一定会对轻重、取舍有一样的考虑。为人生找向导,就不容易迷路。始终有梦想,梦想就是你前面的亮光,指引你朝着它勇敢地向前进。

有远见

心中有蓝图,能看到远方,清晰前进的方向,知道什么时候要去哪里和为什么去那里,同时还要与伙伴沟通愿景。沟通愿景有三种有效方法:别怕啰嗦,反反复复地讲;创造双向交流对话的气氛;将愿景分解为一个个具体的目标,付诸行动。

管家的态度

根据《圣经》里的说法,上帝是掌管一切万物的主人,无论人有多高的权势、多大的财富,都只不过是这位富有主人的管家罢了。所以你拥有的并不是你的,只是暂时交在你手里管理而已,你要兢兢业业小心打理,主人随时都会来检查,并根据你做的好坏,奖励或者惩罚你。

管家的态度就是由此而来,提醒领导者无论拥有怎样呼风唤雨的权势,都要记住自己管家的身份和应尽的本分。用中国共产党的话来说,就是"权力是人民赋予的,要为人民用好权"。

帮助别人成为更好

帮助别人成为更好,是帮助对方在他的方向上成为更好,而不是你想他成为的方向上。你帮助他做更好的自己,而不是你觉得的更好的他。这是很具挑战性的,因为需要我们克制自己,耐心地去了解他想要什么、他的特点和需要。仆人式的领导懂得帮助成员清晰组织的使命和目标、各自的角色,并帮助他们具备相应的技能去实现目标。

德鲁克在谈到卓有成效的管理时说,最佳的产出来自于对人的有效激励而非管理。协商治理需要我们充分调动居民们的智慧和能量，群策群力来共同建设更美好的社区，是居民们真正想要的更美好，而不是领导者办公室讨论出的更美好。

建立共同体

一个人走得快，一群人走得远。从和伙伴们共同推动形成杭州公益伙伴圈，到华夏公益伙伴圈，到禾公益学习公社，我深深感受到抱团取暖的力量和共同成长所带来的改变。改变世界，是一段漫长没有终点的旅程，一群人，一起走，走更远……

◎ 我的感悟与成长

从我第一次听到"仆人式领导"这个词，到仆人式领导深深影响了我，今天它已融入我的生命里，我想跟大家分享这段我成长的经历，影响我的一些人和事。

我获得 IFP 奖学金以后，IFP 项目的学员在北京有一次集训，给我们讲课的其中一位是当时联合国世界卫生组织的高级官员，叫 Daniel Chin。看到课表的时候我心里觉得，好大的一个官啊，等他进入教室里，很朴素的一个人。他给我们讲的那一课用的题目是"分享我在中国 14 年的服务历程"。他说，要始终保持一个谦卑服务者的心态。他谈到了仆人的态度，他用了"servanthood"这个词。我当时是第一次听到把"servant"（仆人）跟这样一个大人物联系在一起，他让我第一次知道了谦卑是一个多么美好的词；谦卑是一种多么美好的品格。

那次集训里，有一位在北京工作的台湾老师叫 Wayne，他讲的内容是领导力，专门提到了仆人式领导，要通过"Serve the team, Lead by serving"，意思是要通过服务团队来领导团队。这对当时的我来说特别新鲜。

我投入公益领域比较早，一度在一个所谓领导者的位置上，但是我的上面还有领导，所以并不需要我完全独立承担责任。后来我自己发起了一个草根团队，我变成了老大，当时正好我跟我的团队小伙伴有一些很严重的分歧。在我那个时候的词典里，领导就是说话很凶、很彪悍的样子。所以当我怎么说他都不理我，而我又不会凶的时候，我就没辙了，不知道应该怎么办。我当时非常困惑，又没有人来教我怎么样做领导。当这位老师说"**仆人式领导是通过服务团队的需要来领导团队**"的时候我一下子开窍了。这是我第一次对仆人式领导有了一个概念。

沃耐特教授是我的领导力老师。他非常有名,许多选他课的学员因仰慕他名而来。他可能是奥巴马之前美国政府里官做到最大的黑人,只是那时候我不知道他那么有名。每次我跟他说话的时候,他微微弓身、专心认真看着我的样子让我感觉到我是一个大人物!而且,在我跟他说话的过程中,他还没有说什么,我想问的问题我自己就已经得到答案了。一开始我以为,只是我是这样的感觉。后来当我跟其他学员聊起时,他们纷纷说也有和我同样的感觉。沃耐特教授让我看到了谦卑的意义,让我懂得了倾听是多么有力量!当再看中华老祖宗所造的"聽"(繁体)这个字的时候,我才真正领悟到它完整的涵义!尊贵如王者,愿意弓下身子,竖起耳朵,一心一意专注地看着你,听你说的过程中,帮助你茅塞顿开、豁然开朗。这是中华老祖宗告诉我们的"聽",遗憾今天我们的听,已经只剩下了张嘴的"口"和计较的"斤",其他都被我们自己丢掉了。

黛米是 Maxwell EMPA 项目的秘书。她的办公桌在一个很不起眼的过道角落里,任何时候只要有学员去找她,无论她手上正在忙什么,她都会停下来,很认真地看着你,听你说话,陪你开心,陪你难过,甚至陪你流眼泪。我相信EMPA 项目里跟黛米打过交道的几乎每一位学员,都不会忘记在那个局促的空间里被倾听被在意的温暖感觉。有时候看着黛米我会想,和她说话的,很有可能就是日后他国的总统、元首,因为 EMPA 项目的很多国际学员本来就是他们国家的高级官员,所以这是很大概率的事情。卓越的影响力,就是影响别人行为的改变,所以黛米这么一个再平凡不过的默默无闻的小人物,却能够用她的倾听去影响很多人,影响他们行为的改变。我从她的身上真的明白了,**仆人式领导,并不是一定要在一个耀眼的位置上才能发挥作用的。小人物同样可以发挥卓越的仆人式领导。**

柯思博士是雪城大学的福音派牧师,是个印度人。因为我租的房子和我同住的老太太曾是柯思博士的老秘书和他太太的闺蜜,我们相处得像家人一样,所以她周围的印度人社群也像家人一样地接纳了我，为我的美国生活增添了许多印度味道，这是后话。柯思博士是雪城大学毕业的传播学博士，据说在印度很有名，很多印度大官到美国时都会来拜访他。从他二十多岁还是学生时代开始，他就在校园里效法基督的精神为国际学生服务，邀请孤独的国际学生一起聚餐，参加当地人的聚会，开车带他们去超市买菜、买窗帘，带新来的人去二手市场买便宜旧家具，深夜、凌晨接送机，邀请孤独的人一起过节日……后来和他一起做这些的人渐渐多了，他们就成立了国际友好教会，一直到现在仍然在做这种细细碎碎的服务国际学生的事情。他和他的同工经常对年轻人说：你们去做，有成绩是你们的，有问题是我的。这句话给我很大的震撼，以这样的姿态来带领团队，让我看到的是仆人式的领导。

美国的大学里大教堂往往是最重要的建筑，因为重要的典礼都是在大教堂举行的。所有的宗教都共用这个大教堂，只是使用的时间段不一样。所有的信仰团体都在大教堂的底楼有一间办公室。我去过那里，看着一个挨着一个各种信仰教派的牌子，觉得很有意思。在大教堂的底层，每个礼拜四的中午都有免费的午餐，谁都可以来吃。国际友好教会的义工们会在自己家里提前做好菜，然后热一热。和我同住的老太太负责的是煮饭，所以每周四早上我起来后的第一件事就是开火煮上大大的两铝锅饭。礼拜四中午，只要有空我就会来当义工。当看到亚洲的、非洲的、中东的、穆斯林的各个国家、不同宗教信仰的人，自然自由地在一起边吃边聊的时候，我就觉得这世界真的像一个友好的地球村，觉得他们真的做了一件很了不起的事情，潜移默化促进文化的对话和融合。大教堂周四的免费午餐，现在已成为了雪城大学里的一个传统。柯思博士几年前已经去世了，但周四免费午餐的这个传统仍然在继续。

一顿免费的午餐，这是一件小事情，小得不能再小了，但是把一件小事情坚持做四十多年，水滴石穿，这是多么强大的力量啊！

从最早听到这个词，到看到我身边这些仆人的榜样，后来我自己有了些亲身的体验，看到了践行仆人式领导产生的结果后，可以说现在它是融在我生命里了。我也想分享几个发生在我自己身上实践仆人式领导的奇迹。

有一天，艾琳老师问我周末有没有空，有空的话跟她去一趟费城。我说好

呀,去费城玩玩。去了才知道我们是来参加美国优秀学生学者年会,艾琳是
Mix-IT-Up 项目的负责人,这个项目获奖了,我竟然是作为雪城大学学生代表来
领奖的。

艾琳叫我来,我猜得到原因,可是这原因说来真的很让人难以相信:它是我
搬搬凳子洗洗碗打杂得来的。每次参加 Mix-IT-Up 活动的时候,一般我都会顺
手帮忙做些打杂的事情,比如摆摆食物、搬搬凳子,活动结束以后把碗碟放进洗
碗机之类的,我也喜欢拍些照片做活动记录,抽空的时候上传到脸书上,实在都
是小的不能再小的零碎事情。但正是这些零碎小事,不仅让我没花钱去费城玩
了一趟,还领个奖回来。当然话说回来,在时间紧张到以五分钟来规划日程的忙
碌学习中挤出哪怕十五分钟时间来做这些事情,其实都是比较奢侈的。但整整
一个学年,我基本上都是这么做的。不少学员那一年的雪城回忆里都有我拍的
照片。

每年的感恩节,雪城大学都有一场规模盛大的感恩节晚宴,开创这个传统的
也是柯思博士和他领导的国际友好教会,三十多年,从最开始的几十人到几百
人,一直到几千人,成为雪城大学每年的一个传统。学生们都可以免费参加,票
领完为止。我去领票的时候,学生中心的值班学生说票已经领完了。我准备要
走了,有位老师看见我,说专门给我留了一张票的,果然前台有一张写了我名字
的票,而且是第二桌,和雪城大学的副校长黙菲教授夫妇同桌。我只是做了些打
杂事而已啦!

刚到美国的时候,学习的压力、语言的压力都非常大,几乎常在绝望的边缘。
但在一年之后我回国的时候,我拿走了四张纸——一个 Master 和三个 CAS(专
修证书),包括冲突与协作的 CAS。相当于我用一年的时间完成了一般人两年
的学习任务,经历了一般人三年的社会体验。这里的社会体验,指的是深度参与
的一些社会实践,看起来跟学习是没有什么直接关系的。我只是带着好奇、并没
有任何功利目的地去参与了一些志愿性质的事情,我没有想到会有老师主动提
出来把我的实践折算成学分给我,于是我就够了又一张证书的学分。这其实挺
不可思议的。

我在前面提到过我和我的印度同学们合作论文的事例。这是我的 Master

Project——硕士项目论文，必须是一篇集体论文。结果是，虽然论文的文本我一个字都没有写，但是这门课，我得了很高的分数。几乎我们的每一次会议，都不乏激流涌动甚至剑拔弩张的时刻，一般我要做的就是，在这样的时候用自己作工具去释放掉一些张力，到他们争得差不多的时候，说一些我应该说的话。然后我们又像一个团队，往前走一段。刚开始他们并不理会我，但慢慢我说的话开始越来越有用。我是团队的打杂，团队的秘书，最后我是他们公认的"excellent facilitator"（优秀的促参者）。其实，把争论从语言变成文字写在大白纸上，让大家都看到分歧点在哪里，在任务的哪个位置，任务是什么，时间线是什么，怎么分工……这些技术上的事情都不难，难的是有没有勇气站到枪口下，愿意和能够拿自己作工具，服务于大家的目的。

后来我才知道，这个硕士项目的集体论文，有至少一半小组是一直吵得不可开交，有的是直到交论文前的最后一周，才匆忙勉强拼凑出来一份集体论文。在真实的世界里，可能每个人都很厉害，但当很厉害的一群人不得不一起来完成一件共同的任务时，结果往往做不到更加厉害了。这正是需要学习解决冲突中的协作的意义之所在！

我从自己身上越来越深刻领悟到仆人式领导的真谛，我原来以为，成为领导需要具备的那些东西离我很远，后来我才发现仆人式领导力其实可以非常简单，简单到你只需要有一颗愿意的心，愿意服务人，愿意做别人不愿意做的事情就可以了，当然再加上一些能力就更好了。

领导力就是影响力。领导力可以是自上而下地发号施令式的，也可以是自下而上地托起式的领导力。每一个人在他自己的位置上，愿意伸开手，有力量，托得起，他就是在发挥领导力，一种自下而上托起的领导力。知道别人需要什么，愿意服务人，愿意将自己作为工具去成就别人，在成就别人的过程当中也是在成就自己，这就是在发挥仆人式领导。

若干年后，我对仆人式领导又有了更深层次的理解，那是在认识了美新路的叶祖禹老师之后，叶老师是我的成长陪伴导师。叶老师年轻时就在美国贝尔实验室工作，也曾在AT&T格林利夫的手下担任副总裁，后来他和妻子把全部财产捐出来创办了美新路基金会，他是我知道的第一位把"爱与陪伴"理念带进大陆的人。在我的词典里原来没有"陪伴"这个词,陪伴是什么? 陪在一起吗? 我完全没有陪伴这个概念。我知道叶老师在推动生命影响生命、爱与陪伴,但初听这两个词时,我并没有什么感觉。叶老师说的话,我往往要隔很久以后才开始醒悟,然后越来越明白和通透。叶老师经常说,陪伴就是在边上。"在边上"是什么呢? 我时时刻刻地关注着你,但是我不出手,只有在你需要我的时候才出手。他说,陪伴就是时刻准备着接,却不出手。这句话,从我听到、听懂到能将它做出来,用了好几年时间。现在我就是这样在努力——时刻准备着,却只在需要的时候才出手。

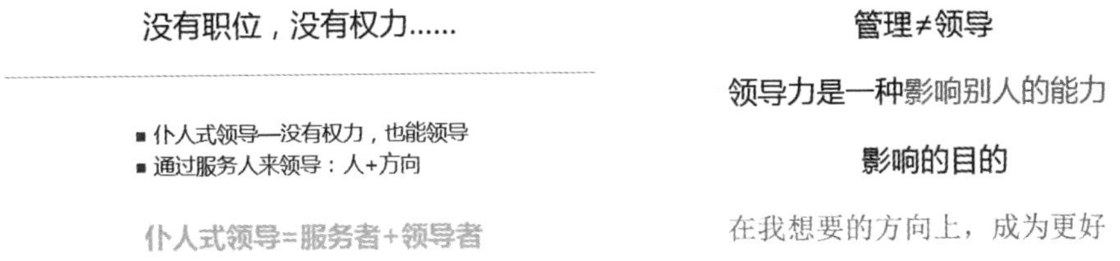

没有职位,没有权力......

- 仆人式领导—没有权力,也能领导
- 通过服务人来领导:人+方向

仆人式领导=服务者+领导者

管理≠领导

领导力是一种影响别人的能力

影响的目的

在我想要的方向上,成为更好

图三十　仆人式领导

很多时候我们必须要面临的一个问题是,我没有位置,我没有权力。没有位置,能不能领导? 对于这个问题,我现在的回答是斩钉截铁的:能。当然能! 没有位置、没有权力,同样可以发挥影响力。只要你有清晰的方向,有愿意的心,就可以用你的方式来服务人,通过服务人来影响人,去往你想带领人们去到的那个方向,这个就是仆人式领导。特蕾莎修女从来不在一个显赫的位置上,但是我们都说她是一个非常有影响力的人。所以,领导力不等于管理! 管理关心的是问题,而领导力关乎的是人,是方向!

沃耐特教授的领导力课程,最后要交的同样是集体论文,我的小组里,有两个军官、一个律师、一个博士。我没有参与文本写作,只做了一页 PPT。我的 PPT 只有三句话:领导力不等于管理;倾听非常有力量;我不是一个好的管理者,但我能做一个好的领导者。教授给了我 A－,有的人只得了 B 不服气,但是教授说我真正抓住要点了!

第十课　看见

◎ 片面的看到

我留学所在的城市位于纽约州的中部靠近五大湖区域，叫锡拉丘兹（Syracuse），距离尼加拉瓜大瀑布不太远，这一片地方曾经是土著印第安人的一个重要领地。因为常年下大雪，这里的中国人就给它取了个名字，叫雪城。冬天的气温经常到零下十几、二十几度。尽管外面那么冷，但是建筑物里常年只需要一件衬衣或 T 恤。我带去的毛衣、羊毛衫是最不实用的，因为在房间里穿太热了，脱起来又不方便。

说到脱衣服，我想到一个故事。有一次一位美国老师来杭州，正值三四月份的时候，他进了室内后就脱了外套，那时天还是有点凉的，室内没有开空调。他说杭州好冷，我说，冷的话就别脱外套好了。他觉得不解，在家里面难道也不脱衣服吗？我说冷的话就不脱。他觉得非常不可思议，问我过冬天怎么可以在家里面仍然穿着和外面一样多的衣服呢？我也觉得很不可思议，如果你觉得房间里面冷，那你就多穿一点衣服不就可以了吗？

后来我们都笑了，"惯坏了的美国人！"这位老师是我的忘年交，我们之间是有着文化差异的，而且我们都没有意识到我们的视角常常是不一样的。**我们很适应从自己习惯的视角来看世界，却忽略了思考也许我们习惯的视角只是让我们多了片面的看到，或者说偏见。**

说起偏见，我就想到我的一位好朋友，他叫 Alex，一位来自加纳的盲人。他现在的职务是加纳大学计算机信息中心的经理，工作是管理计算机中心的上百名员工以及帮助在校的二三十名视障人员使用视障辅助设备。

他和我都是 IFP 奖学金项目学员，他一个人从加纳转几趟机到雪城。他在路上走的时候，你看他走路的速度和背影时，完全想象不到那是一个盲人。而当你以为他没有看见你的时候，他已经隔很远把你的名字叫出来了。Alex 颠覆了我头脑里很多对于盲人的偏见。我以为盲人做不了很多事，当我知道加纳的盲人一半以上的职业竟然是做老师时，我完全无法想象。仅加纳大学就有二十多个盲人大学生，有硕士有博士。

Alex 邀请我去他家，他做饭给我吃。他从冰箱里拿菜、炒菜……而我像个公主似的坐在沙发上等饭吃！后来我教会了 Alex 拍照片后，他便去买了一台照相机，经常就挂在他的胸前。你看到了 Alex 给我拍的照片时，你能想得到这是一个盲人拍的照片吗？

图三十一　我带 Alex 去小镇看 Mary，Alex 给我们拍的合影

图三十二　照片中左边为 Alex，右边为我的诗人朋友 Mary

跟 Alex 成为好朋友以后，我会肆无忌惮地问他很多问题，对于那个我很陌生的群体，他们的生活，他们的尴尬，他们的想法……。他让我看到，我以为我没有偏见，但偏见就藏在我头脑的每一个角角落落里。很庆幸的是，我没有选择礼貌的歧视。

礼貌的歧视是什么呢？我们装作没有隔阂，但其实知道隔阂。曾经在一堂冲突课上，老师请来了一位嘉宾，是一位电视节目人，做一档对话类的节目，用谈话圈的方式来谈社区的问题。课堂上放了一些片段，有一段我印象特别深刻，谈的是关于歧视，大家很放松地围坐在一圈沙发上，很随意地想到什么就说什么。其中有一个人沉默了好一会儿才开口说"有时候我们故意礼貌地装作不说，但是难道它就不存在吗？"我突然觉得，不是吗，很多时候我们很礼貌地装作没看见，很礼貌地故意不说，但其实这不是一种更加隐蔽的歧视吗？这种歧视由于隐蔽，更加难以消除。为什么和少数群体的对话那么重要，是因为我们有机会通过大大方方的真诚交流消灭掉这些隐蔽的歧视，这样做会更有利于改变偏见、促进融合。

◎ 看到另一面

图三十三　学校附近，位于社区中的墓地　　图三十四　耶鲁大学里的一堂课

第一次在学校附近见到这一大片墓地的时候，我吃了一惊。社区在墓地的周围，不少学生租的房子就在这一带，有的离墓地也就十来米远。我就觉得很好奇，他们不害怕吗，不忌讳吗？可是他们挺习以为常的样子，觉得没什么呀，那些也是一个个生命，离我们很近，住在我们身边。噢，原来我们还可以这么来看死去的人，这么来看死人的世界，用让他们住在我们身边这样的方式来接纳离开的他们。后来我也不害怕了，甚至有时候还挺喜欢去那里转转的，很多墓碑都挺有特点的，应该是一个个有趣的主人吧。

这是我去耶鲁大学开会的时候，我跑到礼堂里去蹭了一堂课。老师讲的是关于 More(更多)，"多就是好吗？"以前，我觉得多就是好，所以越多就是越好。但你认真想想，真的就是这样吗？

有一位瑞士的社会学教授，一直很积极在推动很多社区的公民自治和发展，我很喜欢和他聊天。有一次我请教他问题，他很认真地问我有没有看过 *Small is beautiful*（《小即是美》），我连书名都没有听到过，因为在我的头脑里面，不是更多更快才是更好吗？当时被他这么一问后，我就像突然被踩了脚刹车，是啊，为什么"多"一定就比"少"要好，"快"一定就比"慢"要好呢？我们追求着更快更好地实现更多的目标……这是唯一正确的选择吗？有没有其他可能的道路？人类有文字的历史是五千年，人类出现是三百万年，而地球存在是四十亿年，我们是否还可以有另外一种角度来思考人与社会、自然的相处呢？

最古老的城市文明兴起于雅典城邦。雅典人决定他们公共事务的方式，是在城门口辩论，然后由雅典的公民们扔鞋子来做决定，这就成为了最早的民主政治。雅典人以成为城邦一员、捍卫城市荣誉而自豪。每一个雅典的男孩子在他年满十五周岁的时候，都有一个隆重的成年仪式，并在仪式上宣誓："我们要为城市的理想而奋斗到最后一刻，无论与大家一起，还是单枪匹马；我们要不断增强公共责任感；我们要敬畏和遵守城市的律法；城市已交在我们的手上，我们必须将一个更加强大、美好和美丽的城市交给下一代。"这就是"雅典宣言"（Athenian Oath）。

"雅典宣言"也是 Maxwell 的校训，是每一位 Maxwell 的毕业生在毕业典礼上要宣读的。在 Maxwell 学习的大部分时间里，学员们必须在一起讨论，在一起合作，尽管难免出现或温和或激烈的各种碰撞，但我们必须相互适应，学习建设性表达，学习尊重差异，努力找出共识，完成一个又一个并不轻松的团队任务。

当知识和学习知识的这些过程结合在一起的时候，我们就明白了一个道理，人与人有差异，有的强有的弱，但很多事情都不是单凭强者一方就能完成得了的，有时候强者再强也必须和弱者合作才能达到目的。在合作中，不是每个人都很积极，不是每个人都有同样的能力，不是每个人都有同样的意愿。一定会有拖后腿的、搭便车的、能力弱的、能力强的、脾气不好的、性格不合的……一定会有各种各样的矛盾。

真实的世界里,我们必须合作或者协商,必须和各种各样人沟通、交流,必须面对冲突、矛盾,必须考虑时间、成本、产出的平衡等等。协作网络中我们所要完成的每一项工作,都超越了自己本部门的能力,都需要进行跨部门、跨组织、跨区域的协作。现实社会里的真实场景就是这样的。

图三十五　本书作者之一的欧莱瑞教授,正在为
上海学习班的学员上"协作式领导"课程

这张照片里正在讲课的老师,就是我们这本书的作者之一欧莱瑞教授,讲课的对象是 2009 年上海市政府组织的一个人事管理培训班,这节课的内容是协作式领导(collaborative leadership)。就是那次课堂上,她给每个人发了一本她刚印出来的这本书。

我看了这本书,觉得很有帮助,应该让更多人阅读到。正好接下来的圣诞节假期,我没有回国又没有事做,便翻译了这本书。最近几年,除了继续冲突与协作方面的翻译以外,我开始有越来越多的机会来介绍促参的知识和指导其在社区实践中的应用。我手把手指导(见附后案例)社区工作者用促参的理念和技术来处理社区的纠纷及商议社区的事务,都取得很不错的效果。这使我和他们都更增加了冲突解决和协作技术在中国应用前景的信心。

◎ 至简大道

我到雪城后不久,正好遇上一个全校性的大活动,叫 Conflict Week(冲突周)。我以为冲突周就是一系列讲座和研讨会,内容是呼唤和平之类的,没有想到冲突周活动的重头戏之一竟然是著名华裔现代舞蹈艺术家沈伟的舞蹈专场。沈伟的编舞非常震撼,无处不在的中华文化底蕴,深含古老文化的辩证智慧。在沈伟舞蹈的冲突研讨会上,除了学术的发言,他让我们自己真实地来感受气的存在,气在身体里的流动,一个身体和另一个身体之间的连接,气的转化……

冲突周活动的重头戏之二竟然是一场曼陀罗创作的直播。曼陀罗创作的地点,正好就在我们 EMPA 项目的教室旁的中厅,整整一周多的时间里,我看着两位藏族僧人用细细的沙子一点一点地画出了这样一幅美轮美奂的曼陀罗,随后瞬间又将它全部抹去,一切归于无……

无论沈伟的舞蹈,还是藏族僧人的曼陀罗,无不焕发着我们东方智慧里众生平等、万物相连的伟大思想。这样的冲突周,触发给人的思考是非常不一样的,它们把冲突从头脑中的知识引向了身心灵的感受;把冲突解决,从术、器的层次带到了道的层面,思考人与社会、人与自然、人与世界相互连接背后的至简大道。

这让我想到《大学》的一句话:物有本末,事有终始;知所先后,则近道矣。冲突解决,就是要回到本源来看问题,不可本末倒置。

浙江景宁是一个畲族自治县,专门有一个畲族博物馆,博物馆里展示了畲族的祖先们开山种田的场景,这是一个很有意思的 3D 动态模拟。祖先的开山种田是怎么做的呢?先用火烧山林,然后用灰来肥土,以前的农村就是这样的,每年秋天农民会特意烧田肥土。

那么烧山的火从哪里开始烧呢?我原来以为应该是从下面开始往上烧,但其实不是,正确的烧山是从山上开始往下烧。我专门去请教,他们告诉我,从山下面往山上面烧的时候,烧的是树的叶和枝,烧不到根,烧不透。只有火是从山上往山下烧的时候,才能够烧透,才是能达到目的。

这不能不让我想到基层治理改革的顶层设计,需要比较高维的理论框架和指导，才能够自上而下去人做有效的推动。我们学习基于利益式协作解决问题，包括协作网络中的冲突解决，真正要落实到事务上去运用的更多可能还是基层的社会工作者。在这次疫情期间，处于社会治理最末端、最弱小的基层社区组织，却在非常时期承担起了极其艰巨的重担。我特别期待疫情以后，针对基层社区，尤其是基层社区工作者这个层面，能够有一些较大力度的改革和变化，包括出台更好的支持政策等。基层社区的重要性已经凸显出来，以往一直是被压在最末端，重要性看不到，但是疫情把社区一下子从最末端推到了最前线后，基层治理能力薄弱的问题也同时凸显了出来。

社会治理在社区这个层面是最接近居民的，是最能够反映和呼应居民需要的。社区特别需要提高协商议事的能力，更重要的是要建立常态化的协商议事机制。要把那些原来挂在门口，或者只是钉着一块牌子的议事会真正做起来，要把挂在墙上的那些看起来很好看的议事规则变成真正能用的、管用的、大家自觉用的基本规则。

只有建立常态化的协商议事机制，才能提高协商意识的能力。社区里面有很多各种各样的能人，他们和层级制里的角色不一样。不管你在单位处在怎样的岗位，回到了社区都是居民。社区协商议事会把很多有见识、有身份、有地位、有能力的人的智慧、经验、意见吸纳进来的。吸纳进来以后不仅仅对社区有利，还可以通过社区的行政层级制度向街道反映。通过常态机制和渠道让居民的建设性意见和建议可以反馈到街道和更上一级层面，然后从行政渠道又回到群众中去，就走活了，也呼应了治理的需要。十九大以后提出的治理能力现代化、共治共享必须要落在做法上，一定要想着那些社区里面的群众，怎样能够群策群力把优秀的、建设性的民生建议收集上来，变成既可以结合整个体制资源又可以去实现的真正促民生暖民心的做法。

附件一： 余家漾社区协商解纷会案例

◎ 手把手教你协商解纷会如何开

浙江有家区域枢纽型社会组织，从成立之初我便以顾问角色参与陪伴成长。不久前该组织发展出一个新团队，专注社区社会工作，并托管了一个社区公共空间，后来遇到一桩因老人打牌引起的矛盾纠纷。团队想通过促参方式解决纠纷，与我商议。后来我以观察员身份参加了居民议事会议，在会后给予反馈指导。可以说，我完整见证了这一家新成立的社会组织第一次介入邻里矛盾纠纷，以促参的做法，借助居民议事会议的形式，成功解决了这起矛盾纠纷，成为一个很好的社区协商自治的样本。

过程中有很多问题具有普遍共性。我详细梳理了整个过程，把这家组织的"成功第一次"整理给大家。**希望这个"第一次"的案例，对于正在为社区矛盾纠纷解决寻找新思路或正在部署进行协商治理的政府工作人员、基层社区工作者以及正在介入居民协商自治的社会组织，有所启发和帮助。**

纠纷背景

某小区于 2009 年建成，由 11 栋高层组成，共 500 多户。小区正大门左右两侧各有约 100 平米左右的公共用房。右侧原为物业用房，后来因老人长期占据在此打牌，渐渐成为老人们的棋牌房和活动中心。中心因地基下沉影响排污管道造成厕所管道于四五年前堵塞，因修理麻烦，一直没有更换管道和彻底维修，虽已停用两年，但仍异味很大。左侧公共用房，通过一个"幸福邻里"项目的资金被重新装修改造成为阅读书吧，一个安静读书和亲子活动的场所。装修后的书吧环境舒适，白天人少，就有老人从有异味的棋牌房到这里来打牌。打牌兴奋的时候难免发出响声，不打牌的居民就有意见。言语之间一来二往，老人之间就吵起来了，争吵又被带到了业主群，矛盾放大，并扯进了小区的其他是是非非。

团队决定召集居民议事会议。目的是什么？

1. 解决这起邻里矛盾；

2. 推动社区议事，培育居民规则意识和自治意识；

3. 长远，建立有第三方介入的居民自治协商议事机制。

团队打算怎么做？

1. 发通知，关键人员口头邀请；

2. 主持第一次居民议事会议；

3. 会议结果跟进落实；

4. 发现、挖掘居民骨干和赋能。

前期准备阶段，团队遇到两个困惑如下：

第一个困惑：对于居民的称呼

疑问：对于拟邀请来参加议事会的居民，在会议通知里应该怎么称呼他们？支持打牌的居民和有异议的居民吗？这样会不会反而加大了对立？在开会的时候，又怎么称呼他们？称正反两方的居民这样吗？

解释：通知里就写"居民"，"居民"就包含了支持和反对的，不需要在称呼上区别对待他们，因为这样的话是一种给他们贴标签的做法。要强调他们作为同一个小区居民的共同身份，只是对于同一件事情有不一样的观点。我们在心里只认为他们是"观点不一样的居民爷爷奶奶们"。

关于开展社区公共空间管理的社区议事会的通知

居民朋友们：

你们好！

近日有部分居民对社区公共空间"汀洲苑书吧"的使用存在着分歧。我们要听取居民的各种意见,故决定开展一次关于社区公共空间管理的社区议事会议。希望您能积极参与。

一、时间：12 月 23 日(周日)晚上 18：00—19：00。

二、地点：余家漾社区居委会三楼会议室。

三、人员：

余家漾社区居民,包括汀洲苑书吧志愿者代表 4 名、党员代表 4 名、楼道长 4 名、居民代表 8 名,物业代表 2 名,社区代表 3 名。

四、主要议题：

(一)汀洲苑书吧能否允许居民打牌？并说明理由。

(二)如果可以打牌,汀洲苑书吧的管理怎么进行？如果不可以打牌,怎么解决居民打牌的场所问题？

请愿意参加议事会的书吧志愿者代表、党员代表、居民代表、楼道长代表自行电话报名。联系电话：×××××××

湖洲市飞英街道余家慈社区
湖洲市吴兴区睦邻社会工作发展中心
2018 年 12 月 21 日
促参者

第二个困惑：对会上争吵的担心

疑问：他们会不会在会上吵起来？要是吵起来的话,怎么办？

解释：如果真吵起来,需要注意的是,不要刻意去控制他们争吵的行为,只要他们吵得不是太过分。什么叫过分呢？比如说人身攻击、情绪过于激动、用脏话、用很多论断性的形容词。过分的行为,是必须要坚决阻止的,你可以用你的方式温和而坚决地阻止。

在他们争吵的时候,你要特别留意听他们争吵行为背后的原因。你要能够听到和听出来,他们在意什么,担心什么,关心什么,想要得到什么。你要尽可能地把这些都记录下来，最好是用写出来的方式，让他们知道你听到了，不光你听到了，你还帮助他让大家都知道了。

争吵的目的不就是这吗？觉得大家不知道，觉得大家可能误解了他，所以迫切想要让大家知道。那现在墙上都已经写出来了，大家都看到了，知道了，也就没有必要再吵下去了。

议事会议过程简述和会议结论如下：

关于公布社区公共空间管理议事会结论的通知

2018年12月23日，吴兴区睦邻社会工作发展中心作为第三方在余家漾居委会开展关于社区公共空间管理为主题的居民议事会。此次会议由中级社工师臧吉峰主持会议，十八驼争端解决理论推广和实践斯嘉老师作为观察者，居民代表、社区代表、物业代表、党员代表十余人参会。

会议一开始，主持人首先说明了开展此次会议的目的以及流程。余家漾社区居委会吴书记就江洲苑书吧现阶段所面临的管理困境进行了阐述。接下来由居民代表、物业代表、社区代表分别就第一个议题"江洲苑书吧能否打牌，以及理由"进行两分钟的简单发言，发言时间由计时员计时，超时者及时干预。发言过后，主持人总结居民的观点"书吧是不能打牌，但是老年活动室（原物业办公室）的环境需要改善"，并抛出了"老年活动室如何改善，资金如何解决的问题"让居民代表、物业代表、社区代表进行讨论。

经过本次议事会，居民代表、物业代表、社区代表三方达成以下共识：一是书吧是不能进行棋牌类活动的；二是如果物业答应将老年活动室的厕所、地板进行改造的话，爱好棋牌的居民就不会再去书吧打牌；三是物业将在本周内完成对老年活动室的勘察、做出改造方案，并预估改造费用，物业和社区共同商定改造费用，社区尽量争取费用；四是老年活动室改造好后，居民会对其进行管理，保持场地卫生。

湖洲市飞英街道余家漾社区

吴兴区睦邻社会工作发展中心

2018 年 12 月 25 日

散会时，老人们都过来夸年轻的社区书记，说这事做得好，给他们提供了这样一个表达意见的平台。我听到有一位中年男子居民兴奋地说，"我是看到业主群通知后特意为这次会议赶来的，我们小区能够开这样的议事会，非常好。希望还会有第二次。"

物业说，没有想到议事会是这样开的，很有效，愿意以后都参加和积极配合，甚至认为，按照议事会上居民们商定的要求来做事情的话，与居民的矛盾都会少很多，物业费也能收得好些。

以业主身份参加会议的两位区市主管领导也很高兴，不需要通过行政手段，纠纷就皆大欢喜地解决了。

第一次做议事会的这支团队得到大家的认可，心里当然也非常高兴。作为第一次主持协商议事会的某同学，表现得非常棒！其实，在确立一些基本理念和原则以后，我们大部分人都是可以合格地胜任议事会议的促参者的。当然，不断实践能够更加优秀。

当然，因为是第一次做居民议事会议，难免存在不足。有些不足，是通过改善做法，很容易就能够提高的，有些是必需通过培训和实践来提高的。能力提升是个边学边做边改进的慢过程，急不来。

会议上的共识很快形成文字并告知全小区居民，社区、物业、居民各自张罗该自己承担的那部分任务。

过了一段时间，小区的休闲吧（即那个老人棋牌室活动中心）很快装修完了，老人们非常积极，装修的事情盯得很紧。之后休闲吧的管理也是他们开始自主运行了……就这件纠纷的解决来说，划上了一个圆满的句号。

我还想特别强调，**社区议事会议一定要定期开，第一年可以是一个季度一次，哪怕半年一次**，要让所在社区的利益相关者们（不仅仅是居民，还有比如物业、商铺、管理部门等）有机会就**引发矛盾争议的问题提出讨论和共同解决**，有一

图三十六　余家漾社区公共空间管理议事会相关过程

个确定的时间期待。若能用三年时间，在社区里培养形成居民议事会议的习惯，每月或每两个月都有一次居民议事例会，这个社区一定会成为矛盾纠纷能及时自我解决而且充满自治活力的社区。

两位参加者的感受

余家漾社区书记胡虹：余家漾社区的社区居民协商议事，在老师的指导下采用促参新方法以后，变化很大。从前居民在议事问题上你一言我一语，大家杂乱无章。现在采用新的促参方法，坐下来讨论问题前就告知大家促参方法的规则，并提醒大家每次讨论问题都要围绕重点，最为重要的是尊重每位参与的居民，大家都有发言的机会，都有提出问题及建议的权利，一样多的发言时间，进行公开、公平、合理的讨论。

余家漾小区业委会主任徐瑾：居民尤其是对"每个人都要发到言，发言请举手，每人发言5分钟""别人在发言的时候我不插嘴"这样的规则有所感触，感觉有点像回到了学生时代。而在以往的会议中，只要话筒在手，居民就会讲个不停，随意发挥。而这次这样的规则，用彩色笔写好贴在了墙上，又被主持人在会前一字一句地宣读了一遍。让居民不由思索,怎么才能在最短的时间内,把自己要说的意思表述清楚。条理性,在居民开口发言前,已经建立,形成腹稿。

我们不难发现,热心参与小区事务的居民,大多是党员先锋、机关退休人员、企业主等等,他们都有相当的水平。只要把规则讲明,以他们的素质和水平,以及多年养成的规则意识,一般是不会有太多"超纲"发挥的。会议的效果也印验了这一点。

[案例报道]

余家漾社区：建协商机制　解邻里纠纷

吴兴区飞英街道余家漾社区有常住人口 9850 人,存在管理面积大、人员情况复杂、公共设施多而分散等困难,而居民对居住环境的要求却日益提高。这些矛盾是对推进社区治理的考验。为此,社区党委通过完善机制,打造"社会组织参与社区协商议事"的策略,化解各类矛盾纠纷,为社区的建设发展营造和谐氛围。

一次成功的尝试

"协商议事就是通过各种方法,让居民和参与者处于问题处理的主人翁位置,将处理问题的方法通过集体的力量形成集中统一。"吴兴区睦邻社会工作发展中心督导臧培峰说。

作为余家漾社区"幸福邻里中心"的运营方,睦邻社会工作发展中心在有效撬动物业公司、业委会、居民群众、周围商家等多方力量中探索问题的解决办法。汀州苑小区公共空间管理问题就是睦邻社会发展中心指导居民进行协商的一次尝试。

该小区将原来辖区内的小超市改建为社区书吧,曾经受到居民的热烈欢迎。但随着时间的推移,一个新问题出现在居民面前——公共空间的使用权。老年人和青少年的看书时间和氛围常有冲突,青少年在这里看书写作业需要安静，但老人们认为这个公共空间可以喝茶聊天。孩子家长和老人常发生争吵，老人们跑到社区居委会要求社区必须在几天内解决这个问题。在书吧的微信群里，老人和孩子家长甚至出现了相互指责和攻击等现象。

为了解决这个问题，睦邻社会工作发展中心作为独立第三方，邀请物业公司代表、社区党员代表、业委会代表，街道、住建局相关负责人，以及社区书吧使用矛盾双方召开了一场社区协商议事会。

议事会上，睦邻社会工作发展中心的社工把居民和参会人员发言的所有内容，在没有任何评价的情况下，全文记录在张贴的白纸上，并向发言者核对记录内容是否有误，再用红笔圈出记录内容的重点。发言结束后，社工将大家的意见归纳，得出结论：老年居民想要一个独立空间进行休闲娱乐，青少年们也想要一个独立的空间用于学习读书。经过社工的分析，此前孩子家长和老人们的行为都只是在表达情绪，并没有解决问题。找到了问题的症结，物业公司代表提出愿意把社区另外一个公共空间拿出来供大家使用，这个建议得到了与会人员的一致认可。随后大家又共同讨论了怎么装修和管理这个新空间，并在会议上形成了阶段性的目标。最终，所有与会人员确认了会议成果。社区书吧的使用问题得到有效解决。

建立常态化的协商机制

"社会组织承担的是价值倡导者、会议的主持者、资源链接者、关系的维护者等，我们用社会工作方法，帮助居民参与协商议事，解决自己的矛盾问题，推动了社区治理。"臧培峰解释道。

在余家漾社区，因经营管理上的欠缺，居民对物业公司曾经怨声载道，物业公司也对居民拖欠物业费十分不满，双方关系一度陷入僵局。业委会委员们因无法协调双方矛盾，而集体提出辞职。

为了解决双方矛盾，睦邻社会工作发展中心介入其中。然而在这样的情形下，社会组织既要有效融入社区，又要有做好各方面沟通工作的基础，难度可想而知。

睦邻社会工作发展中心的社工便分别走访居民和物业公司，保持中立态度、接纳和理解，收集各方面的信息。在走访中，社工们发现这类问题不是几次会议就能马上处理好的，如何发挥社会组织作用，有效地推进协商是问题的关键。经过多次讨论和研究，睦邻社会工作发展中心组织双方建立常态化的协商机制，每两周召开一次协商议事会，一方面可以比较快地了解物业公司各方面工作进展，也可以比较好地得到居民反馈。

在此基础上，睦邻社会工作发展中心还搭建协商议事厅，使用"幸福邻里中心"的党员会客厅，每天由业委会党支部党员和社区网格长轮流值班，进行现场办公，收集各类社情民意，接收居民提出的意见建议。

从2018年8月至今，余家漾社区在社会组织引导下，已经召开会议协商、小组协商、上门协商、电话会议协商等11场大小不等的协商议事会，推进了社区公共事务的协商解决，充分发挥了社会组织在社区治理中的作用。

来源：【浙江湖州】"幸福邻里中心"成"金名片"
中国社区报　记者　赵雪　2019－12－30

附件二： 北郊社区促参议事会案例

◎ 手把手教你促参议事会如何开

"小区外面卫生做得不错,楼道内要继续努力。另外,广场路路边的水沟安全问题隐患还是很大,上次就有人掉下去……"12 月 11 日下午,德清乾元镇北郊社区居委会会议室内,60 岁的居民朱晓菊正在小组讨论中发言,她是作为居民代表专门参加北郊社区举办的睦邻促参议事会。浙江德清有个乾元镇,俞平伯的家乡。乾元北郊社区的书记朱勤是湖州市南太湖领军人才班的学员,参加完我的培训后第一次知道了促参的概念,很想回到社区实践中去尝试。2019 年底的时候正好社区遇到有这样的需要,于是联系我希望能来帮助社区做一场促参议事会。我说我更希望是我指导她

既出"题目"又给"答案"浙江德清促参议事会新风拂面

2019年12月12日 18:01
凤凰网浙江综合   作者:王力中 沈淑娴

"小区外面卫生做的不错,楼道内要继续努力。另外,广场路路边的水沟安全问题隐患还是很大,上次就有人掉下去……"12月11日下午,德清乾元镇北郊社区居委会会议室内,60岁的居民朱晓菊正在小组讨论中发言,她是作为居民代表专门参加北郊社区举办的睦邻促参议事会

图三十七 (凤凰网浙江综合网对本次协商议事会的报道)

来自己做,这样才能真正地学会做。她很紧张担心学不会、做不好,但是仍很勇敢接受了挑战。当她磕磕绊绊按照流程结束会议的时候,她没有想到会议会这么成功,没有想到每个居民都说话了! 朱勤主持的这场社区促参议事会,两天后被推荐上了凤凰网的浙江综合报道,题目就是:既出题目又给答案,浙江德清促参议事会清风拂面。

图三十八 居民就关心的话题开展小组讨论

图三十九 居民分享小组讨论结果

议事会议前,我与朱勤书记以及社区团队有很详细的沟通和指导;我以助手的角色参加了议事会议,会后我又与大家进行了全面复盘。结合指导记录、现场观察以及会后复盘,我整理了这篇案例,作为社区促参会议的一个基本版操作指南。

你只需要认真看明白了,实操之前脑子里多演练几遍,相信我,你一定能够主持好一场起码是合格的促参议事会议的！

要点一：设计一场促参会议，一定是从明确目标开始的

本次会议目标："为民办实事，办些什么事？"想了解北郊的居民们最关心、急需要解决、并且社区 2020 年也能够办到的实事是什么？

设计程序之前，我事先需要了解：

估计居民大概会提些什么问题？

——大致有数，但不确定。

通过会议提出来的事情，社区确实打算照着做吗？

——只要社区能做到的，会照居民提的去做的。

假如涉及到"怎么做"时，会让居民了解相关问题的全面信息和资源吗？

——不确定，可能不敢完全告诉居民，有顾虑。

对于民主协商这回事，既然要让居民议，就要把居民们议出来的结果当回事。这点非常重要！我接触到的绝大部分基层工作者或多或少都有"留一手""防刁民"的想法。这可能是由于各种"较着劲"而形成的真实现状。我期待的理想是，基层工作者能够与基层群众坦诚地分享有什么，没有什么，能做什么，不能做什么和为什么。因为坦诚，而使"留一手"变成了多余；因为坦诚，而使民无刁民、勿须提防。促参的做法要实现的就是这样的理想。

要点二：明确参会对象是谁

事先要尽可能充分地了解参会人员是怎么样的群体，他们的年龄、职业特点、文化程度、特性（比如爱说话/不爱说话的大概比例）等，这些信息对于设计程序是有帮助的。

参会人员：居民代表和党员代表，这两类基本是老年人；企业和共建单位老总；新乡贤；社区工作人员和社工，这主要是年轻人。共约三十人。

社区提前分好组，每组包含居民代表、党员代表、社区人员或社工、新乡贤或企业、共建单位代表，六人一组，分成五组。

要点三：了解场地情况

场地情况关系到场域的营造。目前大家还普遍都没有场域的这个概念，因为我们的基层治理，从技术层面来讲还处在一个相当初级的阶段，但是政府很重视，所以提升就会很快。一般来说场地的选择是非常有限的。通常我会请对方先拍场地照片给我，为了要大概清楚是怎么样的空间，桌椅可以怎么摆放，大白板可以放哪里，有什么地方可以贴大白纸，主持人站在哪里比较合适等。

要点四：基本规则

我特别强调基本规则要誊抄后醒目张贴出来。促参会议的一个非常重要的特征，就是不仅有规则，而且把规则当回事，真的守住规则。所以，基本规则很重要！

围绕规则的几点经验建议：

1. 规则要放在醒目的、大家都能看到的地方。鼓励和方便大家看到和有所想。

2. 会议要从确认规则开始。暖场之后，主持人/促参者把规则念一遍，或者用大白话把规则简单解释一下。然后，请注意，重点来了，请务必加上以下二句话：

第一句话："大家看一看可以吗？有没有需要补充或者修改的？"

第二句话："都没有吗？好的，那么这次会议我们就照着这个规则来做了。等一下如果哪位发言超时了，或者没等人家把话说完就打断别人发言了，我们的提醒员小伙伴就会敲出声音提醒一下。来，请提醒员小伙伴示范一下。这样可以吗？伯伯阿姨，那我打断你们的时候请你们不要介意呵。"

为什么一定要加上这二句话呢？因为，规则是不可以强迫的。只有自己愿意接受的规则，才是自己愿意遵守的，才是具有正当性的规则。把选择的权利还给居民，让他们参与规则的确定，让他们感到对规则的参与感。我用大白话说就是，你拿着他自己说好的规则去提醒他的犯规行为，你比他理直气壮，不是吗？所以，程序上，一定请加上基本规则的确认！语言上，一定请加上"可以吗？"声音道具推荐钵，因为其声音清悠静心，最小号即可，网购三十几元。

3. 新手在实践促参方法的时候，容易要么场面太"板"，大家都不说话；要么大家七嘴八舌一开说后，往往就控不住场面"hold"不住了。没关系没关系，你自己心里先不要急。我教你：

第一步：深呼吸一口气，看着大家

第二步：敲一下钵，再敲一下，再敲一下……（不需要你大声地喊"请安静，

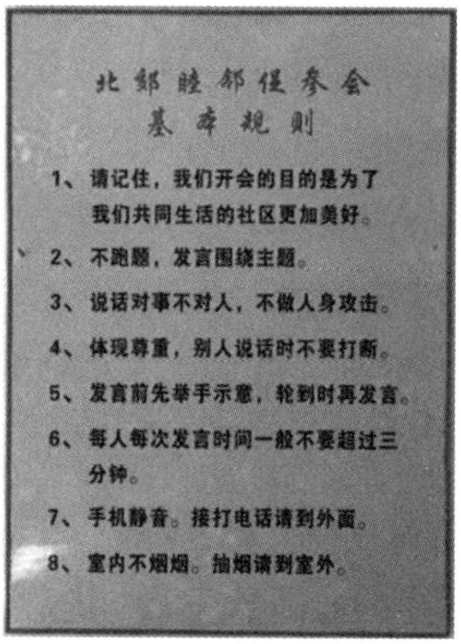

图四十　北郊睦邻促参基本规则

请安静"，钵会替你让大家安静下来的）

第三步：你主动说："我自己检讨一下呵，我没有维护好规则。"

第四步：趁机把规则重申一下。视情况挑二三条即可，不一定都念完。如果有争吵的情况，第一条必须念！

第五步：放松地笑一笑，"好了，我们继续。轮到谁发言了？"

记住：一旦卡住的时候，回到基本规则！

北郊社区把规则隆重挂到墙上，很好。希望规则在社区的议事会议上都能够真正地用起来。

要点五：物料准备

以下是我拟给北郊社区的物料准备清单。

1. 移动立式白板，二面，推荐尺寸：100×180cm，70×100cm

2. 大白纸，30 张，90×120cm（60—80 克），或接近的尺寸。

3. 145mm 或 160mm 山形档案夹，六个。

4. 便签纸或便利贴，五本，一组一本。

5. 双面胶，五圈，每组一圈。

6. 彩色 A4 纸，50 张，对裁备用。或者手工纸 17×17cm 或 20×20cm，一百张。

7. 方头马克笔，至少黑蓝红三色，共 10 支。

8. 钵音。

说明一下：很多参加过促参培训的人，觉得粘贴布很神奇。粘贴布是有专门的一种高密度布料的，不是随便找块布喷上胶就行了。并不是促参会议一定需要用粘贴布。大白纸也能达到同样的目的。

要点六：程序流程

会议流程的设计，就好比打一场球，我们定怎么样的技术战术，它是根据会议想要达到的目标而来的。设计北郊议事会程序的时候，我考虑到：主持人对促参只有一些启蒙知识，这是她第一次操作；整个团队完全不知道促参；我希望会议不用介绍我。因此基本上将完全是由她独立控场。当然必要的时候，我会通过递纸条或者帮助记录大白纸的方式来协助控场。所以互动不能太复杂，不合适做全体性的讨论。

最后我为这次会议设计的流程是这样的：

1. 暖场。请每桌的成员互相自我介绍（时间：控制在 5 分钟内）。

2. 简要说明会议目的：请居民们一起讨论 2020 年的社区为民办实事，办些什么事？

3. 小组讨论以前，先花几分钟时间，请每个人自己想一想，把想法要点写下来。桌上有小的便笺（控制在 3—5 分钟，有较多交头接耳时可转入下一环节）。

4. 组内讨论（20—30 分钟）

● 每组指定一位社区人员负责记录大家的意见建议，一张纸一条意见；

● 主持人提前五分钟提醒时间，请记录员把记下来的内容向小组成员确认。即：全部念一遍，询问"记录得对不对？"、"还有没有补充？"。

5. 每组代表上来，把纸条上的内容一边念一边贴到大白纸上（5 分钟）

● 纸条上的内容不需要解释；

● 纸条的背面可用双面胶，上来之前先贴好，一小截就可以了，不用多。

6. 中场休息（15 分钟）

● 请居民们吃点点心，上个洗手间，休息一下；

● 工作人员抓紧时间整理纸片上的内容，誊抄到大白纸上。重复的合并归纳。尽可能内容凝练，使之成为建设性的问题；同时，纸条上的内容也不能漏，都要扼要写上去，可以用字体大小来做区别，或用"如"，来细列；

- 用两种不同颜色的笔来誊写，方便区别。如下图。

7. 确定问题优序（5—8分钟）

- 请居民们一组组上来。前一二组时间会略长些，后面会快，不必催促。

图四十一　居民依次上来问为题排优序　　图四十二　居民依次上来排问题优序

- 每个人都有三划，代表三票，划正字。可以给三个不同的问题，也可以都给同一个问题。

图四十三　经过居民对问题优序确认后的结果

8. 当场统计出最高票数的三个问题。根据问题重新分组（5分钟）

● 每个问题的题目都醒目写在大白纸的最上面。

● 三位工作人员到前面来，一人一张大白纸，请居民自己选择最感兴趣的问题，重新分组讨论。

9. 讨论"怎么办"。工作人员负责记录大家的讨论意见（20—30分钟）。

图四十四　居民们就自己最感兴趣的问题进行分组讨论，工作人员记录大家的讨论意见

10. 汇报讨论结果和征询补充。

11. 会议收尾结束。

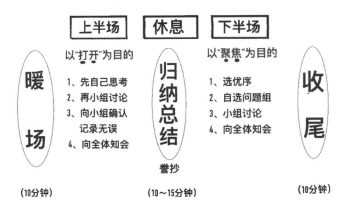

图四十五　北郊社区促参议事会结构图

总结一下，看这张促参议事会议的流程结构图，我将整块时间分为了两大部分，发散的上半场和聚焦的下半场。上半场的主要目的是"打开"，打开大家的参与热情，贡献全面的想法和看法。中间部分是利用休息时间汇总和誊抄大家讨论出来的事项。下半场的主要目的是"聚焦"，通过选优序确定大家公认更重要的问题，来聚焦进行群策群力的讨论。加上一个头和尾，破冰暖场和收尾总结，这是一个应用很广泛的社区促参议事会议的基本版结构，希望能帮助大家树立起结构的意识，更清晰地来看整个会议的流程安排。记住：具体做什么，以及怎么做，都是为了服务于目的。

程序设计是促参的一个重要功力活，这个急不来，慢慢学习和积累吧。

最后的建议：

促参是一个容易学习的技能。多实践，多思考，多琢磨，你一定能越做越自信。

做以前，脑海里多预演几遍，尤其环节间的过渡，想一想要怎么说比较流畅。一场及格或优秀的促参会议，很重要的区别之一就是自然流畅和参与者感到舒服的程度，这些直接影响成效。

参加者的感受

（社区书记朱勤的感受："走上社区工作岗位十多年，与居民接触很多，居民的需求涉及方面广，内容大到设施的建设，小到家里的电线维修，消灭家门口的蜂窝、寄放快递等等，还时不时的到社区提一些建议，总让社区干部感觉是他们在出难题，说说容易做做难。通过促参会的举办，居民发言积极了，也能把小区当成自己的家，针对平时看到的现象，他们会提出怎么处理，那我们社区刚好接着他们的思路，马上办起来，让大家互相监督，这样居民的参与性由被动转为主动，至少思想意识上愿意想办法解决顽疾，关心起了身边的事，社区工作也不那么难以开展了，还会有一些居民起到助推的作用。针对去年的促参会，居民们聚焦的宠物饲养管理，大家的意见比较大，多数人对宠物的主人有看法，会上说了之后，有些主人自己也有了醒悟，自觉做好不乱遛狗，还到社区领取神器，表示会遵守社区的规定。"

居民曹先生的感受："以前社区开会，都到场听听，领点纪念品，这次促参会是第一次参加，没想到大家都可以发言，其实大家都希望小区环境整洁，平时不想说的都在会上说出来了，有些点子也挺实用，以后多几次这样的活动，内容更加明确，我们都愿意来。"）

[案例报道]

"小区外面卫生做得不错，楼道内要继续努力。另外，广场路路边的水沟安全问题隐患还是很大，上次就有人掉下去……"12月11日下午，德清乾元镇北郊社区居委会会议室内，60岁的居民朱晓菊正在小组讨论中发言，她是作为居民代表专门参加北郊社区举办的睦邻促参议事会的。

据介绍，北郊社区管辖着较多无物业、开放式的老旧小区。如城北一区、城北二区、水泥厂宿舍小区等，这些小区始建于上世纪八十年代，硬件设施落后，在社区治理过程中，很多问题也日渐凸显，急需破题。

为此，从去年开始，社区居委会推出了居民议事会，每次围绕一个话题，邀请社区党员、组长、居民代表进行协商议事，集思广益，最后形成决议组织实施。"这次，社区在议事会的基础上，增加了乡贤、企业代表等，推出'促参议事'，请大家既出'题目'，又给'答案'，激发大家更多的参事议事主事的热情。"

北郊社区党总支书记朱勤的一番话，一下子调动了大家的气氛。今年71岁的朱凤琴说，自己每天上午八点半至十点半，下午二点至四点，与同伴一起，对社区内马路、花坛、弄堂等地垃圾进行清扫、捡拾，但一些人的行为让她感到气愤。"有时候，我们在前面捡，他们就在后面扔。甚至还说'我们不扔，你们怎么捡垃圾'，这样的素质令人心寒，应该拍照教育。"

"小区垃圾分类范围要扩大，还要对相关工作人员多关心，垃圾分类定时定点过程中，定时应该更加人性化，照顾一些上班族，对做得好的垃圾分类家庭给予表扬，推广经验……"30名议事代表你一句我一语，很快就讨论罗列出垃圾分类、小区宠物、水电改造、环境治理等13个需要改变或解决的问题。所有问题全部上墙后，大家又依据各自的判断，对张贴的问题建议，按轻重缓急择优打勾排序，希望重点解决。

工作人员当场统计，最终，小区文明养宠物、提高居民素质、推广优秀垃圾分类经验三个问题得票最高。"你们的操心、揪心、烦心事，就是我们今后努力工作的方向，选出来的三大问题，将作为社区 2020 年为大家办实事主攻的内容。"朱勤向大家允诺。

南京医科大学教授林凡，是乾元镇的乡贤，刚好回老家看望母亲。得知社区有这样的活动，与母亲一起欣然前来。他一口气提了三个问题。其中的小区环境治理和老年活动场地设施的提高，得到大家的共鸣。

"会议我经常参加，像这样的议事会，形式很好，内容接地气。通过居民提、居民议、居民治，有利于激发居民的参与热情，与中央提出的建设'人人有责、人人尽责、人人共享'的社会治理共同体理念吻合。"

协商于民、协商为民。自从北郊社区居民议事会诞生以来，社区的居民自治得到明显改善。如老旧小区城北一区，以往乱停车陋习严重，居民怨声载道。经过议事会协商议事，推行停车收费制度后，不仅乱停车没有了，还助推了小区居民垃圾分类意识的提升。社区在此基础上，还对垃圾分类积分高的前三户家庭，给予停车费一定的优惠，更受到欢迎。

如今的城北一区，外立面翻新改造后焕然一新，车辆停放整齐，小区内干净整洁，不见垃圾……丝毫不是印象中老旧小区原本的样子，居民纷纷点赞。

（编后：以开放的心态吸引居民积极参与社区治理，共建共治共享美好的社区生活，这种以问题为导向，通过整合资源建立的居民议事机制，不仅让辖区居民得以更好地参与社区问题解决，在增进沟通了解的同时，也提升了社区的认同感和凝聚力，对打造基层治理共建共管共治共享新格局裨益多多，值得各地借鉴推广。）

来源：【浙江德清】既出"题目"又给"答案"浙江德清促参议事会新风拂面

作者：王力中　沈淑娴

（凤凰网浙江综合报道 2019 年 12 月 12 日

http://zj.ifeng.com/a/20191212/7975996_0.shtml）

作者和译者介绍

社邻家

社邻家 2017 年 8 月创办于上海，是一家社区公共空间整合运营商，是社区治理前沿研究赋能平台，是社区服务入口的社会企业。

社邻家创业团队以多年积累的咨询、实践经验以及和国内知名高校的合作，已然形成一系列社区治理创新产品、服务与项目，目前已经在上海、成都、南京、郑州等落地并形成一定影响力。孵化国际社区治理研究院、未来社会创新中心、美好生活商店、社区创新实训基地、美好空间"社"计赛等成就社区美好的品牌项目。

一、我们的愿景：社区治理与服务创新的领跑品牌

二、我们的使命：成就社区美好！

三、我们的服务与产品：针对社区治理与服务的前端评估、过程赋能、工具方法和社区市场化造血功能的需求，以社区公共空间为载体，社邻家研发拥有自主知识产权的四大主营业务板块：社区调研咨询服务、公共空间创新运营、社区治理赋能平台、社区商业"春田里"。

1. 社区调研咨询服务：最懂社区的调研咨询企业，通过专业社区调研方法和科技手段，定制专属社区解决方案，专业咨询服务社区未来更美好。

提供专业的社区空间与公众的需求调研、空间与服务标准化、评估与绩效测评，社区规划以及社区治理与创新需求与问题的解决方案。

2. 公共空间创新运营：功能创新、模式创新、内容创新，创新成就社区空间

更美好。

探索未来社会创新中心、家门口综合服务空间（邻里中心）等社区公共空间的创新型功能设计、升级型服务项目、治理型运营模式。立足引领型、深耕型空间运营，和政府部门、园区等企事业单位共同探索空间服务创新模式。推出社区公共空间的需求调研、空间功能建议书、标识及氛围设计及营造、运营建议书、社会化评估等一体的"融空间"整合服务产品。

3. 社区治理赋能平台：积极探索社区治理线上线下融合赋能模式，运营社创产品馆合作推出更丰富的社创产品，使社区治理知易行不难。知识成就社区行动更美好。

线上"社智"知识中心是一个社区赋能共享平台。一方面自主研发课程和案例课件、"社会创新者说"自媒体，拥有一批社邻家讲师，通过直播、网络研学营、微课堂等丰富形式实现"随时学、陪伴式"的赋能模式。另一方面向社会组织、企业、社区服务机构等各类第三方主体开放，打造社创产品馆、社区治理知识平台，培育社区资本、激活更多的社会力量参与社区治理，激发内生力。

线下定制化社区治理赋能模式。一方面为社区公共空间赋能，实现社区公共空间的自我造血；一方面为社区工作者赋能，推出围绕案例的社会创新产品体系，根据需求定制社区培训课程，搭建学院或高级研习班等多元实体化学习平台。

4. 社区商业"春田里"：拓展"社区公共服务＋社区商业"的创新领域，商业成就社区生活更美好。

引入社区合伙人，致力于分布式社区商业的更新、招商、运营。引入教育综合体、城市书房等业态。

社邻家

郑思斯(斯嘉)，冲突管理与协作技术的倡导者和实践者。2008 年获得 IFP 国际奖学金支持，就读雪城大学 Maxwell 公民与公共事务学院中层领导力项目，获 EMPA(2010)；曾师从本书作者之一欧莱瑞教授，是 Maxwell 学院冲突研究与协作促进中心首位获得冲突高级研究证书(CAS)的中国大陆籍学员。已翻译冲突管理与协作技术方面书籍三十多万字。

图四十六

郑思斯在教育培训和志愿服务领域耕耘二十多年，是多家民间公益组织发起人、理事或顾问；数个地方政府社会治理专家库成员；连续三届担任浙江省政府慈善奖评委。

罗斯玛莉·欧莱瑞(Rosemary O'Leary)是美国堪萨斯大学的 Edwin O. Stene 功勋教授，锡拉丘兹大学公共行政学的功勋教授。她是十二本书和超过一百二十五篇关于公共管理和公共政策的学术文章或书刊的作者/编辑。欧莱瑞曾获十一项国家研究奖和二项国际研究奖，包括七项资深学者奖和三项最佳图书奖。2019 年，国际公共管理研究会(IRSPM)建立了"罗斯玛莉·欧莱瑞奖"，奖励在女性研究和公共治理领域的优秀学者。

图四十七

欧莱瑞是美国国家公共行政院院士，马来西亚和菲律宾的富布莱特高级学者，新西兰的 Ian Axford 公共政策学者，以及美国和平队的响应志愿者，为在偏远地区的菲律宾教授们讲授研究方法。欧莱瑞是美国国家航空和宇航局（NASA）"重新飞行"项目组的成员，这是哥伦比亚号航天飞机失事以后建立的一个小组，她作为小组一员为 NASA 提供组织文化的指导。2017—2019 年欧莱瑞曾担任美国公共管理研究协会的主席。

欧莱瑞教授拥有锡拉丘兹大学马克斯维尔学院公共行政学博士学位；堪萨斯大学学士、公共管理硕士和法学博士学位。

利莎·布鲁姆格瑞·阿姆斯勒（原名宾汉姆）（Lisa Blomgren Amsler, former Bingham）是印第安纳大学布鲁明顿分校公共和环境事务学院 Keller-Runden 教授，内华达大学拉斯维加斯分校法学院的 Saltman 资深学者。自 1994 年到 2006 年，她领导了美国邮政服务（UPS）的旨在以调解方式解决就业歧视投诉的敏捷手段公平解决劳动争议项目（REDRESS）的全国评估。① 她参与（与 Carmen Sirianni 和 Kirk Emerson 合作）为 2008 奥巴马总统过渡团队起

① 敏捷手段公平解决劳动争议项目的英文全名是 Resolve Employment Disputes Reach Equitable Solutions Swiftly，简称 REDRESS。这是美国 UPS 通过替代性纠纷解决做法（alternative dispute resolution，ADR）解决员工投诉的一个自愿性调解项目。自实施以来，获得包括员工、管理者和冲突解决业界人士等方面的高度评价。UPS 的 REDRESS 被公认为美国最先进的冲突解决项目之一。https://about. usps. com/what-we-are-doing/redress/welcome. htm。——译者注

草关于协作治理的白皮书,帮助制定奥巴马总统透明和开放政府行政执行备忘录,启动了在联邦政府的开放政府计划。

阿姆斯勒教授曾担任韩国最高法院民法改革小组、韩国国家劳动关系委员会、韩国环境研究院和韩国发展研究院的顾问,指导有关纠纷解决机制以及新型或协作型治理过程方面的工作。她也是美国农业部、国家卫生研究院、职业安全与健康管理局、美国司法部的顾问和外部评估人员。

阿姆斯勒是美国公共行政院院士,多次获得美国律师协会纠纷解决委员会、国际冲突解决协会等机构所授予的多项奖励,表彰其无论在理论建树还是实践上所做出的卓越贡献。她的文章曾入选公共行政研究 75 年来最有影响力文章之一。她与欧莱瑞教授合作编辑了三本有关环境冲突解决和协作式公共管理方面的著作,发表了 120 多篇文章,内容涉及协作治理、公共参与、调解、劳动和雇佣关系仲裁、纠纷解决和纠纷解决机制设计。她的最新合著《纠纷解决机制设计》将由斯坦福大学出版社 2020 年出版。2019 年 3 月,阿姆斯勒教授荣获了美国公共行政协作颁发的沃尔多行政学奖,该奖被誉为公共行政学界的诺贝尔奖。

阿姆斯勒毕业于史密斯学院(1976 年希腊优等生 A. B.)和康涅狄格大学法学院(1979 年法学博士)。

图四十八

后　记

十多年前,我和团队搭档为了做一个农村发展项目,产生了极大分歧,我心里很不舒服。之后有很长一段时间我都非常困惑,怎样既能面对分歧又能友好共事呢。那时候在我的头脑里,"冲突"就是一个贬义词。

我在社会服务的领域里时间比较久,有较多机会感受底层强烈的阶层对立、人们观念的隔阂和社会的矛盾,我一度认为很多事情就是无解的。

2009 年我获得福特 IFP 国际奖学金,到美国雪城大学马克斯维尔公民与公共事务学院就读领导力 EMPA。第一个学期时我选了一门课——人际间/组织间/系统间的冲突及其管理,我当时选它的原因是因为我觉得自己脾气还行,可能比较容易过这门课。当时的我完全不理解七零八碎的人际间矛盾,怎么能够和严肃又宏大的组织间/系统间冲突来相提并论呢? 我就是这样子稀里糊涂地推开冲突和协作这扇大门的。

在学习的过程中,我始终处在一种似曾相识的感觉中。如果以造机器做比喻,似乎程序上的每一个零部件我都认识,但是当所有零部件组装完毕,我亲眼见证了机器的运用和它们所焕发出来的强大威力以后,我才意识到,我进入的是怎样一个宝库!

自此我一头扎进了"冲突管理与协作技术"这个大宝库。接着,我修了很多课,看了很多书,后来又做了很多翻译,参与很多实践。以前我认为的不可逾越的理想与现实的鸿沟之间,现在隐隐约约能够看到一条虽模糊但真实可达的道路。这条路是按原理、有技术、用工具造出来的,是踏实的和结实的,是能够让很多人到达他们想要去到的远方的,对此我深信不疑!

我给很多地方政府和组织的社会工作者做"冲突与协作"知识的分享,当他们明白了经验做法里面其实包含的是一个个由原理形成的技术与工具,当他们能够将这些成功地应用到具体问题的解决时,他们纷纷激动地告诉我,"我们太需要这样的东西了!","这正是我们的工作所需要的!"

去年十月的一天,我的朋友张利在微信上突然问我,"你认识闫加伟吗?"我说"我认识他,他不认识我",张利便推给我闫老师的名片,闫老师就邀请我去上海参加关于虹桥国际社区治理的座谈会。吃饭的时候,围绕社区中的冲突解决,我谈起我的看法和我在做以及想做的事情,闫老师听了十来分钟左右,说"我们一起来做些事情吧",便打电话请同事过来。不久之后,闫老师便启动了对于我的 PUSH(推动)模式,社邻家的伙伴们也以难以置信的效率开启了知识的产品化转化过程。

2020 年新年第一天的一大清早,闫老师发来微信,"新年从有意义的事情开始吧",然后,这本书的出版被排上议程;接着我一鼓作气在春节之前完成了"冲突管理"十六课分享;春节之后又继续完成了"协作中的冲突解决"十一课分享。特别感谢李凌老师很有心地将录音全部整理成了文字;后来社邻家的伙伴们又很用心地再一次对文本进行了整理,形成了本书第二部分的内容。把我浅薄的分享与两位导师的著作放在一起,我心里感到很不配,但是如果这样做能够帮助基层社会工作者更好地理解知识,以及把知识用出来的信心的话,我多少觉得安心一些。因为毕竟,通过书本明白理论和经过实践消化知识,是同样重要的两件事情,而对于后者,我相信我能够给予大家一些贡献。更重要的,我愿意陪伴大家,我们一起去做冲突解决这件重要而棘手的事情。

引领我走进冲突解决这扇门的已故恩师梅琴·克丽斯蒂娜教授曾经说,她的冲突管理预防机制的思想启蒙源自于中国的《易经》。当听到这话时,我感到无比羞愧,因为我没有读过,也读不懂易经。我这一代以后的中国人,已经漠视中华老祖先的瑰宝很久了,但是我们智慧的源泉,不是应该回到我们文化的根吗? 老师还告诉我,"做冲突解决的事情,你必须要真的、真的很爱人! 还要不屈不挠有恒心!"这句话,我铭刻在心了。

最后，我想讲一个老师讲给我的故事：

在沙漠里面住着一位老人和他的三个儿子。老人临终以前，对三个儿子说，"我要把家里的财产分给你们。老大，可得二分之一；老二，可得三分之一；老三，可得九分之一。"不久老人去世了，给三个儿子留下了十七匹骆驼。三个儿子不知道该怎样分这十七匹骆驼。他们就决定一起去找沙漠里一位闻名的智者。智者听完他们的话说，"那你们就从我这里牵一匹骆驼走吧。"三个儿子高高兴兴地牵回了一匹骆驼，这样他们一共就有了十八匹骆驼，于是大儿子二分之一，分得九匹；二儿子三分之一，分得六匹；三儿子九分之一，分得两匹。分完了以后发现多出来了一匹骆驼，于是三个儿子又高高兴兴地把这第十八匹骆驼送还给了智者。

不知道这个故事对您什么启发？既然冲突不可避免，那么，何不让我们学会与冲突智慧地共舞？让我们用自己作工具，成为解决冲突的那第十八匹骆驼！

最后，感谢社邻家所有为本书的资料收集、录音整理、编辑撰写作出努力的鲁禹涵、高如意、金玫婷、龚梦韵、卫敏岚、井星圆，你们耐心、细致的工作让本书的内容变得更加充实，形式变得更加活泼。特别感谢闫加伟、陈怡老师对本书出版的全过程指导！最后，再次谢谢大家的支持包容！也希望在未来的社区治理道路上与大家携手共进！

郑思斯

2020. 8

图书在版编目(CIP)数据

冲突怎么办?：社区民主协商实战宝典/社邻家等著. —上海：
上海三联书店,2021.3(2024.8重印)
ISBN 978 - 7 - 5426 - 7215 - 5

Ⅰ.①冲⋯ Ⅱ.①社⋯ Ⅲ.①社区—民主协商—研究
Ⅳ.①C912.83②D034.4

中国版本图书馆 CIP 数据核字(2020)第 225419 号

冲突怎么办？社区民主协商实战宝典

著　　者 / 社邻家
　　　　　郑思斯
　　　　　[美]罗斯玛莉·欧莱瑞
　　　　　[美]利莎·布鲁姆格瑞·阿姆斯勒

责任编辑 / 姚望星
装帧设计 / 葛晓婵
监　　制 / 姚　军
责任校对 / 张大伟　王凌霄

出版发行 / 上海三联书店
　　　　　(200041)中国上海市静安区威海路 755 号 30 楼
邮　　箱 / sdxsanlian@sina.com
联系电话 / 编辑部：021 - 22895517
　　　　　发行部：021 - 22895559
印　　刷 / 上海惠敦印务科技有限公司

版　　次 / 2021 年 3 月第 1 版
印　　次 / 2024 年 8 月第 2 次印刷
开　　本 / 710mm×1000mm　1/16
字　　数 / 285 千字
印　　张 / 15.5
书　　号 / ISBN 978 - 7 - 5426 - 7215 - 5/C·607
定　　价 / 68.00 元

敬启读者,如发现本书有印装质量问题,请与印刷厂联系 021 - 63779028